ACCESO GRATIS *a la Lectura en la Nube*

Para visualizar el libro electrónico en la nube de lectura envíe junto a su nombre y apellidos una fotografía del código de barras situado en la contraportada del libro y otra del ticket de compra a la dirección:

ebooktirant@tirant.com

En un máximo de 72 horas laborales le enviaremos el código de acceso con sus instrucciones.

LA LIBERTAD PARA ORIENTAR IDEOLÓGICAMENTE LA ENSEÑANZA

Análisis histórico de la protección de la conciencia y las propias convicciones

LA LIBERTAD PARA ORIENTAR IDEOLÓGICAMENTE LA ENSEÑANZA

Análisis histórico de la protección de la conciencia y las propias convicciones

José Antonio Parody Navarro

tirant lo blanch
Valencia, 2024

En caso de erratas y actualizaciones, la Editorial Tirant lo Blanch publicará la pertinente corrección en la página web www.tirant.com.

Proyecto subvencionado por la Asociación Pluralismo, conciencia y derecho (PLUCONDE)
Grupo de investigación P.A.I.D.I. SEJ 344

EDITA: TIRANT LO BLANCH
C/ Artes Gráficas, 14 - 46010 - Valencia
TELFS.: 96/361 00 48 - 50
FAX: 96/369 41 51
Email: tlb@tirant.com
www.tirant.com
Librería virtual: www.tirant.es
DEPÓSITO LEGAL: V-201-2024
ISBN: 978-84-1056-236-3
MAQUETA: Dissset Ediciones

Si tiene alguna queja o sugerencia, envíenos un mail a: *atencioncliente@tirant.com*. En caso de no ser atendida su sugerencia, por favor, lea en *www.tirant.net/index.php/empresa/politicas-de-empresa* nuestro procedimiento de quejas.

Responsabilidad Social Corporativa: http://www.tirant.net/Docs/RSCTirant.pdf

Cuando te agarras con fuerza al débil hilo
que te mantiene, a veces la vida te permite disfrutar
de una segunda oportunidad. Fe y ciencia,
ambas de la mano. Mi eterno agradecimiento
a todos los que lo han hecho posible.

ÍNDICE

Introducción

Cuando se analiza la libertad de enseñanza en su triple dimensión (derecho a crear instituciones educativas, derecho a la libertad de cátedra y derecho de los padres para elegir la formación religiosa y moral que deseen para sus hijos) considero que no debería de existir duda alguna al entenderla como una proyección de la libertad de conciencia consagrada en el artículo 16.1 CE, por cuanto así se ha previsto en el artículo 9 del Convenio de Roma sobre Protección de los derechos humanos y libertades fundamentales de 4 de Noviembre de 1950, siendo éste instrumento por el que deben interpretarse las normas relativas a los derechos fundamentales y libertades públicas en concordancia a lo establecido en el artículo 10.2 CE. Y todavía más. Consecuencia lógica de lo anteriormente afirmado es que una de esas dimensiones de la libertad de enseñanza, como es la libertad de cátedra, debe ser analizada actualmente como una prolongación de la libertad de conciencia y, en ese sentido, definirse como la libertad para orientar ideológicamente la enseñanza en conformidad con las propias convicciones.

Tomando esta afirmación como punto de partida, nuestro estudio pretende, entre otras cuestiones, poner en valor las propias convicciones a la hora de orientar la enseñanza y, una vez ello, tratar de analizar cómo se han resuelto a lo largo de nuestra historia constitucional los problemas relativos a esta cuestión, si bien desde este momento es necesario destacar que no siempre han merecido la atención de los legisladores de cada época.

En mi opinión son varias las preguntas básicas a resolver respecto a la protección de la conciencia y de las propias convicciones. Por un lado, nos preguntamos concretamente cómo se debe analizar la posibilidad de entender este derecho como una prolongación de la libertad de conciencia y las consecuencias que dicha concepción produce. Por otro, debemos centrar parte de nuestro análisis en si esa capacidad de protección es sólo un derecho -por muy fundamental que lo consideremos- o si realmente, además, posee inequívocamente unido el carácter de garantía institucional. Surgen otras cuestiones que también merecen especial análisis como, por ejemplo, quiénes son los titulares de este derecho; si se puede esgrimir únicamente ante los poderes públicos o también frente a particulares o, cómo es la relación entre la libertad para orientar ideológicamente la enseñanza y otros derechos, tal es el caso del carácter propio de los centros docentes.

Se trata, en definitiva, de analizar cómo resuelve nuestro ordenamiento jurídico los conflictos relativos a la protección de la conciencia y las propias convicciones en el ámbito de esa triple dimensión en la que se proyecta la libertad de enseñanza.

Se hace necesario advertir, desde este instante, que he considerado de interés a la hora de realizar este estudio analizarlo a la par de la evolución del proceso secularizador[1]. Pues no debemos olvidar que los aires secularizadores introducidos por los Ilustrados, sin duda, nos van a permitir entender la evolución de la libertad de enseñanza y, por consiguiente, sus manifestaciones en nuestro país. Concretamente la libertad de ciencia o libertad de pensamiento y expresión docente, surgirá históricamente como reacción de los propios docentes por cuanto la política educativa se encontraba al servicio del poder político, es decir, la enseñanza se utiliza como medio de imposición de la ideología (política-religiosa) Consecuentemente sirva esta introducción para sentar, desde este instante, otro de los planteamientos básicos sobre el que va a girar nuestro estudio y que no es otro que considerar que la libertad para orientar ideológicamente la enseñanza es consecuencia, fundamentalmente, de la secularización del pensamiento.

---

1 Respecto al proceso de secularización debe consultarse el trabajo de ASENSIO SÁNCHEZ M.A., Proceso secularizador y libertad de enseñanza en el Derecho histórico español, Colección Estudios y Ensayos nº 59 U. Málaga 2001, que supone uno de los primeros estudios del proceso secularizador de la enseñanza analizado globalmente. Algunas de las aportaciones fundamentales recogidas en dicho estudio forman parte de planteamientos básicos de este trabajo

I. La secularización del pensamiento. El proceso de secularización

Hemos tenido ocasión de señalar en anteriores publicaciones[2] una premisa que considero esencial para comprender la evolución del proceso secularizador, tanto de la conciencia como de los Estados. Y este presupuesto consiste en aceptar que la evolución que se ha producido no es más que constatar la vigencia de un modelo consecuencia del sentido histórico de la secularización y que consiste en el proceso por el que una realidad unida estrechamente a Dios y a la religión retorna al mundo profano, a lo secular. Se debe asumir que la secularización no supone el fin de la religión en la sociedad, sino que lo que hace es reconocer al hombre su realidad plena. En este contexto la secularización pasa a ser una verdadera garantía del pluralismo, no solo religioso; pluralismo que como sabemos actúa como principio informador, garantía y sostén de los Estados democráticos.

No debemos olvidar que el estudio de la secularización en forma global y, en particular en Europa, ha sido objeto de análisis dentro del marco de la investigación del complejo proceso de formación del mundo moderno. RUBIO FERRERES[3] ha afirmado que el fenómeno de la secularización trae causa en el intento

---

2 PARODY NAVARRO J.A. *La Ilustración y los aires secularizadores en la enseñanza,* en Religión y Poder, SECR 2007 p. 379-389; *La libertad de cátedra y la secularización del derecho en España, en Anuario de Derecho a la educación.* Dykinson 2014 p.141-155; PARODY NAVARRO J.A. *Antecedentes y evolución histórica del derecho de libertad de cátedra. Una consecuencia del proceso secularizador de los Estados,* en Anuario del derecho a la educación, Dykinson 2012 251-279

3 RUBIO FERRERES J.M ¿Resurgimiento de lo religioso versus secularización? Gazeta de Antropología, 14, articulo 3, 1998

de interpretar un proceso que caracteriza al mundo moderno, y que buscaba «la emancipación de la cultura occidental no sólo frente a la tutela de la Iglesia, sino frente a toda forma religioso histórica», siendo, por tanto, algo más que un simple proceso socio-estructural. En realidad, el proceso de secularización según el señalado autor «tiene algo que decir, en términos totalmente globales y dentro de una generalización absoluta, sobre el proceso genético y la situación de la cultura y sociedad moderna en relación al cristianismo».

Desde este prisma es cómo podemos entender todo el largo y a veces tortuoso camino del proceso secularizador, que no aparece de forma espontánea ni en un momento concreto y determinado, pero que sí es cierto que con la Ilustración y sus aires renovadores va a tomar un impulso decisivo. Nos permitimos incidir en algunas cuestiones que ya adelantábamos en una colaboración publicada en la revista Lumen[4] acerca del proceso secularizador de la conciencia y el Estado. Allí afirmábamos que es cierto que a partir del siglo XVIII se acentúa, por un lado, la pérdida del carácter religioso del poder político[5] y, de otro, la fe deja de ser criterio de contrastabilidad científica, secularizándose el poder político[6]. En consecuencia, el fundamento del poder deja de ser religio-

4 PARODY NAVARRO J.A. *El proceso secularizador de la conciencia y del Estado: Acercamiento al problema en los siglos XVII, XIX y XX*, en Lumen 53, 2004 p.439-465;

5 REDONDO, E *Alcance y límites el proceso de secularización* en Estudios sobre secularización docente en España (Ed. J. VERGARA CIORDIA) Madrid, 1997, pg. 33 dice: "En el mundo occidental, el fenómeno de la secularización se caracteriza por su universalidad geográfica, afecta a todos los países europeos y americanos y, su universalidad en su contenido afecta a las manifestaciones más significativas de la civilización occidental: religiosas, políticas, jurídicas, sociales, artísticas...etc"

6 Contribuirán de forma decisiva a la secularización del Derecho los postulados de la Escuela histórica de Savigny: el fundamento del Derecho no es la divinidad, sino el espíritu del pueblo

so[7] y esto conlleva también que se seculariza también el Derecho, produciéndose un cambio en el fundamento de la intervención de los príncipes en los asuntos de la Iglesia, tanto en los países católicos como no católicos.[8]

Sirvan, por tanto, estas primeras líneas para llamar la atención sobre una cuestión que considero esencial en el estudio del proceso de secularización; a saber, su contenido y su alcance. En este sentido ALVAREZ TARDIO[9] siguiendo las tesis de Weber en relación a que la secularización venía dada dentro del proceso de modernización en que el Estado y el mercado desplazaban por completo a la institución eclesiástica de sus funciones clásicas, diferenció entre la secularización política y la secularización de las conciencias y los referentes morales del individuo y sus creencias

---

7 CALVO ESPIGA, A., *Implicaciones jurídico-canónicas de la relación entre la Iglesia y la Comunidad Política* Vitoria 1984, pag 83-84 "(...) según el iusnaturalismo racionalista, el fundamento de ese poder no hay que buscarlo en Dios (fundamento religioso), sino en el contrato social con el fin de conseguir, no la salvación eterna (fin religioso) de los ciudadanos, sino su pacífica y fecunda convivencia en libertad: la libertad individual se convierte en la razón de ser de la sociedad y pasa a ocupar el papel de protagonista, porque el progreso continuo e indefinido predicado por la Ilustración es progreso de la libertad en libertad".

8 LLAMAZARES FERNÁNDEZ, D., Derecho de la libertad de conciencia I. Libertad de Conciencia y Laicidad Civitas 1997. pag. 84-85, dice: "Ahora en ambos esa intervención pasa a estar legitimada por el mismo fundamento: el jurisdiccionalismo territorial. Esa intervención no está legitimada ni por el origen divino del poder temporal de los reyes, ni por el fin espiritual, si quiera indirecto, del ejercicio de ese poder, sino por razones políticas y en función de los fines políticos del poder temporal. La actividad de las Iglesias, o al menos de algunas, se considera beneficiosa para la sociedad y para la formación moral de los ciudadanos. De ahí que se las considere como corporaciones de Derecho público a las que se aplica un Derecho especial favorable, tanto en los países con el modelo de Iglesia de estado como en los confesionales, tanto doctrinales como histórico-sociológicos, y en los pluriconfesionales.".

9 ALVAREZ TARDIO M (1998). Política y secularización en la Europa contemporánea. BIBLID) 16, 143-166

personales, pues sólo si se era consciente de ésta diferenciación se podía realizar un estudio riguroso del contenido y alcance del proceso secularizador.

Pero como he dicho, estos cambios no aparecen de forma espontánea, sino que son fruto de un largo, complejo y, sobre todo, lento devenir histórico que se inicia tras el Edicto de Milán y que es conocido como "el proceso de secularización del Derecho Canónico", proceso que fue en un principio más formal que material y que trascurrió paralelo a una espiritualización del ordenamiento secular

1.1. EL LENTO PROCESO DE RECONOCIMIENTO DE LA LIBERTAD RELIGIOSA Y LA SEPARACIÓN IGLESIA-ESTADO. DE LA ESPIRITUALIZACIÓN DEL DERECHO IMPERIAL A LA SECULARIZACIÓN MATERIAL DEL DERECHO CANÓNICO

Efectivamente, con el Edicto se instaura una nueva época, elevándose al plano del derecho la tolerancia imperial al cristianismo, por lo que al menos en la práctica, quedan equiparadas todas las religiones coexistentes en ese momento, aunque bien es cierto que el cristianismo poco a poco va convirtiéndose en religión preeminente, hasta que se produce la declaración como religión oficial. La constitución Cunctos Populos del Emperador Teodosio inaugura lo que se ha venido en llamar "matrimonio definitivo del Imperio Romano y la Iglesia Cristiana". Durante este período los límites jurídicos frente al poder civil sufren un profundo cambio llegando a una integración jerarquizada de poderes. Señalar, a modo de ejemplo, que en este contexto surge la Episcopalis Audientia[10], una institución que tiene su origen en dos Constituciones de los años 318 y 333.

---

10 Consistía en que el Tribunal del Obispo era competente para todas las causas y para todas las personas, lo que significaba que tenía competen-

LLAMAZARES FERNÁNDEZ analiza esta nueva situación desde el punto de vista de la relación de ordenamientos. Partiendo de esta nueva realidad resulta evidente que el derecho del Estado se confesionaliza como consecuencia lógica tras la constitución

---

cia en las causas que incluso ya se tramitaban en los Tribunales civiles, al sustituir el Obispo al "tribunus plebis". Ahora bien, esta afirmación vendrá matizada con la prohibición de replantear ante el Obispo los asuntos que han sido resueltos por el Juez secular, ya que se pretendía impedir que la actuación episcopal afectara de manera negativa a la justicia del Estado. PARODY NAVARRO J.A. Medios de Impugnación contra la sentencia canónica: la nueva proposición de la causa, Málaga 2001 pag. 25-27, dice: "Recordemos que es GRACIANO, en 376 (Cth. 16.2.23) el que encomienda las causas criminales a los Tribunales civiles. En 398, el emperador ARCADIO (CJ 1.4.7) restringe el papel del Obispo al mero arbitraje. En 399, el emperador HONORIO (CTh. 16.11.1) adopta una medida similar para occidente, exigiendo la voluntad de todas las partes contendientes para acudir al Tribunal Episcopal. En 452, la Novella 35 de VALENTINIANO, establece que el poder jurisdiccional del Obispo quede únicamente respecto a las causas religiosas. Parece que la legislación de CONSTANTINO no admite la posibilidad de recurrir en apelación las sentencias, pero, sin embargo, el Derecho canónico sí admite esta posibilidad. Efectivamente, en la época constantiniana, la "episcopalis audientia" estaba rodeada de las siguientes prohibiciones:
a) La imposibilidad de abandonar el proceso pendiente ante el Juez civil, "post litem contestatam".
b) Tal y como antes anunciábamos, la imposibilidad de replantear ante el Obispo el asunto decidido por el juez secular. Decíamos que lo que se pretendía impedir era que la actuación episcopal afectare negativamente a la justicia del Estado.
JUSTINIANO estableció que las causas eclesiásticas se interpusieran ante los Tribunales Eclesiásticos y que, en las demás, quedaba a voluntad del actor el optar entre el Juez eclesiástico o el civil. Ciertamente, en la época justinianea la "episcopalis audientia" se somete a importantes novedades. Así, encontramos la Novella 86 del año 539, por la que se legitima al Obispo para que instara al juez en el supuesto de que no hubiera cumplido con su deber y hubiese impartido justicia de modo parcial. También la Novella 123 permite que las sentencias dadas por Obispos quedaran sometidas a APELACIÓN, pudiendo recurrirse al magistrado correspondiente en el plazo de diez días."

de Teodosio por la que el cristianismo es declarado la religión oficial del Imperio. Por tanto, el derecho del Estado, en palabras del citado profesor LLAMAZARES[11], "tiene en última instancia su fundamento en la autoridad divina, y por tanto, en la Fe.". Pero tampoco podemos olvidar la coexistencia de un movimiento pendular contrario, consistente en que el derecho canónico se seculariza. Es decir, se dan en este tiempo dos movimientos; uno, de secularización del derecho canónico y otro, contrario, de confesionalización del Derecho Romano (del Estado). Ahora bien, lo cierto es que la imperatividad de las normas que afectaban a uno u otro ordenamiento era simplemente formal, por cuanto "venía referida fundamentalmente a la influencia de los principios informadores de uno de los ordenamientos sobre el otro". No obstante, esta colaboración entre el poder civil y el espiritual fue efímera pues rápidamente se produjeron intromisiones entre ambas potestades. Y consecuencia de ello fueron las luchas que se dan entre ambas instituciones. Nace, en ese momento, el llamado "dualismo gelasiano" que es fruto del planteamiento del Papa S. Gelasio, con motivo de una de las primeras disputas entre el poder civil y la Iglesia configurando la teoría de los dos poderes, otorgando a cada uno de ellos determinadas potestades. El problema será determinar la línea fronteriza entre los asuntos espirituales y los materiales. Es decir, quedarán sentadas las bases de la alternancia entre cesaropapismo y teocracia[12].

---

11 LLAMAZARES FERNANDEZ D. Derecho de la libertad de conciencia I. Libertad de Conciencia y Laicidad, op. cit, pag.44-48

12 La coronación de Carlomagno por el Papa León III en vez de solucionar el problema supuso, debido a las imprecisas atribuciones que le fueron concedidas al emperador respecto a la Iglesia, unos siglos de tensiones y luchas por el poder entre Iglesia e Imperio. Recordemos, a este respecto, que la coronación de Carlomagno va a ser objeto de dos interpretaciones contradictorias: la carolingia y la carolingia invertida. La primera defendió la supremacía del Emperador apoyada en las siguientes razones:
1° La coronación fue un acto político.
2° La intervención del Papa cumplió sólo una función ceremonial.

Traído lo anterior al campo de la libertad de conciencia, es de destacar que la religión católica goza de privilegios sobre los demás credos religiosos, siendo considerados herejes los no católicos.[13]

En esta época la relación entre los ordenamientos sigue bajo un esquema de unidad. Pero esta relación de unidad es "sui generis"[14]. El emperador es la fuente mediata e inmediata de las normas canónicas. Todo esto da lugar a una secularización del derecho canónico. Ahora bien, hemos dicho que este es un periodo de vaivenes. Aprovechando la debilidad de los sucesores de Carlomagno, los Papas intentan formular la teoría de la superioridad de la Iglesia sobre lo temporal, como se desprende de algunas de las

---

3° Lo que recibió Carlomagno en la coronación no fue el reconocimiento jurídico proveniente de la situación de emperador, sino el nombre de emperador.
4° El imperio es una institución jurídico-política y no religiosa.
5° Una de las funciones del Emperador es la defensa de la Iglesia, y para ello actúa con independencia y autonomía.
Por el contrario, la tradición carolingia invertida se basa en:
1° La coronación es un acto religioso con trascendencia política.
2° Lo constitutivo es la intervención del Pontífice.
3° El Emperador recibe en el acto de la coronación el poder imperial.
4° El Imperio es una institución fundamentalmente religiosa, cuya función es defender la libertad de la Iglesia romana.

13 CALVO ESPIGA A. *De nuevo sobre la naturaleza y lugar del derecho canónico*, en Scriptorium Victoriense (1997). pag 48, dice: "ha podido afirmarse con razón que ya en la tradición imperial romana se ha consolidado la idea de una unidad política garantizada por una religión de Estado. En esta concepción totalitaria los disidentes quedan excluidos de la comunidad: los emperadores paganos persiguen a los cristianos por no respetar al imperio; los emperadores cristianos persiguen a los paganos por no aceptar el culto cristiano y los emperadores ortodoxos persiguen a los herejes por no aceptar la ortodoxia de Nicea y Calcedonia. En todo caso con una finalidad bien clara y expresa: el bien común, o lo que es lo mismo, lo útil a la sacrosanta Iglesia Católica. Bien común se identifica con bien de la Iglesia

14 Carlomagno se atribuye: 1° la competencia de las decisiones canónicas dotándolas de imperatividad formal; 2° competencia para legislar sobre materia eclesiástica y gobierno de la Iglesia.

actuaciones de Nicolás I (858-867) y de Gregorio VII (quien excomulgó al rey alemán Enrique IV, futuro emperador, juntamente con la dispensa del juramento de fidelidad de sus súbditos, que en la práctica equivaldría a la destitución del monarca). La reforma llevada a cabo por Gregorio VII permite a la Iglesia regular materias de tipo no religioso, produciendo una secularización material del derecho canónico; Urbano II (1088-1099) y, especialmente, Inocencio III (1198-1216) establecen diversas teorías respecto de la superioridad y primacía del poder del Pontífice sobre lo temporal. Merecen ser destacados dos hechos de trascendencia en la relación Derecho Canónico-Derecho Secular. Por un lado, las Decretales de Gregorio IX (1234) y el Liber Sextus (1298) de Bonifacio VIII, donde aparecen criterios de sistematización absolutamente jurídicos y, por otro lado, la influencia del pensamiento de Santo Tomás en cuanto a la distinción entre derecho divino natural y derecho divino positivo.

Como se relata, la debilidad del poder secular es evidente. Tras la caída del Imperio de Occidente, Europa se ve ante una situación caótica en todos los aspectos: cultural, económica, y desde luego política. La Iglesia asume realizar una labor supletoria, atribuyéndose funciones propias de la esfera civil. Y así va tomando cuerpo una nueva concepción del mundo que no es otra que la "respublica christiana", que es una única realidad histórica constituida por dos espadas, la del emperador y la del Papa. En principio podríamos afirmar que en el medievo el poder papal afecta a los asuntos espirituales, mientras que el poder del emperador está referido a los asuntos terrenales o del cuerpo. Sin embargo, la realidad es otra, pues la dificultad se encuentra en establecer los límites de uno y otro poder. Según CALVO ESPIGA[15] "esta tensión va a determinar, además, las principales teorías que se elaboraron tanto sobre la naturaleza del poder regio y del poder papal como en torno a la relación existente entre ambos. La lucha de las dos espadas desemboca, de una parte, en la teoría de la

---

15 CALVO ESPIGA, A. ,*Implicaciones* ...op.cit. pag 32

potestas directa in temporalibus, según la cual el Papa sería el jefe espiritual y temporal de la humanidad asistido en el desarrollo de su cometido por el Emperador, quien actúa a modo de ministro o instrumento del papado. Por otro lado, la separación entre sacerdocio y reino será el punto de partida de la actitud de algunos monarcas que (...) reivindicarán la autonomía e independencia de las funciones regias frente a las sacerdotales". En tal sentido LLAMAZARES[16] destaca que la nueva situación del derecho canónico respecto al romano imperial viene determinada por los siguientes principios:

1º Al ordenamiento eclesiástico o canónico le corresponde la regulación en exclusiva de lo temporal y lo espiritual.

2º Por lo general el pontífice no hace uso de estas prerrogativas, lo que no significa que no pueda hacerlo.

3º Ambos derechos, romano y canónico, son subsidiarios en los territorios donde no funcionen como ordenamiento principal, pero la validez de la subsidiaridad del derecho romano al canónico está condicionada a su no contradicción con él.

4º Para que las leyes imperiales tengan eficacia universal, también en los reinos no feudatarios del Imperio, es necesario que hayan sido aprobadas por el Pontífice.

Por tanto, podemos afirmar que al tiempo de espiritualización del Derecho Imperial, producida en la época carolingia y en la del Sacro Imperio romano-germánico, le sucederá otra fase de secularización material del derecho canónico, que sienta las bases de lo que hoy conocemos como derecho común. Todo lo anterior nos lleva a concluir que durante la Edad Media el factor determinante respecto a la libertad de conciencia es la intolerancia. Dice LLAMAZARES[17]: "El factor determinante de ese recrudecimiento de la intolerancia es una consecuencia directa de las posturas

---

16 LLAMAZARES FERNÁNDEZ, D. Derecho de la libertad de conciencia I...op.cit. pag 60

17 Idem pag. 62

teocráticas y de los procesos paralelos y simultáneos de secularización de la Iglesia y de la confesionalización del poder político. El poder coactivo espiritual y el temporal son intercambiables, los delitos y las correspondientes penas espirituales tiene una traducción automática en delitos y penas temporales."

Como consecuencia, en parte, de los cambios sociales acaecidos en Europa a partir de la Reforma Protestante, nacen los nuevos estados absolutos y los soberanos intentan la sumisión de lo eclesial a lo político, si bien es una sumisión un tanto peculiar, por cuanto el poder político reconoce a la religión un papel importante en la vida social pero con la finalidad de aumentar la cohesión de sus reinos, llegando en ocasiones a establecerse Iglesias Nacionales. Como acertadamente señala CALVO ESPIGA[18], "si bien, oficialmente y en teoría, los gobernantes respetaban plenamente la independencia y el papel de la Iglesia en la vida social, poco a poco se tiende a integrar a la Iglesia en los esquemas jurídico-políticos de los nuevos Estados absolutos, intentando de este modo la sumisión de lo eclesial a lo político. A partir del siglo XVI y, sobre todo, durante los siglos XVII y XVIII se estableció una especie de modus vivendi entre los monarcas europeos y la autoridad religiosa; mientras, en el plano de los principios, reconocen a la religión y a lo que ella implica un lugar eminente en la vida social de sus pueblos, en la práctica política la utilizan para aumentar la cohesión de sus reinos y el poder sobre sus súbditos, llegando, en algunos casos, a convertir las confesiones religiosas en verdaderas o encubiertas, según la situación, iglesias nacionales. La misma lógica interna de las ideas y estructuras políticas renacentistas abocaba a los gobernantes y monarcas, de manera casi inexorable, a intervenir cada vez más en los distintos aspectos de la vida de la Iglesia, llegándose en algunos casos a una intervención directa de la autoridad política en asuntos que afectaban directamente a la

---

18 CALVO ESPIGA A. *Implicaciones*...op.cit., pag 34.; HAURIOU A, Democracias y fuerzas religiosas, Madrid 1962 pag 18-20; LATREILLE A., La Iglesia Católica y el laicismo Madrid 1962 pag. 44-47

estructura jurídica fundamental de la Iglesia y no sólo a aspectos periféricos o accidentales de la misma" .

Todos estos gérmenes ideológicos, como decimos, ya estaban presentes en la Reforma protestante, sobre todo en la pretensión de Lutero, Zwinglio y Calvino de identificar la Iglesia y el Estado, siempre con prevalencia de este último poder. La Reforma protestante trae como consecuencia que, tanto en los territorios donde triunfa como en aquellos que siguieron en comunión con Roma se estableciera el principio de que los súbditos quedaban obligados a seguir la religión del príncipe. Es, quizás, este principio la base para la aparición, como hemos dicho, de las iglesias nacionales, que en la mayoría de los casos se incrustaban en la estructura del Estado.

Fue, precisamente, la situación creada con la reforma la que dio lugar a la distinción entre Ius Canonicum y Ius Ecclesiasticum[19] , que a su vez supuso un cambio en la concepción del Derecho Eclesiástico del Estado, motivado por todo este cúmulo de circunstancias que propiciaron el nacimiento de una nueva concepción del mundo que, de forma eminente, se concretó en el

---

19 CALVO ESPIGA A. *¿El derecho en la Iglesia: ¿conveniente o necesario?,* Lumen 39, 1990, pag.54 y 61-64. dice: "...a consecuencia del movimiento protestante, se instaura en los territorios de la Reforma, el principio cuius regio eius et religio, en cuya virtud los súbditos quedaban obligados a seguir la religión de su príncipe. Una de las consecuencias más importantes de la aplicación de este principio fue, sobre todo en los territorios reformados, la ruptura de la concepción universal de la Iglesia en favor de la constitución de iglesias nacionales que reconocían, en la mayoría de los casos únicamente, al poder laico la facultad de legislar en materia eclesiástica. Circunstancia que supuso una estrecha compenetración, e incluso sometimiento, de las instituciones confesionales en las estructuras estatales, llegando incluso a formar parte de éstas. En estas condiciones el movimiento reformador terminó por situar a la Iglesia en una completa servidumbre respecto del Estado dotado de un poder ilimitado no sólo en los asuntos temporales sino también en lo espiritual y religioso. Ello dio lugar a que la doctrina protestante distinguiera entre ius canonicum y ius ecclesiasticum."

denominado humanismo renacentista, concepción o movimiento basado esencialmente en el intento de afirmar los valores humanos independientemente de cualquier radicación trascendente.

Lutero (tras la revolución de los campesinos) incide en la necesidad de que el Pastor se dedique única y exclusivamente a labores de predicación, dejando en manos de las autoridades civiles el gobierno secular[20]. El Príncipe era una especie de Obispo encargado de mantener el orden en la Iglesia y responsable de la organización de la comunidad religiosa.

Zwinglio parte de la premisa de que el Estado y la Iglesia se necesitan mutuamente. En tal sentido cuando los obispos no toman a su debido tiempo decisiones necesarias para el buen funcionamiento de esa cohabitación, el Príncipe queda facultado para hacerlo y, no de forma subsidiaria, sino en razón de la magistratura que representa.

Calvino incide en el pensamiento de Zwinglio en el sentido de considerar a los magistrados como ministros ordenados por Dios. En realidad, lo que Calvino defiende es una teocracia en la que el Estado debía realizar su cometido bajo la vigilancia del clero.

El periodo comprendido entre los siglos XVI y XVII supone el paso de la intolerancia entre los miembros de diferentes corrientes doctrinales surgidas por la división que en la Iglesia produce la reforma a una época de tolerancia religiosa en algunos lugares concretos. Por ello, podemos concluir que la Reforma fue el precedente que sirvió, de un lado, para sentar las bases sobre las que se desarrolló la tendencia a la concentración del poder en manos del soberano y que alcanzará su máxima expresión en las monarquías absolutas del XVII-XVIII. De otro lado, en los países en que triunfó la contrarreforma católica, la experiencia de la Reforma y el nuevo orden surgido en Europa, facilitaron el paso a nuevos sistemas de relación entre el orden religioso y el civil, manifestado

---

20 ATKINSON,J., Lutero y el nacimiento del protestantismo Madrid 1971, pag. 269-280

en la práctica de la denominada potestas indirecta in temporalibus. Situación que, en un segundo momento, finales del XVII y XVIII, con la consolidación de las monarquías absolutas, abocó al fenómeno del jurisdiccionalismo, de carácter confesional en un primer momento, y luego agnóstico.

Sin embargo, si nos asomamos al interior de la Iglesia católica encontraremos, en general, una postura conformista amoldada a los aparentes privilegios que los reyes le habían concedido y preocupada, sobre todo, por garantizar su presencia y acción en los asuntos temporales teorizando sobre su status jurídico medieval, en una sociedad que había olvidado casi por completo los soportes medievales de su cultura. La teoría de la "potestas indirecta in temporalibus" se reelabora en esta época, en el contexto de una distinción más nítida entre el orden temporal y el espiritual, y como un intento de responder adecuadamente a la situación política que se había creado en Europa, transformada en una comunidad de Estados independientes y religiosamente pluralista. De este modo, el Estado acabó imponiendo su superioridad sobre la Iglesia. Sin embargo, ésta mantuvo la pretensión de continuar manteniendo un Imperium o potestas indirecta sobre las denominadas materias temporales o políticas, invocando la relación indirecta que mantienen con la vida de fe de los creyentes.

En la primera mitad del siglo XIX se produce una ralentización tanto del proceso de reconocimiento de la libertad religiosa como de la separación Iglesia-Estado. Este proceso recibirá un decisivo impulso con los movimientos revolucionarios de mediados de siglo y de la consecuente pujanza del liberalismo. Sirvan de ejemplo los casos de Francia, Italia y Alemania.

- En Francia el régimen napoleónico instaura un estado pluriconfesional distinguiendo entre confesiones reconocidas y no reconocidas. El régimen napoleónico avanzó en la secularización de las instituciones especialmente el matrimonio. Con la Restauración y la Constitución de 1830 se vuelve al confesionalismo, pero ya no doctrinal sino sociológico y, en todo caso, sin volverse atrás en el reconocimiento y protección de la libertad de pensamiento y religiosa. La Constitución de 1848 proclama la libertad de cultos, pero no el principio de separación, instaurando las bases para una posición privilegiada de la Iglesia católica en materia de enseñanza. La Constitución de 1852 establecerá la declaración de confesionalidad. Las tensiones entre los católicos tradicionales, partidarios de la confesionalidad, y los liberales, defensores de la laicidad, se agudizarán especialmente en el último tercio de siglo, sobre todo en relación con la enseñanza. Terminará imponiéndose las tesis liberales de considerar la religión como un asunto privado, y la consideración de las confesiones religiosas como asociaciones de derecho privado sometidas al derecho común.

- En Italia se tratará de armonizar la confesionalidad doctrinal excluyente proclamada por el Estatuto Albertino de 1848, con la tolerancia religiosa de la Ley Sineo de 19 junio de 1848, según la cual la diferencia de culto no es fundamento de excepción ni del goce de derechos civiles y políticos ni del cumplimiento de obligaciones civiles y militares. La Ley permitía obrar con plena autonomía a las confesiones minoritarias. La política eclesiástica de la derecha histórica estaba inspirada en el principio "iglesia libre en un estado libre", que había constituido el fundamento de los famosos discursos de Cavour (25-27-III-1861). Después de la unidad italiana, el legislador en conformidad con el principio de que el fenómeno religioso es una cuestión de la conciencia de los individuos, proclama la igualdad de los ciudadanos y de las confesiones religiosas ante la ley y la libertad de conciencia y de culto, ley de 18-III-1871. El 13-V-1871 el Parlamento italiano aprobaba la denominada ley de garantías que regulaba las relaciones con la Iglesia católica. La ley de un lado, establece la autonomía de la Iglesia y, de otro, niega efectos civiles a las normas canónicas y a los negocios jurídicos nacidos a su amparo, atribuyendo al juez civil la competencia para decidir, caso por caso, el reconocimiento o no de algún efecto civil, siempre que no estuviera en contradicción con las leyes del Estado o con el orden público. En esta línea secularizadora podemos citar la Ley Copino (15-VII-1871) que no establecía entre las materias que debían estudiarse en la enseñanza primaria la religión y el Código Penal Zanardelli (30-VI-1889) que puede considerarse una típica expresión de la política separatista del Estado en materia religiosa. El código tipificaba los delitos contra el sentimiento religioso en el título relativo a los delitos contra la libertad. El vilipendio contra la religión era tipificado en cuanto con ello se violaba el derecho de los fieles a ejercitar su culto, como consecuencia natural y necesaria de la libertad individual y de conciencia.

- En Alemania el modelo de Iglesia de Estado "sigue ahondándose en la desconfesionalización del Estado hacia la que representa un paso importante la pluriconfesionalidad" Se distingue entre iglesias reconocidas, la católica, luterana y la calvinista y el resto que se consideran meramente toleradas. Los fieles que pertenezcan a las Iglesias reconocidas gozan de plena libertad para el ejercicio de la libertad religiosa; quienes, por el contrario, pertenezcan a las no reconocidas son meramente tolerados y en consecuencia sólo pueden practicar su culto en privado. A partir del proyecto de Constitución del Reich de 27 de diciembre de 1848 es indudable que las ideas y principios en él contenidos tuvieron su reflejo en todo el movimiento constitucional territorial posterior. La Constitución garantiza el pleno ejercicio del derecho a la libertad religiosa, la no discriminación por motivos religiosos, todas las confesiones tienen la posibilidad de acceder al rango corporativo y ninguna confesión debe tener privilegios respecto a otra. El primer reflejo práctico de este proyecto lo encontramos en la Constitución Prusiana de 1850, donde además de reconocer la libertad religiosa, se incluye la cláusula corporativista que permitía el disfrute de dicho rango a un mayor número de confesiones, aunque en la práctica la exigencia constitucional de un desarrollo legislativo posterior limitó la aplicación de este principio. Con la ley de igualdad de las confesiones religiosas se fue consolidando la igualdad y libertad religiosa.

1.2. EL PROCESO SECULARIZADOR EN ESPAÑA

El ya citado ALVAREZ TARDÍO[21] ha venido a señalar que «la acción del liberalismo español respecto a la Iglesia católica en la primera mitad del siglo XIX observó una ortodoxia reformista que careció de una formulación, de un programa sistemático que se denominase secularizador» Bien es sabido que, en realidad, en España las luces penetraron a comienzos del siglo XVIII gracias a la obra, prácticamente aislada y solitaria, pero de gran enjundia del fraile benedictino Benito Jerónimo Feijoo, el pensador crítico y divulgador más conocido durante los reinados de los primeros reyes Borbones. Los aires secularizadores introducidos por los Ilustrados van a traer consigo que se comience a hablar de la libertad en sus múltiples acepciones. Como hemos adelantado, durante el siglo XIX y como consecuencia de ese tenue proceso renovador o reformista se va abriendo paso la libertad de conciencia a través de la tolerancia que llega a consagrarse como principio constitucional, aunque en realidad, no se trata en último extremo de cuestionar la confesionalidad del Estado. Prueba de ello es el paso del confesionalismo doctrinal excluyente de las Constituciones de 1812 y de 1845 al sociológico de la de 1876 matizado por el principio de tolerancia de cultos[22].

Ya entrados en el siglo XX se producen dos acontecimientos de signo contradictorio, pero de especial relevancia:

1º el reconocimiento del derecho a la libertad de conciencia en su dimensión individual y colectiva, así como la separación Iglesia-Estado;

---

21 ALVAREZ TARDÍO M. Política y secularización en la Europa contemporánea. op. cit. p.148

22 Contenido en el párr. 2º del art.11, Éste precepto que tendrá importantes consecuencias en materia de enseñanza, por ejemplo, permitiendo diversas soluciones a la libertad de enseñanza según estuviesen en el poder los conservadores o los progresistas. Concretamente el citado precepto constitucional relaciona íntimamente la libertad de enseñanza con la libertad ideológica y religiosa

2º y, en segundo lugar, la experiencia de las dictaduras en las que dicho derecho era negado o limitado.

Asistimos, en esta época a los primeros modelos de separación: la Ley francesa de separación de 1905 y la Constitución de Weimar de 1919[23] . Sin embargo, ni uno ni otro proyectos calaron de inmediato en una sociedad como la española de primeros del siglo XX[24] que venía condicionada por la propia estructura societaria de la época en la que las élites liberales prefirieron que la doctrina y moral católica influyera en la educación y formación de la sociedad, probablemente con la finalidad de evitar los peligros de la posible radicalización de la misma. No es hasta 1931 cuando triunfan los postulados secularizadores próximos al modelo francés.

Efectivamente la Constitución republicana de 1931, como señala LLAMAZARES, es el resultado de la confrontación parlamentaria de esos dos modelos. La Comisión constitucional propone el modelo alemán y a través de la discusión parlamentaria el modelo que termina imponiéndose es el francés, endurecidas algunas características laicistas que recuerdan al modelo soviético de la Constitución de 1926.

---

[23] LLAMAZARES FERNÁNDEZ, D., Derecho a la libertad de conciencia I., op.cit., p..95-96 "en la Ley francesa de 1905, de acuerdo con la consideración liberal de las creencias religiosas como asunto privado, esa separación se basa en la consideración de las Confesiones como meras asociaciones privadas a las que les es aplicable, sin más, el Derecho común y sin más limitaciones a su autonomía que las derivadas del orden público. En la Constitución alemana, en cambio, se conserva la distinción entre reconocidas y no reconocidas; las primeras son corporaciones públicas que se someten a un Derecho público especial favorable, en tanto que a las segundas son asociaciones privadas a las que se aplica el Derecho común, al tiempo que se consagran tanto el principio de separación, mitigado por los de paridad y coordinación, como el de autonomía de las Iglesias."

[24] Sobre el proceso de secularización en la sociedad española en el siglo XX ver PEREZ -ARGOTE A. El proceso secularizador en la sociedad española Revista CIDOB d'Afers Internacionals n. 77, p.65-82

Por primera vez «el postulado liberal de una secularización política que afectase exclusivamente a las instituciones quedó superado. Por eso el cambio republicano se definió más allá de sus consecuencias políticas. La revolución republicana era, para muchos sectores, la puerta abierta al cambio de la sociedad y la cultura». Sin embargo, que la Segunda República no culminó el proceso de secularización es un hecho evidente, es más, probablemente sería más correcto afirmar que dicho proceso durante ese corto periodo no alcanzó un empuje y avance especialmente significativo lejos de confrontaciones y disputas.

En nuestra opinión, en este periodo republicano se trató de secularizar no solo el Estado sino también las conciencias, lo que lo diferenció del proceso secularizador en otros países de nuestro entorno como Italia o la propia Francia. En el caso francés es significativo señalar que a pesar de ser protagonista del proceso de secularización, sin embargo, el Estado fue consciente de la necesidad de limitar su proceder contra la Iglesia.

En los años posteriores a la I Guerra Mundial se produce un paso atrás en el reconocimiento de la libertad de conciencia por la instauración de los regímenes comunistas, caracterizados por el laicismo, y los regímenes fascistas en los que la religión es una cuestión pública, bien se opte por la pluriconfesionalidad como Alemania, bien por la confesionalidad doctrinal con mera tolerancia de los demás cultos (España e Italia). Tras la Segunda Guerra Mundial se produce en occidente un resurgimiento y preocupación por los derechos y libertades fundamentales, reconociéndose el derecho a la libertad de conciencia y la progresiva instauración de modelos de separación entre Iglesia y Estado en las Constituciones europeas promulgadas tras la posguerra[25] .

En España la trasformación del binomio Iglesia-Estado se acompaña de la trasformación radical en la población a través de

---

25 LLAMAZARES FERNÁNDEZ, D., Derecho a la libertad de conciencia I..op. cit. p. 96

una masiva y creciente indiferencia ante el fenómeno religioso debido a un nuevo marco existencial. Se intensifican formas secularizantes anteriores y aparece la llamada era de la autenticidad que se consolida en toda la Europa Occidental como un movimiento en conflicto con los espacios en los que la Iglesia había jugado un papel importante en las décadas anteriores[26]

De todo lo dicho podemos finalizar este proceso histórico, tal y como concluye LLAMAZARES, destacando los siguientes aspectos:

1° Se empieza a vincular la libertad de conciencia a la separación de Iglesia y Estado, no ya con carácter transitorio sino como algo definitivo, bien por razones políticas bien por razones teológicas.

2° El reconocimiento de la libertad de conciencia se vincula desde muy temprano a la democracia, a la justicia social y a la neutralidad del Estado.

3° El concepto de laicidad aparecerá incluyendo dos elementos: la neutralidad del Estado como fundamento del derecho de igualdad y la separación respecto de las doctrinas de las distintas confesiones religiosas.

Como fundamento de todo se encuentra la neutralidad del Estado que es el marco único que garantiza el ejercicio de la libertad de conciencia en plenitud para conseguir el pleno desarrollo de la persona en libertad radical.

---

26 RUIZ ANDRES R. (2017) El proceso de secularización de la sociedad española (1960-2010): entre la historia y la memoria. En Pasado y memoria. Revista de historia contemporánea n° 16 p. 208

II. La conciencia y las propias convicciones. La libertad de orientar la enseñanza según las propias convicciones

La conciencia es una fuente de criterios para la valoración moral de las conductas del sujeto, tanto de cara a sí mismo como en relación a lo otro y a los otros y, como tal fuente, necesariamente viene predeterminada por la percepción tanto de la propia identidad como de la propia historia: de lo que se es, de lo que se puede ser y de lo que se debe ser. Esta afirmación se encuentra contenida en el tratado sobre el derecho de la libertad de conciencia del varias veces citado profesor LLAMAZARES FERNANDEZ[27] y en relación a lo que el comenzó a denominar el derecho a la libertad de conciencia como elemento esencial en la construcción de un sistema jurídico. En palabras del citado autor la conciencia se articula como la "facultad que quintaesencia lo más peculiar, irrepetible y profundo de la personalidad. Es la raíz y fuente de la personalidad misma y de su singularidad"

Resulta muy interesante a la vez que esclarecedor lo afirmado por CALVO ESPIGA[28] cuando al realizar un análisis etimológico

---

27 LLAMAZARES FERNÁNDEZ, D., Derecho a la libertad de conciencia I...op.cit, pg. 11

28 CALVO ESPIGA A., Libertad religiosa y Laicidad en el Estado de Derecho en *Fenómeno religioso y ordenamiento jurídico*, Tecnos 2017 p. 56-57 "Probablemente uno de los términos más antiguos que se utilizó para designar a la conciencia fue el de corazón, utilizado ya en la tradición Egipcia. El mundo hebreo, como en general hacían los antiguos pueblos semitas, se refería a la conciencia con el vocablo leb, que significa corazón, o también con el término riñones. Quizás estas referencias significativas al corazón y a los riñones sean, dentro de su también compleja ambigüedad, la expresión más clara y directa que en las ci-

del término conciencia, y en relación a su importancia en esa singularidad que nos hace únicos, incide en la equivalencia, en las antiguas civilizaciones, con los elementos motores de la persona como son el corazón y los riñones. Como explica el indicado autor, en la tradición egipcia y posteriormente en el mundo hebreo la identidad entre los términos conciencia y persona es una muestra nítida de la equivalencia de estos dos conceptos en tanto en cuanto corazón y riñones son considerados órganos esenciales de la vida humana[29].

Volviendo al concepto de conciencia, parece evidente que debemos partir de una realidad incontestable y que no es otra que entenderlo en relación a lo que nos hace únicos e irrepetibles, lo que me hace distinto, diferente. En esa circunstancia cuando nos enfrentamos a nuestra realidad, despojados de todos los abalorios circunstanciales, por muy significativos que éstos sean, en realidad nos encontramos con nuestra esencia más íntima, y solo así sería posible que la persona se reconozca tal y como es, única. Decía el citado profesor CALVO ESPIGA que la conciencia debía ser entendida como "lo que resta de específica y fundamentalmente personal cuando el hombre se ve despojado de todo, es decir, el ámbito o realidad donde el hombre puede reconocerse a sí mismo y en relación con los otros, como único y diverso a los demás".

---

vilizaciones de la Antigüedad pueda encontrarse sobre la equivalencia entre conciencia y persona, en cuanto que el corazón es considerado también por estas culturas como el órgano esencial de la vida humana y los riñones, incluso en el lenguaje popular contemporáneo de algunos lugares, es expresión equivalente al esfuerzo personal realizado en plenitud para llevar adelante empeños o trabajos que afectan a la persona. En las restantes civilizaciones, desde las babilónicas hasta los vedas, predominan la dimensión o aspectos éticos, morales o de relación con la divinidad."

29 El corazón es considerado como el órgano esencial de la vida humana y los riñones equivalente al esfuerzo personal realizado en plenitud para llevar adelante determinados empeños o trabajos.

Al alcanzar la persona esa plena percepción adquiere la facultad para hacer o no hacer, para decidir qué es lo correcto o lo que no lo es. Afirma LLAMAZARES[30] que "la conciencia va precedida de la "consciencia" de dos cosas: de la identidad personal de cada uno y de la dignidad personal entendida como merecimiento de respeto tanto de sí mismo como de los otros. Y como ya señalo Hegel "la diferencia es anterior a la identidad, la alteridad es anterior a la identidad, de manera que se puede decir que la identidad es un momento de la diferencia"

Ha escrito LÓPEZ DE LERGO que "la conciencia es un -reducto- interior en donde nos damos cuenta de lo que debemos hacer. Allí nos encontramos con lo más íntimo de nosotros y descubrimos una ley inscrita en nuestra naturaleza que nos inclina al bien. Todos los seres humanos gozamos de esa naturaleza, por eso, allí todos, sin excluir a nadie encontramos lo genuino. Aparecen nuestros actos como los hemos realizado y de inmediato reconocemos la valoración moral que les corresponde. Si hay disimulos o evasiones es porque voluntariamente, libremente, queremos alterar la moral, nos justificamos y decimos que es bueno lo que no lo es"[31]

Por tanto, y en razón a lo expuesto, podríamos concluir afirmando que el elemento definidor y esencial de la conciencia es la capacidad para reconocerse a sí mismo como especial y diferente de los demás. Afecta y determina la esencia de la persona y es lo que nos hace radicalmente diferentes e irrepetibles.

---

30 LLAMAZARES FERNÁNDEZ, D., Derecho a la libertad de conciencia I...op.cit, pg. 16

31 Locke llega a afirmar que nuestra conciencia, no es concebible sólo como capacidad de ver y entender el mundo; la conciencia es la máquina interna que nos permite orientarnos en el mundo

1. CONCIENCIA Y DERECHO. LA LIBERTAD DE CONCIENCIA Y LIBERTAD DE ENSEÑANZA

La libertad de conciencia aparece como un fenómeno inicialmente interno que, cuando voluntaria o involuntariamente se exterioriza, alcanza relevancia jurídica que exige una actitud de respeto por parte de los demás, y de defensa, respeto y promoción por parte del derecho. Es por tanto un derecho que nace y parte del reconocimiento a la propia identidad[32] Siguiendo con la definición última de conciencia que ofrecía LLAMAZARES y dando un paso más, el citado autor propone definir la libertad de conciencia en base a cuatro ideas fundamentales. A saber: la libertad en la formación de la conciencia y la libertad para mantener determinadas convicciones; la libertad para manifestar o no esas convicciones creencias o ideas; la libertad para comportarse de acuerdo a esas convicciones y, la libertad pasa asociarse y manifestarse de acuerdo o sobre la base de compartir las mismas convicciones. En consecuencia, no sería atrevido afirmar que la libertad de conciencia se articula como un elemento básico y fundamento del resto de derechos, en tanto en cuanto obliga a la total y radical protección de la persona, eje central, y le asegura el marco más amplio de libertad.

---

32 No debemos olvidar que en el principio está la toma de conciencia, y a ésta le sigue el discernimiento y la convicción, Francisco, Papa, en su exhortación apostólica Gaudete et Exsultate dice: "Discernir nos lleva a descubrir lo importante de lo superfluo, lo fundamental de lo accesorio, lo adecuado de lo inadecuado. En definitiva: lo bueno de lo malo. Se aprende a discernir en el día a día. Lograrlo es una responsabilidad porque hay que saber discernir cuando se nos presentan momentos trascendentes. Por ejemplo: elegir a un candidato que influirá en la vida pública y en la vida particular de los súbditos. Esta demanda nos exige buen discernimiento. No podemos ni debemos excusarnos. El discernimiento nos lleva a la convicción. La convicción consiste en tomar una postura sabia porque la hemos elegido conscientemente, sin dejarnos llevar por influencias manipuladoras. De la convicción cada uno sabe por qué y cómo la adquirió, y qué bondades tiene."

Y en este contexto es como consideramos debe ser analizada la libertad de enseñanza en su triple dimensión, pues es ahí donde encuentra su razón de ser, tal y como ya anunciábamos en la introducción de este trabajo, al entenderla como una proyección de la libertad de conciencia consagrada en el artículo 16.1 CE.

Incluso adelantándonos a lo que desarrollaremos en páginas posteriores podemos afirmar que nuestra propia Carta Magna, al establecer en el artículo 10,2 el criterio de interpretación en relación a los llamados Derechos fundamentales y libertades públicas, nos permite afirmar sin temor a errar que una de esas dimensiones de la libertad de enseñanza, como es la libertad de cátedra, debe ser analizada actualmente como una prolongación de la libertad de conciencia y, en ese sentido, definirse como la libertad para orientar ideológicamente la enseñanza en conformidad con las propias convicciones.

2. EL DERECHO DE LIBERTAD DE CONCIENCIA.

Con la utilización de esta expresión en realidad nos estamos refiriendo tanto del derecho de libertad de conciencia como del derecho de la libertad de conciencia, en tanto en cuanto el primero se identifica con el derecho de toda persona a tener unas determinadas convicciones, creencias u opiniones o no tenerlas, y a expresarlas libremente si éste es su deseo; mientras que el derecho de la libertad de conciencia se refiere, desde el punto de vista objetivo, al conjunto de normas que regulan la protección y fomento de ese derecho y las condiciones de su ejercicio. Parece lógico afirmar que ambas realidades conforman el núcleo esencial sobre el que giran el resto de derechos y que no es otro que la radical libertad del ser humano. Pero siempre debemos tener presente que en primer lugar y por encima de todo se encuentra el derecho de libertad de conciencia que es el que nos permite conocer la propia identidad y que nos diferencia de los otros y, por consiguiente, es el que va a condicionar al resto de derechos, incluso a los fundamentales, ya sea en la titularidad de los mismos o en las condiciones para su ejercicio.

En nuestro vigente texto constitucional es cierto que no aparece de forma explícita la libertad de conciencia, sino que en el artículo 16 se habla de forma expresa de libertad ideológica, religiosa y de culto. El artículo consagra, por tanto, varias libertades, pero un solo derecho y a todas ellas les dispensa la misma protección jurídica reforzada[33] Para parte importante de la doctrina, el TC ha terminado entendiendo que la libertad de conciencia es la base tanto de la libertad ideológica como de la religiosa, en cuanto raíz de la autodeterminación y autonomía de la persona, como libertades en que esa autodeterminación y autonomía se manifiestan y realizan. No debe sorprender que diga que, tanto la libertad ideológica (STC 160/1987, FJ 3, Auto71/1993, FJ2), como la libertad religiosa (STC551/1985, FJ 3) son libertad de conciencia[34]. En todo caso sí parece claro el hecho de considerar las libertades de pensamiento, conciencia y de religión como autónomas e independientes, aunque evidentemente en la esencia de todas aparece la libertad de conciencia como el principio básico de la moral y del derecho, siendo fuente última de todos los derechos fundamentales. Sirva de ejemplo la redacción dada al artículo 18 de la Declaración Universal de Derechos Humanos de la ONU del año 1948 que textualmente establece " Toda persona tiene derecho a la libertad de pensamiento, de conciencia y de religión…" y esa misma redacción es la que utiliza el Convenio Europeo para la protección de los Derechos Humanos y de las Libertades Fundamentales de 1950, así como el Pacto Internacional de Derechos civiles y políticos de 1966

---

33 Entre otras encontramos las siguientes sentencias de nuestro Tribunal Constitucional: SSTC 202/1993, FJ5; STC 173/1995, FJ1 y STC 141/2000, FJ 4

34 LLAMAZARES FERNÁNDEZ, D, "Libertad de conciencia, una libertad implícita en la Constitución", Cuestiones de Pluralismo, Vol. 2, nº1 (primer semestre de 2022)

3. LA LIBERTAD DE CONCIENCIA, LOS DERECHOS HUMANOS Y LOS DERECHOS FUNDAMENTALES

En base a todo lo dicho se hace necesario establecer una distinción entre éstos tres conceptos básicos que a su vez son esenciales para garantizar la libertad, la igualdad y la justicia en todo el mundo, y que son fundamentales para la protección de la dignidad humana y para el desarrollo de una sociedad justa y equitativa. En efecto, la libertad de conciencia, los Derechos Humanos y los Derechos Fundamentales son conceptos interrelacionados que forman parte del marco jurídico y ético que rige las relaciones sociales y políticas en todo el mundo.

La libertad de conciencia tal y como la hemos presentado y en un análisis simplista se refiere al derecho que tienen las personas de mantener y expresar sus propias creencias, ideas y valores, sin ser discriminados o perseguidos por ello. Es un derecho que como hemos visto está protegido por diversas normas internacionales. Los Derechos Humanos son aquellos que corresponden a todas las personas, simplemente por ser seres humanos e incluyen derechos tales como a la vida, la libertad, la igualdad, la dignidad, la privacidad, la seguridad, la educación, la salud, el trabajo, entre otros. Los Derechos Humanos están igualmente protegidos por diversos instrumentos internacionales. Por último, los Derechos Fundamentales son aquellos que están reconocidos en la Constitución de un país y que forman parte de las leyes fundamentales que rigen el funcionamiento del Estado y la sociedad siendo la base del Estado de Derecho y mereciendo también una protección especial. Los Derechos Humanos y los Derechos Fundamentales son dos conceptos que como podemos comprobar a simple vista están estrechamente relacionados. Ambos se refieren a los derechos y libertades que tienen todas las personas en virtud de su condición de seres humanos y son esenciales para garantizar la dignidad y el respeto de los derechos. La principal diferencia entre ambos conceptos radica, desde el punto de vista formal, en su ámbito de aplicación. Los Derechos Humanos son universales y están reconocidos por el derecho internacional, mientras que los

Derechos Fundamentales se refieren a aquellos derechos que están consagrados en la Constitución de un país específico y forman parte de las leyes fundamentales que rigen su funcionamiento. Podríamos señalar en una primera aproximación que los Derechos Humanos son aquellos derechos que corresponden a todas las personas en todas partes del mundo, mientras que los Derechos Fundamentales son aquellos que están reconocidos y protegidos por la Constitución de un país en particular. Sin embargo, como hemos indicado es importante destacar el nexo o unión que presentan ambas categorías, pues en muchos casos, los Derechos Fundamentales se derivan directamente de los Derechos Humanos, y son una forma de garantizar que estos derechos se respeten y protejan a nivel nacional. Por ejemplo, el derecho a la libertad de expresión es un derecho humano reconocido por la Declaración Universal de los Derechos Humanos, pero también es un derecho fundamental reconocido en muchas constituciones nacionales. De esta manera, podemos considerar que los Derechos Fundamentales son una forma de aplicar y proteger los Derechos Humanos a nivel local. En conclusión, los Derechos Humanos y los Derechos Fundamentales son conceptos que están interrelacionados y se complementan mutuamente. Ambos son esenciales para garantizar el respeto y la protección de los derechos humanos en todo el mundo, y son fundamentales para el desarrollo de una sociedad justa, libre y democrática.

En base a lo dicho, ¿podríamos ofrecer una definición de Derecho humano y Derecho fundamental?

Por Derecho humano, siguiendo al ya citado CALVO ESPIGA, entendemos "el conjunto de derechos de los que el hombre, individual y socialmente, es sujeto titular con anterioridad e independencia de su relación con el Estado y que son consecuencia inmediata de su dimensión personal y exclusiva del ser humano en cuanto individuo que se realiza de cara a un complejo de relaciones sociales". Los Derechos humanos son un conjunto de derechos inherentes a todos los seres humanos, sin distinción alguna de raza, género, nacionalidad, origen étnico, religión o cualquier otra condición. Estos derechos son universales, inalienables, interdependientes e indivisibles. E incluyen derechos civiles y políticos, económicos, sociales y culturales, así como derechos colectivos.

Los Derechos fundamentales presuponen la existencia, respecto al Estado, de la persona humana en cuanto sujeto jurídico y un espacio propio de autonomía. Pero esto no provoca que sustituyan directamente a los derechos humanos, pues aceptar esta opción conllevaría en la práctica la desnaturalización de los derechos humanos inherentes a la persona, pues se haría depender la fuerza vinculante de tales derechos únicamente de la aceptación previa que el mismo sistema haya realizado de esos derechos. En consecuencia, por derecho fundamental debemos entender las normas o principios jurídico reconocidos y protegidos por el ordenamiento jurídico de un Estado, que reconoce y garantiza la dignidad humana y las libertades fundamentales de las personas, Son derechos tan íntimamente radicados en el ser humano que por su propia dimensión resultan no previos a cualquier norma positiva, radicando su fuerza vinculante precisamente en alcanzar la verdadera legitimidad social.

4. LA LIBERTAD DE ENSEÑANZA COMO DERECHO HUMANO Y DERECHO FUNDAMENTAL

La libertad de enseñanza es considerada un derecho humano y un derecho fundamental porque está estrechamente relacionada con otros derechos humanos, como el derecho a la educación, el derecho a la libertad de pensamiento y el derecho a la libertad de expresión. La libertad de enseñanza es un derecho humano y un derecho fundamental reconocido por muchos instrumentos internacionales de protección y defensa de los derechos humanos, entre otros como ya dejamos señalado en páginas anteriores, la Declaración Universal de Derechos Humanos, el Pacto Internacional de Derechos Civiles y Políticos y el Pacto Internacional de Derechos Económicos, Sociales y Culturales.

Estos instrumentos establecen que toda persona tiene derecho a la educación y que ésta debe estar dirigida al pleno desarrollo de la personalidad humana y al fortalecimiento del respeto a los derechos humanos y a las libertades fundamentales. Además, se reconoce el derecho de los padres a elegir el tipo de educación que se impartirá a sus hijos, y se establece la obligación de los Estados de garantizar que la educación sea gratuita y de calidad.

La libertad de enseñanza, por tanto, se refiere al derecho de todas las personas a impartir y recibir educación sin restricciones indebidas por parte del Estado u otras partes interesadas.

Pero además la libertad de enseñanza promueve la diversidad cultural y el pluralismo de ideas, lo que es esencial para el desarrollo de sociedades libres y democráticas. Efectivamente la libertad de enseñanza es fundamental porque es esencial para el desarrollo personal y social de los individuos, ya que permite la transmisión de conocimientos y valores que son necesarios para el crecimiento y el bienestar de la sociedad en su conjunto.

Por lo tanto, la libertad de enseñanza es considerada un derecho humano y un derecho fundamental que reconoce la importancia del acceso a la educación y el derecho de las personas a buscar y recibir aprendizaje, conocimiento e información de todas las fuentes posibles. También reconoce el derecho de las personas a establecer y administrar sus propias instituciones educativas, siempre y cuando se cumplan con los requisitos mínimos de calidad y seguridad, siendo además un derecho esencial para el ejercicio de otros derechos humanos formando parte del contenido esencial del derecho a la educación y de la libertad de pensamiento y expresión.

III. La libertad de cátedra ¿instrumento para orientar la enseñanza? De la enseñanza como cuestión eclesiástica a la libertad de cátedra como prolongación de la libertad de conciencia. Análisis histórico

Comenzábamos nuestro trabajo señalando que cuando se analiza la libertad de enseñanza, en su triple dimensión (derecho a crear instituciones educativas, derecho a la libertad de cátedra y derecho de los padres para elegir la formación religiosa y moral que deseen para sus hijos) no debería de existir duda alguna al entenderla como una proyección de la libertad de conciencia consagrada en el artículo 16.1 CE, por cuanto así se ha previsto en el artículo 9 del Convenio de Roma sobre Protección de los derechos humanos y libertades fundamentales de 4 de Noviembre de 1950, siendo éste instrumento por el que deben interpretarse las normas relativas a los derechos fundamentales y libertades públicas en concordancia a lo establecido en el artículo 10.2 CE. Y todavía más. Consecuencia lógica de lo anteriormente afirmado es que una de esas dimensiones de la libertad de enseñanza, como es la libertad de cátedra, debe ser analizada actualmente como una prolongación de la libertad de conciencia y, en ese sentido, definirse como la libertad para orientar ideológicamente la enseñanza en conformidad con las propias convicciones[35].

---

35 ASENSIO SANCHEZ M.A. la secularización de la enseñanza. Génesis y desarrollo de un proceso. Laicidad y Libertades. Escritos jurídicos nº 2, 2002 p. 57-88

Lo primero que debe ser destacado es que la libertad de cátedra a lo largo de su evolución histórica se ha configurado como una garantía del docente que, en cuanto funcionario, garantizaba su libertad de expresión docente en el ámbito de la enseñanza pública. Surge, por tanto, como una defensa que el docente tenía ante los posibles ataques de los poderes públicos.

Sin embargo, en nuestra Constitución y dentro de un estado pluralista, social y democrático, ha perdido este significado. Efectivamente, la libertad de cátedra tal y como hoy la prevé la Constitución, y como no podía ser de otro modo, se enmarca dentro del pluralismo político e ideológico y se concibe como una garantía institucional que regulariza con carácter permanente y eficaz la investigación, exposición y transmisión de conocimientos científicos, lo cual implica una ordenación del sistema educativo fundado en la libre investigación y transmisión de conocimientos científicos. Planteado el problema desde nuestro derecho vigente, como he dicho, ofrecemos un estudio histórico[36], partiendo de la situación de la educación en el Antiguo régimen, en donde la enseñanza era una cuestión eclesiástica, en cuanto que la Iglesia asumía las funciones del Estado en materia educativa. En esta época el profesor tenía gran prestigio social y la mayoría eran miembros de las órdenes docentes. En tal sentido y como bien afirma LOZANO[37], en la Universidad medieval, el profesor era una figura cuasi sacra con importantes privilegios, y la enseñanza se basaba en la trasmisión de un saber no cuestionado a partir de un texto de autoridad, aunque con un cierto margen para el aspecto creador del docente[38].

---

36 PARODY NAVARRO J.A. "Una manifestación del proceso secularizador del Estado en el derecho español: De la enseñanza como cuestión eclesiástica a la libertad de cátedra como prolongación de la libertad de conciencia" en II Jornadas de sociología. El fenómeno religioso. Presencia de la religión y la religiosidad en las sociedades avanzadas. Sevilla 2007

37 LOZANO B. La libertad de cátedra, Madrid 1995, p. 41 y ss.

38 Al realizar un análisis histórico tomamos como presupuesto básico el estudio del derecho a la educación y la libertad de enseñanza a la par

La formación y la doctrina impartida debían estar de acuerdo con la ortodoxia de la fe, con lo que no se dejaba margen para la libertad de cátedra. Sin embargo, en la Universidad medieval había un clima de tolerancia intelectual y de respeto al profesorado; no se olvide que el derecho de huelga nacerá, en el siglo XII, como un derecho/privilegio de los profesores medievales impulsado por el poder papal frente al de los reyes.

En el siglo XIII, el poder de la institución universitaria aparece vertebrado en torno a tres privilegios/derechos: la autonomía jurisdiccional, el derecho de huelga y de secesión y el monopolio de la colación de grados académicos. Sólo con el nacimiento de las universidades nacionales y su sometimiento al poder real se oscurecen los privilegios de la universidad.

A pesar de que durante los siglos XIV, XV y XVI la escuela era una institución consolidada, la mayoría de la educación transcurría al margen de ella, en el domicilio familiar, mediante preceptores.

En el siglo XVI, la universidad española conocerá una etapa de esplendor en la que tanto las universidades como los profesores van a gozar de cierta autonomía frente al poder regio.

Ahora bien, no debe olvidarse que el único control ideológico sobre la universidad lo ejercía la Inquisición a través de la censura de libros y del control disciplinario de los profesores que se apartaban de la buena doctrina. En el trasfondo lo que se demandaba era que la Corona inspeccionase y tomara control sobre la actividad de los catedráticos, pues dada su independencia podía ser fuente de abusos.

La situación de represión se acentuó con la vigilancia de los erasmizantes. Pero la censura de la Inquisición será eminentemente

---

del proceso secularizador y para ello, como ya hemos indicado en páginas iniciales seguimos la tesis planteada por ASENSIO SANCHEZ M.A. Proceso secularizador y libertad de enseñanza en el derecho histórico español. op. cit.

doctrinal, ya que en las aulas existía un debate libre sobre los temas de actualidad, como el Descubrimiento de América y los problemas que planteaba. No puede negarse que en la universidad existía una amplia libertad para criticar los asuntos de Estado, algo que no se dará en otros períodos históricos.

Con la Ilustración se impregnan del aire secularizador todos los sectores de la sociedad, lo que equivaldrá a tensiones en favor de la libertad de ciencia. Las ideas reformistas de los ilustrados españoles aparecerán movidas por una nueva fe: la fe en la ciencia. Sin embargo, nuestro movimiento ilustrado tendrá una peculiaridad respecto a los aires secularizadores y anticlericales de este mismo movimiento en Europa: la conciliación entre su fe en la ciencia y su fe religiosa, no postergando ésta por aquélla, sino delimitando su diferente ámbito. Los borbones participarán de las ideas ilustradas y de la preocupación por la enseñanza. Las reformas irán dirigidas, principalmente, a la Universidad. En este período asistimos a un asalto del poder real contra las Universidades, facilitado por el hecho de que la Universidad española de los siglos XVII y XVIII se encontraba aletargada. La intervención borbónica en la universidad, fundamentalmente con Carlos III, no es consecuencia de un verdadero intento de establecer una política universitaria, sino, como afirma ASENSIO[39] SÁNCHEZ, responde a las aspiraciones regalistas de la dinastía.

Las reformas carolinas irán dirigidas a la centralización y uniformización de la enseñanza. Se trata de sustituir el poder pontificio por el poder regio. La centralización y control ideológico de la universidad se realizará a través del poder de los rectores y creando dos importantes figuras: los directores de las universidades con funciones fiscalizadoras docentes y administrativas y los censores regios. Respecto al profesorado, intentaron modificar el sistema de provisión y acceso a cátedras; de igual forma se empieza a hablar de un estatuto del profesorado.

---

39 ASENSIO SANCHEZ M.A. Proceso secularizador ...op.cit. p.39

Carlos III se reservará la censura de los libros de texto como medio de control ideológico que se verá acrecentado por el hecho de que el citado monarca sustituirá el denominado método del dictado de apuntes en clase por el empleo de libros de texto. El control de los mismos tendrá una finalidad, fundamentalmente, de control político: evitar que se estudien doctrinas contrarias a los intereses del Estado[40]. En definitiva, la figura del censor regio supondrá la desaparición de toda libertad científica y de opinión de los profesores en las explicaciones de clase y en los actos académicos. Por tanto, la ansiada "libertad de las luces" reclamada por CABARRÚS quedará prácticamente limitada a los saberes experimentales, suponiendo una mínima concesión a la libertad de cátedra.

---

40 Ahora bien, es curioso destacar que la censura real recaía en los libros de texto, pero no sobre las tesis que se defendían en los actos académicos.

IV. El singular desarrollo de la libertad de cátedra en el constitucionalismo español del siglo XIX

1. LA CONSTITUCIÓN DE 1812: EL NACIMIENTO DE UN NUEVO ORDEN

Como sabemos la Constitución de 1812 fue un hito importante en la historia de España ya que estableció un sistema político y legal basado en los principios de la soberanía nacional, la separación de poderes y los derechos humanos. Como ya tuvo ocasión de escribir ASENSIO SANCHEZ[41] "desde el punto de vista político el nuevo régimen se basará en el imperio de la ley, en el respeto de los derechos subjetivos y en el dogma de la soberanía popular. Desde el punto de vista social se basará en los principios de la Revolución francesa de libertad, igualdad y propiedad que supondrán el paso de la sociedad estamental a la sociedad de clases".

En relación a la educación, la Constitución de 1812 avanzará en la línea de la secularización de la enseñanza iniciada por el reformismo ilustrado de los borbones creando un sistema educativo público que fuese medio de progreso material del país. Los liberales son, por tanto, herederos directos del pensamiento Ilustrado. Y muestra de ello es la constitucionalización de la idea de una educación laica y pluralista, determinante en el proceso de secularización que se va a llevar a cabo en España a lo largo del siglo XIX[42], y que

---

41 ASENSIO SANCHEZ M.A. Proceso secularizador …op.cit. p.46

42 LLAMAZARES FERNÁNDEZ D. La libertad de cátedra en España durante el siglo XIX: Historia de los derechos fundamentales. coord. por Francisco Javier Ansuátegui Roig Árbol, José Manuel Rodríguez Uribes Árbol, Gregorio Peces-Barba Martínez (dir.), Eusebio Fernández Gar-

supuso una transformación profunda de la sociedad y la cultura españolas. TOMAS Y VALIENTE[43] al analizar la libertad de enseñanza en la Constitución de 1812 concluyó que este derecho/libertad fue considerado un derecho fundamental que debía ser protegido por el Estado, ya que es la base de una sociedad libre y democrática. La educación, según el reputado autor, es y será esencial para la formación de ciudadanos críticos y comprometidos, capaces de participar activamente en la vida política y social de su país.

Tal y como aparece configurada en el texto constitucional la libertad de enseñanza implica no solo la libertad de enseñar, sino también la libertad de aprender. Es decir, que los ciudadanos tienen el derecho de elegir su propia educación y de acceder a la información y conocimientos de su elección, sin la imposición de ideologías o creencias por parte del Estado o de cualquier otra institución. Concretamente nos referimos al artículo 371 que dispuso que "todos los españoles tienen libertad de escribir, imprimir y publicar sus ideas políticas sin necesidad de licencia, revisión o aprobación alguna anterior a la publicación, bajo las restricciones y responsabilidad que establezcan las leyes." Comprobamos como la Constitución relacionará libertad de imprenta con educación. En el fondo se trata de un reflejo de los valores liberales y democráticos que subyacen en el propio texto constitucional, y representa una ruptura con el sistema anterior, que estaba controlado por la Iglesia y el Estado. En este sentido, se destaca la importancia de la educación pública y pluralista, que permita a los ciudadanos desarrollar su propio pensamiento crítico y tomar decisiones informadas. Podemos afirmar, sin temor a errar, que los liberales intentarán crear un sistema educativo público en donde se reconozca la instrucción pública como un derecho fundamental. Como muestra lo dispuesto en el artículo 366 de la Carta Magna

---

cía (dir.), Vol. 3, Tomo 2, 2007 (Siglo XIX. La filosofía de los Derechos Humanos)

43 TOMAS Y VALIENTE El marco político de la desamortización en España, Barcelona, Ariel, 1971; Manual de Historia del Derecho Español, Madrid, Tecnos, 1979

de 1812 que dispone que "en todos los pueblos de la Monarquía se establecerán escuelas de primeras letras, en las que se enseñará a los niños a leer, escribir y contar, y el catecismo de la religión católica, que comprenderá también una breve exposición de las obligaciones civiles". Es decir, parece esbozar la idea de una cierta libertad de enseñar, siempre que no se oponga a la religión ni a la moral pública". Este artículo reconoció la importancia de la enseñanza, pero también estableció límites a esta libertad en caso de que los contenidos educativos fueran contrarios a la religión o la moral pública. Ahora bien, todo lo dicho debe encuadrarse dentro de un sistema que fue creado e inspirado en los principios de centralización (recogido en el artículo 369) y uniformización de los planes de estudio (artículo 368).

Por otra parte, además de configurar la educación como un medio de progreso material, según señala ASENSIO SÁNCHEZ[44] el liberalismo democrático le atribuirá el papel de "pedagogía de la democracia". Efectivamente el principio de igualdad será entendido como un principio que posibilita, en último término, la permeabilidad de la nueva sociedad de clases. Por tanto, es principio fundamental asegurar la participación democrática de los ciudadanos y el acceso al sistema de todos los individuos.

Como hemos señalado en líneas anteriores "la estatalización de la enseñanza era para los liberales un medio de secularización y de libertad frente a la Iglesia. Este anhelo de independencia frente al poder religioso late en toda la Constitución que consagrará el regalismo, es más, constitucionalizará todas las instituciones regalistas"[45].

Sin embargo y a pesar de todo lo dicho y las nobles intenciones que se desprendían del texto constitucional y en las leyes de desarrollo de la época que se concretaban en el compromiso establecido en la propia Constitución por el que el Estado tendría

---

44 ASENSIO SANCHEZ M.A. Proceso secularizador …op.cit. p.47

45 Idem, p.47 citando a LLAMAZARES FERNANDEZ D., Derecho de la libertad de conciencia, op.cit. p 190

la obligación de garantizar la educación pública, gratuita y laica, creando instituciones educativas para proporcionar una educación de calidad a todos los ciudadanos, la realidad es que en la práctica, la implementación de estas políticas educativas fue limitada debido a la falta de recursos y la oposición de la Iglesia y las élites tradicionales. Incluso podemos afirmar que las tan ansiadas libertades de expresión o de imprenta en realidad no supusieron ni significaron un reconocimiento, siquiera de forma indirecta, de las libertades de pensamiento ideológica o religiosa y, en consecuencia, una de sus manifestaciones como es la libertad de cátedra.

2. EL INFORME DE LA JUNTA DE REGENCIA

Con el nombre de Informe Quintana se conoce el "Informe de la Junta creada por la Regencia para proponer los medios de proceder al arreglo de los diversos ramos de la Instrucción pública"[46].

---

[46] ARAQUE HONTANAS N. *Manuel José Quintana y la instrucción pública.* Madrid 2013, p. 38-39 Relata las circunstancias e iter del encargo en los siguientes términos "Mediante una orden de 18 de junio comunicada por el ministro de la Gobernación, el rey encargaba un informe para proceder al arreglo de los distintos niveles de la instrucción pública. El 7 de agosto de 1812, el diputado Villanueva solicitó la formación de una junta que arreglase el plan general y diese uniformidad a la educación pública, y Caneja solicitó que se consultase a las Universidades de Salamanca y Valladolid, para que se adoptasen medidas urgentes respecto a su organización. Pelegrín exigió la creación de una Dirección General de Estudios el 9 de septiembre de 1812. Por otro lado, Guereña hizo una propuesta relativa a que todo ciudadano pudiese contribuir con su dinero a la creación de establecimientos públicos de educación e industria, siguiendo los principios de la Constitución de 1812. La Regencia consideró, el 18 de junio de 1813, que la Comisión de 1811 no había entregado conclusiones satisfactorias, por lo que nombró una nueva Comisión compuesta por: Martín González de Navas, Josef Vargas Ponce, Eugenio de Tapia, Diego Clemencín, Ramón de la Cuadra y Quintana, con el objeto de que redactase un informe y proyecto general de Instrucción Pública. Esta Comisión tuvo en cuenta las Bases de Jovella-

El Informe no llegó a tramitarse ante el parlamento, pero sirvió para establecer la futura línea educativa a seguir, de ahí su especial trascendencia.

El Informe Quintana, llamado así en honor de su autor Manuel José Quintana, se dividía en siete apartados, a saber

1.- Una primera parte introductoria *sobre la instrucción pública*

2.- Bases generales de toda enseñanza,

3.- División y distribución de la enseñanza pública.

4.- Medios y dirección de la instrucción pública.

5.- Dirección general de estudios.,

6.- Academia nacional. y

7.- Fondos para la enseñanza

En el Informe se señalarán los requisitos fundamentales de la educación que debe ser libre, uniforme, universal, gratuita, pública, obligatoria, laica, neutral y objetiva. Concretamente en relación a la Universidad se plantea que ésta sea pública, gratuita y accesible para todos los ciudadanos, y que se establezcan cátedras de todas las disciplinas relevantes para la formación de los estudiantes. Quintana también aboga por la promoción de la educación pública y la cultura. Propone que se establezcan escuelas primarias en todas las localidades, financiadas por el Estado, para que todos los niños tengan acceso a una educación básica. Además, plantea que se promueva la educación de adultos y la formación

---

nos redactadas para otra Junta similar y El Plan para la educación de la nobleza de Vargas Ponce, al mismo tiempo que los planes y propuestas de reforma que se habían elaborado en Francia durante la Revolución. El documento del Informe, al cual se le puede considerar como el primer texto programático del liberalismo español en materia educativa, fue entregado a las Cortes, redactado principalmente por Quintana y datado en Cádiz el 9 de septiembre de 1813, con el título de Informe de la Junta creada por la Regencia para proponer los medios de proceder al arreglo de los diversos ramos de la Instrucción pública"

profesional, para que los ciudadanos puedan adquirir las habilidades necesarias para mejorar sus condiciones de vida. En cuanto a la cultura, en el Informe se defiende la necesidad de fomentar la literatura, las artes y las ciencias, y se propone la creación de instituciones que promuevan la investigación y la difusión del conocimiento. Se establece una triple división en la enseñanza, a saber, primera enseñanza, segunda enseñanza y tercera enseñanza

Como consecuencia de los postulados de la Constitución, en el Informe cuando se habla de libertad de educación se refiere a libertad de enseñar, en el sentido de libertad de elección de centros que implicaba, lógicamente, la libertad de crearlos.

No debemos olvidar que los proyectos de Decretos para el "arreglo" general de la Enseñanza pública de 7 de marzo de 1814 tenían como objetivo establecer un sistema educativo nacional que unificara la enseñanza en toda España, y que estuviera bajo el control y la supervisión del gobierno. Como hemos apuntado en líneas anteriores el Proyecto establecía un sistema educativo que abarcaba desde la educación primaria hasta la universidad, y que buscaba garantizar la formación de ciudadanos útiles y bien preparados para el servicio del Estado. Otro de sus objetivos era fomentar la creación de un sistema de escuelas primarias y secundarias, así como la fundación de una universidad central en Madrid

Los Decretos, como es conocido sufrieron gran cantidad de críticas y ello supuso que se propusieran una serie de modificaciones. Entre las principales críticas que hacía el Dictamen se encontraban las siguientes:

- La falta de claridad y especificidad en la definición de los objetivos y principios de la educación.
- La excesiva centralización del sistema educativo, que limitaba la autonomía de las regiones y provincias.
- La falta de atención a la educación de las mujeres y a la formación de maestros y profesores.

– La ausencia de medidas para garantizar la igualdad de oportunidades educativas para las clases menos favorecidas.

En efecto, la uniformización se contemplaba en el Dictamen como un medio adecuado para mejorar la enseñanza, pero esto no evitó que el exceso de uniformización y la completa centralidad no fueran criticadas abiertamente. Efectivamente la excesiva centralización del sistema educativo fue censurada por no tomar en cuenta las diferencias culturales y lingüísticas de las regiones y provincias de España, por limitar la participación activa de las regiones en la toma de decisiones, y por no contemplar medidas específicas para garantizar el acceso a la educación a las clases menos favorecidas.

Uno de los argumentos en contra de la centralización era que no valoraba las diferencias culturales y lingüísticas de las diversas regiones y provincias de España al establecer un sistema educativo uniforme para todo el país, obviando las particularidades de cada región. Con ello se corría el riesgo de imponer una educación ajena a la realidad y necesidades de cada lugar. Además, algunos críticos argumentaban que el proyecto no permitía la participación activa de las regiones y provincias en la toma de decisiones sobre la educación en su territorio. Al estar todo controlado por el gobierno central, se limitaba la autonomía local y se reducía la capacidad de adaptación del sistema educativo a las necesidades específicas de cada región.

Otra crítica relacionada con la centralización era que no se tenía en cuenta la diversidad socioeconómica de la población española. El proyecto de decreto no contemplaba medidas específicas para garantizar el acceso a la educación a las clases más desfavorecidas, y esto podía perpetuar las desigualdades sociales y limitar el potencial de desarrollo del país.

En relación a la libertad para orientar la enseñanza y la protección de las propias convicciones, la libertad de cátedra como derecho específico del docente que apuntaba la Constitución no aparece reconocido ni se hace una referencia explícita, pero es importante mencionar que este concepto se relaciona estrechamente con los principios y objetivos de la reforma educativa propuesta por la Junta presidida por Quintana

Como hemos dicho en líneas anteriores en el Informe se abogaba por la creación de una educación pública que fuera accesible a todos los ciudadanos y que fomentara la enseñanza de las ciencias, las artes y las humanidades. En este sentido, se buscaba la formación de ciudadanos críticos, capaces de desarrollar un pensamiento autónomo y reflexivo. Es cierto que no se garantizaba la libertad de expresión del docente, pero no lo es menos que se reconocía la necesidad de dotarles de independencia[47]: En el contexto de la reforma educativa propuesta por la Junta, la libertad de cátedra se relaciona con la necesidad de garantizar la autonomía y la independencia de los profesores y docentes en el ejercicio de su labor educativa. Se buscaba crear un espacio de libertad y de pluralismo donde los profesores pudieran transmitir conocimientos sin ser coaccionados o presionados por las autoridades políticas o religiosas. Por ello y a pesar que se establece el control político-religioso que se encomendaba al Gobierno (art.6°), se contempla la inamovilidad del profesorado (art.7°), siendo ésta un medio para garantizar su independencia, Así mismo Quintana argumentó que la selección de profesores debería basarse en la formación y la capacidad para enseñar, así como en la adaptación a las nuevas metodologías y la capacidad para fomentar el pensamiento crítico y la creatividad en los estudiantes. Sin embargo, podemos concluir que dado el control ideológico

---

47 "En cuanto a los maestros ha creído que solo debía fijar su atención de asegurar su capacidad, su independencia y su subsistencia. La primera se conseguirá no dándose las cátedras sino por oposición y por el orden riguroso de censura; la segunda, no pudiendo ser separado un maestro de su cátedra sino por causa justa y competentemente probada; la tercera, en fin, dotándolos suficientemente para que puedan vivir con comodidad y decencia, y asegurándole una jubilación decorosa con que descanse y vivan cuando hayan cumplido el tiempo de enseñanza"

al que se somete a la educación y el principio de uniformidad, la inamovilidad no servía para garantizar dicha independencia[48].

En resumen, aun cuando el Informe propone y pretende el reconocimiento de la libertad de cátedra en la enseñanza superior, en la práctica no ésta tan claro que se produzca tal reconocimiento de la libertad de cátedra, pues aunque se destaca la importancia de asegurar la independencia de los profesores no se garantiza su libertad de expresión[49]. El proyecto, que como hemos indicado no llego a ser aprobado, sin embargo, tuvo una gran importancia en el devenir futuro de la historia de la educación en España y su legado e influencia queda patente en la organización y estructura de los posteriores sistemas educativos.

3. EL REGLAMENTO GENERAL DE INSTRUCCIÓN PÚBLICA, LA LIBERTAD DE CÁTEDRA Y EL DERECHO DE INSPECCIÓN DE LA ENSEÑANZA

En 1820 y tras el levantamiento de Riego se inicia en España un fuerte proceso de reacción al absolutismo, no solo como una rebelión militar, sino como una expresión del deseo de la sociedad española

---

48 " Artículo 6:"El Gobierno tiene el deber de controlar y supervisar la educación en todo el país, para asegurarse de que se imparta de manera adecuada y en conformidad con los principios del Estado y las leyes. Por lo tanto, se establecerán juntas de inspección y vigilancia para asegurar que los establecimientos educativos cumplan con los requisitos establecidos y que se imparta una educación adecuada."
Artículo 7:"Todos los establecimientos educativos, ya sean públicos o privados, deberán estar sujetos al control y la inspección del Gobierno. Además, todos los maestros y profesores deberán ser examinados y aprobados por una junta de examinadores designada por el Gobierno antes de poder enseñar en cualquier establecimiento educativo. Solo aquellos que hayan obtenido el certificado de aprobación podrán ser contratados como maestros y profesores."

49 VIDAL PRADO C. Aproximaciones históricas a la regulación de la libertad de cátedra en España. Persona y Derecho (1997)7 p.221-264

de tener un sistema político más democrático y liberal. El "pronunciamiento de Riego" se refiere a una rebelión de tropas liberales producido en Cabezas de San Juan, Sevilla, exigiendo la restauración de la Constitución de 1812 y el fin del régimen absolutista del rey Fernando VII. No debemos olvidar que el absolutismo de Fernando VII había supuesto un retorno al Antiguo Régimen., ya que a la vuelta del Rey a España promulga el Real Decreto de 4 de mayo de 1814 en el que dejaba sin valor la Constitución de 1812, interrumpiendo entre otras cuestiones el proceso secularizador de la enseñanza y devolviendo a la Iglesia prácticamente todas las competencias que tenía con anterioridad en esta materia. Según ASENSIO SANCHEZ esta interrupción del proceso secularizador se produce fundamentalmente por dos razones: 1° en pago a la Iglesia por su apoyo a la causa absolutista; y 2° porque el Estado consideraba que sólo la Iglesia y, más concretamente las órdenes religiosas, podían impartir adecuadamente la enseñanza.

Como hemos dicho este movimiento reaccionario es consecuencia y desafío directo al absolutismo imperante. En este contexto el pronunciamiento de Riego tuvo un inicio titubeante, pero poco a poco se fue extendiendo por todo el país, obligando al Rey a aceptar y acatar de nuevo la Constitución y a convocar a las Cortes para su revisión. Esto marcó el inicio del Trienio Liberal (1820-1823), un período de reformas políticas y sociales de limitada vigencia temporal y que terminará con el pronunciamiento del general conservador Francisco Javier de Elio, quien de forma directa invitó al monarca a recobrar todos sus derechos y, en consecuencia, a restaurar nuevamente el absolutismo.

Pero como decimos en este periodo denominado trienio liberal quizás como heredero de las políticas contenidas en el Informe Quintana, se inicia una decidida política de intervención estatal en materia de enseñanza, intervención centrada en la enseñanza primaria y en la intermedia, enseñanzas en las que no había intervenido el Estado hasta ese momento.

Aunque como hemos señalado el Trienio Liberal fue breve y sus logros limitados, se sentaron las bases para las reformas futuras en España. Muestra de ello y en relación al objeto de nuestro estudio señalamos el Reglamento General de Instrucción Pública, aprobado por Decreto de las Cortes de 29 de junio de 1821.

El Reglamento disponía la obligatoriedad de la educación primaria para todos los niños, independientemente de su clase social o condición económica, y creaba un sistema de escuelas públicas gratuitas y laicas. Además, se establecieron criterios para la formación de los maestros, que debían ser competentes en lectura, escritura, cálculo y conocimientos generales.

El Reglamento también regulaba la creación de instituciones educativas superiores, como las universidades, e implantaba la necesidad de una formación técnica y profesional para los jóvenes que deseaban trabajar en las industrias y los oficios.

A pesar de que este Reglamento apenas tuvo aplicación, es de gran interés, dado que, de un lado, su influjo se dejará sentir en toda la legislación posterior y, de otro, iniciará una política de restricciones a la libertad de enseñanza que será consustancial a nuestro liberalismo.

En realidad, debe tenerse en cuenta que en el Reglamento General de Instrucción Pública de 1821 si bien es cierto que primaba la idea originaria de establecer como principio la libertad de enseñanza, la realidad es que los límites de actuación eran muy estrechos, pues siempre debían cumplirse ciertos requisitos de idoneidad y moralidad. La libertad de enseñanza no significaba que cualquier persona pudiera impartir o recibir cualquier tipo de enseñanza sin restricciones. El Reglamento recogía la necesidad de que los profesores y maestros fueran competentes y que se impartiera una enseñanza adecuada y de calidad. El Reglamento, junto a la obligatoriedad de la educación primaria y la creación de escuelas públicas gratuitas y laicas, establecía que los padres no podían negarse a enviar a sus hijos a la escuela pública. Como hemos dicho la libertad de enseñanza también estaba limitada por la necesidad de que el Estado velara por el mantenimiento del orden público y la moralidad pública. En este sentido, se ordenaban medidas para evitar que se impartieran enseñanzas contrarias a los valores y principios del Estado o que pudieran poner en peligro la paz social.

Por otro lado, y a pesar de que como hemos indicado el Reglamento permitía la existencia de una enseñanza pública y otra privada, es lo cierto que en el trasfondo existe una voluntad de secularizar la enseñanza configurando la educación como un deber del Estado, sin llegar a configurarse todavía como un servicio público, deber del que no podía hacer dejación en favor de otras instituciones, asumiendo por tanto el control ideológico de la enseñanza que hasta ese momento estaba en manos de la Iglesia católica.

Como ya anunciábamos al introducir este punto, el Reglamento General de Instrucción Pública de 1821 tuvo una corta vigencia debido a la inestabilidad política que propició la vuelta al absolutismo, así como la férrea oposición de sectores conservadores y religiosos al modelo de educación laica y liberal que se proponía .Esto significó la vuelta al modelo de confesionalidad doctrinal y excluyente que supondrá un control político-religioso de la enseñanza que hará imposible el derecho a la libertad de cátedra del docente.

Por tanto, y en relación con este último derecho a la libertad de cátedra, debemos indicar que aunque pudiera pensarse en un principio el interés de los legisladores de la época en estructurarla y garantizarla, lo cierto es que la libertad de enseñanza solo fue entendida en su dimensión del derecho a creación de centros[50]. Las otras dimensiones que actualmente conocemos de este derecho, y entre ellas la libertad de cátedra, no merecieron análisis especifico y, en consecuencia, no se recogió como un derecho de los docentes, sino todo lo contrario, se reguló de forma expresa que el profesorado de la enseñanza pública estaba sometido al principio de uniformidad y el de la privada al derecho de inspección. En este sentido encuentra su máxima expresión el contenido del

---

50 ASENSIO SANCHEZ M.A. Proceso secularizador ...op.cit. p.56-57

artículo 4 del proyecto que establece el derecho de inspección para impedir que se enseñen máximas contrarias a la religión divina que profesa la Nación o subversivas de los principios sancionados en la Constitución política de la Monarquía.

4. EL MONOPOLIO IDEOLÓGICO Y EL PLAN CALOMARDE

Tras la vuelta al absolutismo, se aprueba la Real Orden de 14 de octubre de 1824 en España, también conocida como el Plan Calomarde, que fue una medida política implementada por el gobierno del rey Fernando VII y su ministro, Francisco Tadeo Calomarde. El Plan tenía como objetivo consolidar el poder centralizado en Madrid y reducir la autonomía de las provincias españolas, especialmente aquellas que habían mostrado cierta inclinación hacia el liberalismo y la independencia. En concreto, la orden establecía la eliminación de los fueros y privilegios provinciales y la centralización de la administración en Madrid, lo que se interpretó como un intento de limitar las libertades y derechos de los ciudadanos y de reforzar el absolutismo monárquico. Como era de esperar el Plan Calomarde fue muy criticado por los liberales, que lo consideraron una medida represiva y antidemocrática. Además, generó un fuerte descontento en algunas provincias, especialmente en Cataluña y Aragón, donde los fueros y privilegios eran muy valorados. Como resultado, se produjeron diversas protestas y levantamientos populares, como la revuelta de la Verdad en Cataluña en 1827.

A pesar de las críticas, el Plan Calomarde se mantuvo en vigor hasta 1834, cuando la muerte de Fernando VII y la llegada al poder de la regente María Cristina de Borbón-Dos Sicilias supusieron un cambio de rumbo en la política española, tal como analizaremos en páginas posteriores, y el inicio de un proceso de liberalización y descentralización del poder.

En relación al periodo que nos ocupa en este apartado el Plan Calomarde tuvo una gran trascendencia en las políticas educativas de la época, pues no debemos olvidar que uno de los aspectos más destacados de este Plan fue la creación de una comisión encargada de elaborar un proyecto de ley general de enseñanza, que se concretó en la Ley General de Educación de 1824. Esta ley supuso un avance en la regulación de la educación en España, ya que establecía la obligatoriedad de la enseñanza primaria, la creación de escuelas para niños y niñas, y la implantación de un sistema de inspección educativa[51]. Sin embargo, debemos poner el acento de forma especial en que la ley tenía un carácter centralizador y autoritario ya que de acuerdo con las líneas generales del Plan, el gobierno central debía controlar la educación en todas las provincias y los profesores y directores de las escuelas debían ser nombrados por las autoridades centrales. Junto a esta obsesión por la centralización, podemos destacar otros aspectos o consecuencias negativas del Plan en materia educativa como, por ejemplo, la supresión de algunas instituciones o la reducción de los recursos destinados a la enseñanza. En base a todo lo dicho encuentra sentido lo afirmado en su día por el repetido ASENSIO SÁNCHEZ quien sostiene que la reacción absolutista que tiene lugar en España implica en materia educativa, "una situación que se ha calificado de ambivalente en cuanto proceso secularizador. Esta ambivalencia es consecuencia de dos movimientos de signo contrario que convergen en la educación. De un lado, se avanza en dicho proceso secularizador porque no es otra cosa la centralización y uniformización de la enseñanza que impone el Plan Calomarde (art.1°); y de otro lado, se produce una desaceleración de dicho proceso, dado que se encomienda a la Iglesia el control ideológico de la enseñanza, tanto pública como privada...". Por tanto, podemos considerar que el Plan tuvo un efecto negativo en la calidad y la accesibilidad de

---

51 Se establecieron comisiones de censura en cada provincia, que tenían la tarea de examinar y aprobar los libros y materiales didácticos utilizados en las escuelas. Solo se permitían textos que reflejaran la doctrina absolutista y la religión católica, y se prohibían aquellos que promovieran ideas liberales o republicanas.

la educación en España, y que contribuyó a perpetuar el atraso educativo y cultural del país durante gran parte del siglo XIX. En consecuencia, podemos sintetizar parte de las críticas recibidas en los siguientes aspectos:

1.- Control centralizado de la educación: La norma establecía que la educación debía ser controlada por el gobierno central, y que este debía nombrar a los profesores y directores de las escuelas. De este modo, se eliminaba cualquier posibilidad de autonomía educativa en las provincias, lo que generó una fuerte resistencia en algunas regiones.

2.- Imposición de un modelo único de enseñanza: Se implementaba un modelo único de enseñanza para todo el país, lo que significaba que se imponía un currículo y unos métodos pedagógicos que debían seguirse en todas las escuelas. Esto limitaba la diversidad educativa y dificultaba la adaptación de la enseñanza a las necesidades y características de cada región.

3.- Autoritarismo en la gestión de las escuelas: La ley establecía que los directores de las escuelas debían ser nombrados por el gobierno central, y que estos debían ejercer un control riguroso sobre los profesores y alumnos. De este modo, se reforzaba el papel de la autoridad en la gestión de las escuelas y se limitaba la libertad y autonomía de los educadores y estudiantes.

Para conseguir el objetivo propuesto se crearon escuelas modelo para formar a los maestros en los principios del absolutismo y la obediencia al rey, y se establecieron cátedras en las universidades para difundir estas ideas. También se prohibió la enseñanza de cualquier disciplina que pudiera fomentar el pensamiento crítico o la independencia intelectual, como la filosofía, la historia y la literatura. Es decir, el control ideológico en la enseñanza era parte de una estrategia más amplia del gobierno absolutista para consolidar su poder y sofocar cualquier disidencia u oposición política. En consecuencia, podemos afirmar que el Plan no pretendía crear un sistema público de enseñanza propiamente dicho, sino que trataba de perpetuar la línea iniciada por el liberalismo basada en el monopolio de la enseñanza. El triunfo del éste modelo solo fue posible con la colaboración y ayuda de la Iglesia a la que se le encomienda el control ideológico de la enseñanza: En efecto, la Iglesia tenía una importante presencia en la educación primaria y secundaria, y controlaba una gran cantidad de colegios y universidades en todo el país. ¿Cómo se desarrollaba ese control? Para dar respuesta a éste pregunta debemos considerar diversos aspectos. El primero es que una de las principales formas de control ideológico era a través de la selección de los profesores. La Iglesia prefería que los profesores fueran miembros de órdenes religiosas, que estuvieran comprometidos con la educación religiosa y moral de los estudiantes. Además, la Iglesia tenía la capacidad de censurar los libros de texto que se utilizaban en las escuelas, y eliminaba aquellos contenidos que consideraba contrarios a la moral católica. De este modo, se aseguraba que los estudiantes recibieran una formación acorde con los principios de la religión. Asimismo, la Iglesia también influía en los métodos pedagógicos que se utilizaban en las escuelas. Prefería métodos pedagógicos basados en la catequesis y la memorización de contenidos religiosos, en lugar de métodos más innovadores y críticos.

El Estado sabedor de la necesidad de contar con la inestimable ayuda y colaboración de la Iglesia, le ofrecerá a ésta una relativa parcela de poder. Pero decimos relativa pues en realidad lo que realmente se produce es que el Estado utiliza los mecanismo y resortes de la Iglesia en su propio y principal beneficio y con un único objetivo que, como hemos repetido, no es otro que el control ideológico de la enseñanza.

Ciñéndonos a la libertad de cátedra debemos concluir que en este periodo sigue sin reconocerse, e incluso podríamos afirmar que dentro de ese objetivo común de control de la enseñanza, la uniformidad que aparece como principio fundamental del derecho a la educación, va a provocar una vigilancia absoluta de los métodos de enseñanza y de los libros de texto. Sirva a modo de ejemplo lo dispuesto en el Plan, artículos 98 a 101:

Art. 98. Además del orden de cursos, asignaturas y libros prescritos para el método interior de enseñanza en las cátedras, se observarán las siguientes reglas generales: Primera. Al principio del curso se reunirán los catedráticos de cada Facultad, incluso los de filosofía y de lengua, y con el conocimiento práctico que tienen de la extensión de los libros de asignaturas y de los días lectivos, señalarán los títulos, capítulos o disertaciones que puedan omitirse, cuáles bastará llevar leídos para dar cuenta en la cátedra, y cuáles, en fin, deban estudiarse con más esmero, de modo que ningún título o capítulo importante deje de explicarse.

Art. 99. Segunda. Se extenderá una tabla comprensiva de cuanto va dicho y se entregará al rector, quien la mandará fijar a las puertas de cada respectiva enseñanza.

Art. 100. Tercera. Una copia de estas tablas se remitirá al consejero director de la Universidad para los efectos convenientes.

Art. 101. Cuarta. Todos los años, en junta de cada Facultad, se revisarán y rectificarán estas tablas con las observaciones que se hicieren en cada asignatura.

Por otro lado, la centralidad aparece también como principio esencial de la enseñanza. Se puede observar perfectamente en el ámbito universitario, en el sentido de que el poder absoluto radicaba en la figura del Rector, que era nombrado directamente por el Rey, y que además de las funciones académicas, administrativas y económicas, ejercía con ejemplaridad la función correccional. Señalaba la real Orden sobre la figura del Rector, en el título XXV:

Art. 229. El rector es la cabeza de la Universidad para su gobierno literario, político, económico, contencioso y correccional, con sólo las restricciones expresadas en este arreglo.

Art. 230. Desde el presente año, el rey elegirá los rectores de las Universidades, a consulta del Consejo Real, entre los tres sujetos propuestos por el claustro general.

Art. 231. Reunido éste al abrirse el curso en este año, y al concluirse el término, el primero de mayo en todos los trienios sucesivos, se sacarán por suerte siete individuos compromisarios, quienes por mayoría de votos harán la terna con sujeción a la ley, que dice: «Que las elecciones de rectores recaigan en hombres de edad provecta y profesores acreditados por su talento, prudencia y doctrina.» Si así no lo hicieren, el Consejo devolverá la propuesta para que hagan otra.

Art. 232. Podrán incluir en la terna canónigos o dignidades de la respectiva Iglesia catedral, con tal que sean de excelentes calidades y tengan el grado de doctor en cualquier Universidad aprobado. El grado les será incorporado en el hecho mismo de que se les nombre rectores.

Art. 233. Las propuestas se dirigirán al Consejo por el que presidiere la elección.

Art. 234. El Rectorado durará tres años, y al fin de ellos podrá ser incluido en la terna el rector que loablemente hubiere desempeñado su cargo, si reúne en su favor cinco votos de los siete.

Art. 235. El rector, en el gobierno interior de la Universidad, procederá con arreglo a las leyes publicadas o que se publicaren, de las cuales será el ejecutor y el único responsable.

Art. 236. Sólo el rector podrá convocar y presidir el claustro general, el de catedráticos, la Junta de Hacienda y las Juntas de Facultad.

Art. 237. Nombrará entre los individuos del claustro un vicerrector que acredite conducta, para que le supla y auxilie en el desempeño de sus obligaciones.

Art. 238. Celará sobre los estudiantes, sobre los catedráticos y doctores y sobre todos los individuos del claustro y del gremio, quienes al matricularse jurarán obedecerle in licitis et honestis.

Art. 239. Visitará, cuando lo juzgue oportuno, las aulas, acompañado de uno o más catedráticos de la respectiva facultad y de los ministros y dependientes de estilo; y precisamente lo hará antes de las vacaciones de Navidad de Semana Santa y verano.

Art. 240. Oirá o hará que comisionados de su confianza oigan las explicaciones de los maestros, calando sobre la pureza de las doctrinas religiosas y monárquicas.

Art. 241. No podrá alterar las leyes; pero resolverá las dudas por sí u oyendo el parecer del claustro general, y del particular de catedráticos en negocios de su competencia, quedando siempre responsable de la resolución que adopte.

Art. 242. No podrá suspender a ningún catedrático, a no ser por delito que merezca formación de causa criminal, en cuyo caso lo hará, dando cuenta al Consejo con los motivos justificados, sin perjuicio de continuar la causa.

Art. 243. Ejercerá la jurisdicción contenciosa sobre todos los individuos que gozaren del fuero académico, el cual se concede con las siguientes aclaraciones.

Podemos comprobar cómo se encomienda a la figura del Rector el control ideológico de la universidad, utilizando para ello la función correccional, especialmente contenida en los citados artículos 238 y 240, quien celará sobre los estudiantes, sobre los catedráticos y doctores y sobre todos los individuos del claustro y del gremio, quienes al matricularse jurarán obedecerle in licitis et honestis. y oirá o hará que comisionados de su confianza oigan las explicaciones de los maestros, calando sobre la pureza de las doctrinas religiosas y monárquicas.

De la lectura de la propia Real Orden y continuando con nuestro planteamiento al que nos hemos referido en página anterior en el sentido de que el Estado utiliza a la Iglesia católica para la consecución de su objetivo que no es otro que el control ideológico de la enseñanza[52], debemos señalar la exigencia requerida tanto a los catedráticos como a los alumnos de la adhesión a los principios católicos, exigiéndoles a todos ellos juramento de fidelidad. En definitiva, podemos comprobar como la enseñanza universitaria en la época pretendió un modelo centralizado y uniforme, basado en un estricto control ideológico. Pero en la práctica todo este férreo control fracaso, pues las Universidades se convirtieron en lugares de conjuras, conspiraciones contra el propio Régimen. Las universidades contrariamente a lo que se pretendía, representaban instituciones donde se promovían ideas liberales y se debatían temas políticos y filosóficos. En este contexto Calomarde y el propio Régimen consideraban que eran focos de disidencia y oposición a la monarquía absoluta, por lo que se ordenó el cierre de las mismas con el objetivo de suprimir la influencia liberal y controlar de forma definitiva la educación superior. Por tanto, el cierre de las universidades fue una medida represiva que buscaba limitar la difusión de ideas contrarias al absolutismo y asegurar el

---

52 ASENSIO SANCHEZ M.A. Proceso secularizador y libertad de enseñanza, op. Cit. pag 62 " Para lograr el control ideológico existían dos tipos de mecanismos, unos referidos al ingreso en la universidad y otros a posteriori:
1. Respecto al ingreso en la universidad se trata de evitar el acceso a la misma de profesores y alumnos disidentes, desde el punto de vista político-religioso:
-para el acceso a cátedras se sigue el sistema de oposición ante un tribunal que debía evitar el acceso al magisterio público de personas inmorales o de ideas antirreligiosas o antimonárquicas (art.202).
-además, para ser admitido a la oposición o para solicitar el ingreso como alumno, los aspirantes debían presentar: la fe de bautismo y certificado de buena conducta política y religiosa (arts.271 y 268).
2. El Plan Calomarde contenía una regulación agobiante de la vida universitaria. El control del profesorado y del alumnado se realizaba por el Tribunal de Censura y Corrección "encargado de velar y hacer que se observen las siguientes leyes de policía escolástica y disciplina moral y religiosa" (art.266), así como de la vigilancia de los libros que se leían y circulaban en la universidad (art.294)."

control del Estado sobre la educación y la formación de la élite intelectual.

En relación a los niveles educativos no universitarios también podemos comprobar cómo se buscó el control ideológico, si bien no tan acentuado como en la Universidad, aunque podemos destacar acciones o estrategias en línea con la política de restauración del absolutismo y la supresión de las ideas liberales que Calomarde y otros partidarios defendían. Entre otras señalamos:

Nombramiento de docentes afines: Se designaban profesores y directores de escuelas primarias y secundarias que compartieran la ideología conservadora y monárquica. Se buscaba asegurar que la enseñanza estuviera alineada con los valores y principios del absolutismo.

Censura de contenidos: Se establecían comisiones de censura encargadas de revisar y controlar los libros de texto y otros materiales educativos utilizados en las escuelas. Se eliminaban o modificaban aquellos contenidos considerados contrarios a los intereses del régimen.

Control del currículo: Se imponían planes de estudio y programas educativos que promovieran la visión conservadora y monárquica del Estado. Se excluían o minimizaban materias o temas que pudieran fomentar ideas liberales o democráticas.

Supervisión y vigilancia: Se establecían inspecciones periódicas en las escuelas para garantizar el cumplimiento de las directrices ideológicas establecidas. Se vigilaba la conducta y las enseñanzas de los docentes para asegurar que no promovieran ideas contrarias al absolutismo.

Estas medidas se enmarcaban, como ya hemos indicado, dentro de una política más amplia de control del sistema educativo con el objetivo de perpetuar la dominación política y social de la monarquía absoluta. El control ideológico en los niveles educativos no universitarios como era evidente buscaba inculcar los principios y valores del absolutismo en las nuevas generaciones y evitar la propagación de ideas liberales que pudieran amenazar el poder establecido.

5. LA CONSTITUCIÓN PACTADA DE 1937. DESPREOCUPACIÓN POR LA LIBERTAD DE CÁTEDRA

La Constitución de 1837 fue promulgada en España durante el periodo conocido como la Regencia de María Cristina. Esta Constitución fue el resultado de un acuerdo político entre las fuerzas moderadas y progresistas de la época. En efecto, tras la muerte de Fernando VII en 1833, se produjo una lucha por el poder entre los liberales progresistas y los conservadores moderados. Durante la Regencia de María Cristina, viuda de Fernando VII y madre de la futura reina Isabel II, se buscó establecer una solución política que permitiera la coexistencia de ambas corrientes. Y el resultado fue la Constitución de 1837 que supuso un intento de reconciliación entre los diferentes sectores políticos. Aunque tenía una marcada influencia liberal, también incorporaba elementos conservadores para lograr un equilibrio entre las distintas corrientes. Las características principales de la Constitución Pactada de 1837 fueron las siguientes:

- Soberanía nacional: Establecía que la soberanía residía en la nación y que el poder emanaba de ella.
- Monarquía constitucional: Mantenía la monarquía como forma de gobierno, pero con un carácter constitucional limitado.
- Separación de poderes: Establecía la división de poderes en legislativo, ejecutivo y judicial, con el objetivo de evitar la concentración del poder.
- Parlamento bicameral: Creaba las Cortes Generales, compuestas por el Congreso de los Diputados y el Senado, como órgano legislativo.

- Derechos y libertades: Reconocía derechos como la libertad de expresión, de asociación, de culto y de enseñanza, entre otros.
- Restricciones al sufragio: Limitaba el derecho al voto, restringiéndolo a hombres mayores de 25 años y con determinados requisitos de propiedad.

En una primera aproximación podemos afirmar que la Constitución de 1837, que como decimos fue el resultado de pactos, representó un intento de superar la polarización política y establecer un marco jurídico que permitiera la convivencia entre las distintas corrientes ideológicas de la época.

En materia educativa, debemos comenzar advirtiendo que el derecho a la educación regulado en la Constitución de 1812 no vuelve a aparecer en los textos constitucionales hasta 1869. No obstante, será en la legislación ordinaria donde se regulará este derecho. Hecha la anterior aclaración nos situamos en un momento especialmente complejo como consecuencia de la alternancia en el poder de dos grandes partidos de ideología contraria y su consiguiente distinta visión del contenido y ejecución de este derecho. Así puede comprobarse como después de la muerte de Fernando VII, y tras un breve periodo moderado, se produce el Motín de la Granja y como una de la consecuencia del mismo se inicia un periodo de reformas que culmina por impedir a las órdenes religiosas el acceso a la enseñanza[53]. Sin embargo, esta

[53] Con la excepción de los escolapios que fueron los únicos presentes en la enseñanza privada religiosa en la primera mitad del siglo XIX, probablemente porque la enseñanza que ofrecían era gratuita. Además, la educación que brindaban se consideraba afín a los postulados liberales, y además eran muy apreciados por el pueblo llamo. Todos estos factores, así como que la prohibición que afectara a los escolapios podría suponer en la practica la quiebra total del sistema educativo por no existir una alternativa publica potente, provocó la autorización para que los escolapios pudieran continuar en el ejercicio de la enseñanza. No obstante, por Ley de 1837 quedarán suprimidos como orden, auque esto no afectara a la posibilidad de que continuaran como docentes,

situación fue cambiando y suavizándose paulatinamente produciéndose un acercamiento de los propios liberales a la Iglesia, hasta que tras la firma del Condordato de 1851 se produce el llamado pacto escolar en donde la Iglesia se hace de nuevo con el control de inspección de la enseñanza.

Por ello se hace necesario un recorrido, aunque evidente breve, por este periodo. Comenzamos con el llamado Plan del Duque de Rivas, conocido oficialmente como el "Plan de Instrucción Pública y Establecimiento de una Universidad en Madrid", aprobado por Real Decreto en 1836, que fue un intento de una reforma educativa impulsada por el político y escritor español Ángel de Saavedra, Duque de Rivas con el objetivo de modernizar el sistema educativo y promover la enseñanza superior en España. Algunas características destacadas del plan en relación a la educación superior suponen en la practica la monopolización estatal de la Universidad, despareciendo las Universidades pontificias.:

- Establecimiento de una universidad en Madrid: El plan proponía la creación de una nueva universidad en Madrid, conocida como la Universidad Central, con el objetivo de elevar el nivel de educación superior en el país.
- Libertad académica: El plan defendía la libertad académica y la autonomía de las instituciones educativas, buscando garantizar la independencia de la universidad respecto a la influencia política y religiosa.
- Enfoque científico y técnico: El plan buscaba promover una educación basada en el estudio de las ciencias, las humanidades y las disciplinas técnicas, fomentando el desarrollo de una formación más amplia y moderna.

---

lo que en el practica significaba que sus centros perdían el carácter de religiosos convirtiéndose en establecimientos de instrucción pública dependientes del gobierno (artículo 3 Ley de 29 de Julio de 1837)

– Plan de estudios: Se establecieron programas de estudio específicos para las diferentes facultades, y se introdujeron asignaturas relacionadas con las ciencias, la medicina, la filosofía y las letras.

– Acceso a la educación: El plan buscaba ampliar el acceso a la educación superior, eliminando algunas restricciones y estableciendo medidas para facilitar la admisión de estudiantes.

A pesar de estos avances y novedades, sin embargo, la realidad es que la libertad de enseñanza en sus múltiples manifestaciones estuvo sujeta a numerosas restricciones. Y, concretamente, en el apartado relativo a la libertad de cátedra o libertad para orientar ideológicamente la enseñanza su tratamiento es nulo. Por tanto, se puede afirmar que en el programa de reformas suscrito por el duque de Rivas destaca el abandono del ideal de la educación universal y gratuita que había proclamado el Reglamento General de Instrucción Pública analizado en epígrafe anterior del año 1821. Sin ánimo de ser exhaustivo podemos destacar algunos puntos de conflicto como por ejemplo la ideologización de la enseñanza, la obligatoriedad de la enseñanza de la religión católica, el control de la moralidad de los profesores o la confesionalidad del propio Estado y la sociedad, que chocan frontalmente con el anticlericalismo reinante en las élites políticas y el deterioro de la propia enseñanza que necesitaba de una mayor intervención estatal.

En este contexto, no es de extrañar que tras la muerte de Fernando VII la Regente María Cristina a través entre otros del Manifiesto sobre la marcha del Gobierno de 4 de octubre de 1833 incidiera en que monarquía y religión iban a ser los pilares básicos y principios fundamentales de su regencia. En este sentido debe ser analizado el reglamento de Imprenta de 4 de enero de 1834 que mantiene la censura para cuestiones relativas a política o religión.

En relación al profesorado continuaba como causa de remoción en su empleo o cargo el atentado contra la ortodoxia católica, por lo que su independencia se veía claramente mermada.

5.1. La promulgación de la Ley de instrucción primaria de 21 de julio de 1838

Tras el fracaso del Plan del Duque de Rivas como consecuencia de los sucesos revolucionarios a los que ya hemos hecho referencia en páginas anteriores, ve la luz la Ley de Instrucción Primaria de 1838 que tuvo como objetivo establecer y sentar las bases para la expansión y desarrollo del sistema educativo, si bien antes y de forma provisional se había acordado una intervención inmediata ante la situación caótica que presentaba el sistema[54]. La Ley fue uno de los primeros intentos en España de establecer un sistema educativo público y universal[55]. Se complementó casi de inmediato con el Reglamento para las escuelas públicas de 26 de noviembre del mismo año. Algunos de los puntos clave en los que se basaba aquella norma eran:

Educación obligatoria: La ley estableció que la educación primaria era obligatoria y gratuita para todos los niños, independientemente de su origen social o económico.

---

54 PUELLES BENITEZ M. Historia de la educación t.II op.cit. p.417-43 señala que los progresistas ante la situación de la educación y con carácter extraordinario promulgarán el Decreto de fecha 29 de octubre de 1836 que en su preámbulo establece que es la voluntad de S.M. se publique inmediatamente; debiendo la dirección general de estudios cuidar de que se lleve a efecto en todas sus partes, para lo cual queda autorizada a tomar por sí las medidas que juzgue oportunas, con el fin de remover entorpecimientos y evitar tardanzas perjudiciales.

55 Junto a este proyecto también se intentó la aprobación de un Proyecto de ley sobre instrucción secundaria y superior que fue retirado al producirse numerosas modificaciones del mismo en el Senado. Fundamentalmente el rechazo lo provocó el modelo de financiación de los institutos elementales, pues junto a las tasas por matricula de los alumnos se incluía la posibilidad de que el Gobierno pudiera usar todas las propiedades, legados y obras pías destinadas a la docencia. Es decir, el modelo se acercaba a una nacionalización de los establecimientos privados de enseñanza.

Creación de escuelas: Se propuso la creación de escuelas primarias en todas las localidades y pueblos de España, con el objetivo de proporcionar acceso a la educación a todos los niños.

Currículo y métodos de enseñanza: La ley estableció un currículo básico para la educación primaria, que incluía la enseñanza de lectura, escritura, aritmética, religión, moral, historia y geografía.

Formación de maestros: Se propuso la formación de maestros para asegurar la calidad de la educación. La ley estableció la creación de escuelas normales para la capacitación y formación de docentes.

La Ley que estuvo vigente, no sin vaivenes e intentos de reformas y nuevos proyectos y planes hasta 1857, año en que gran parte de estos principios se incorporan a la Ley Moyano de la que nos ocuparemos en capitulo posterior, en realidad supo navegar entre los intentos de reformas partidista propios de la época, pues como hemos indicado se produce una alternancia entre las ideas conservadoras y las progresistas. Como apunta ASENSIO SÁNCHEZ el proyecto moderado en la línea del Plan de Rivas defiende la necesidad de nacionalización de la segunda enseñanza, incluso implementa acciones más radicales para lograrla que los proyectos anteriores. La enseñanza secundaria se identificaba como la propia de la nueva clase dominante. En cambio, la política progresista buscaba en todos los intentos de reformas, entre otros el llamado Proyecto Infante[56] que no fue aprobado, regular de forma flexible los criterios para el establecimiento de centros privados de segunda enseñanza, en la línea de modificaciones legislativas que supusieran la regulación de la enseñanza privada laica, de un lado, y, de otro, la prohibición de enseñar a las órdenes religiosas.

---

56 El llamado Proyecto Infante pretendía consagrar el modelo de libertad de enseñanza reservando el monopolio de la educación universitaria al Estado.

Respecto a la libertad para orientar ideológicamente la enseñanza, debemos referirnos propiamente a la libertad de enseñanza. Se continuaban con las restricciones de épocas anteriores, En efecto, la libertad de enseñanza es entendida durante este periodo como libertad de creación de centros, excluyéndose de su contenido la libertad de cátedra, pues la libertad del profesor se veía muy mermada probablemente porque el Estado con esta medida se aseguraba el control pleno, sometiendo la enseñanza al control político. Baste señalar que a pesar de la confesionalidad sociológica que se desprendía del texto constitucional de 1837[57], lo cierto es que las normas en materia educativa obedecían a un planteamiento de confesionalidad doctrinal excluyente, pues a pesar del cambio operado en el país y la inicial pérdida de influencia de la Iglesia en la sociedad española, la realidad es que la regulación en esta materia parece alinearse mejor con los postulados de la Constitución del 12, que establecía que "la religión de la Nación española es y será perpetuamente la católica apostólica y romana, única verdadera. La Nación la protege por leyes sabias y justas y prohíbe el ejercicio de cualquier otra".[58]

En la práctica lo anterior supone que, aunque el estado liberal comenzó con un matiz anticlerical, lo cierto es que derivó con rapidez en el auxilio de la Iglesia, acentuándose el control religioso por parte del Estado como medio de cohesión social.

El control del profesorado fue prácticamente total, a pesar de que en el preámbulo del Reglamento de las escuelas Públicas de Instrucción Primaria Elemental de 1838 y en los arts. 50, 51 y 61 se decía que debía dejarse en libertad a los maestros de adoptar los libros que creyeran más a propósito para la enseñanza, así como elegir el método de enseñanza que les pareciera más útil en sus circunstancias y más conforme a su inclinación. La realidad es que siguió incrementándose el peso de la instrucción moral y re-

57 Art. 11 de la constitución de 1837 " La Nación se obliga a mantener el culto y los ministros de la religión católica que profesan los españoles."

58 Art. 12 Constitución de 1812

ligiosa, pues continuaba como causa de remoción en su empleo o cargo el atentado contra la ortodoxia católica, por lo que su independencia se veía claramente mermada. Concretamente, según señala DORADO PORRAS[59] se dedica nada menos que todo un capítulo (el V) a esta cuestión. "La instrucción católica obtendrá el primer lugar en todas las clases de la escuela (art. 38), siendo la principal de las obligaciones del maestro (art.36), entre cuyas obligaciones estará la de dirigir una oración al principio de cada jornada (art. 23), conducir a la iglesia cada tres meses a los niños que ya hubieren hecho la primer comunión para que se confiesen (art.43) y dedicar las tardes de los sábados exclusivamente al examen de la doctrina e historia sagradas que se hayan estudiado en la semana y al estudio del catecismo (art. 44)".

Una prueba más del control absoluto que se ejercía sobre el profesorado era que a pesar de la supuesta inmovilidad del profesorado las causas de remoción se interpretaban de forma amplia de tal manera que sería causa de remoción cualquier explicación de clase, escrito o conducta del profesorado atentatoria contra la ortodoxia político-religiosa[60].

---

59 DORADO PORRAS Historia de los derechos fundamentales. Tomo III: Siglo XIX

60 ASENSIO SANCHEZ M.A Proceso secularizador, op.cit. p.85-87 "La Ley someterá al profesorado a un férreo control ideológico, control que se producía en dos momentos diversos:
1° En el del nombramiento por el alcalde que exigía la previa aprobación del jefe político, quien deberá oír a la Comisión provincial (art.23).
2° Durante el ejercicio de su misión, en que correspondía a las Comisiones de Instrucción locales vigilar la conducta de los maestros, tanto de las escuelas públicas como de las privadas y reconvenir a los maestros que no cumplieran con su deber, suspendiéndolos y proponiendo al Gobierno, en su caso, la privación de empleo (arts.23, 74 y 29, n°5).
Al maestro se le deja libertad para la elección de los libros de texto (art.61), así como del método que estime más conveniente (arts.50 y 51).

6. EL PLAN PIDAL Y LA CONSTITUCIÓN DE 1845

Consecuencia de la vuelta de los moderados al poder[61]. Como analizaremos en líneas posteriores en esta época es imposible hablar de una verdadera libertad de cátedra o de libertad del docente. Baste señalar el marco fundamental y principio esencial que condicionará toda la posterior regulación de desarrollo. En el artículo 11 de la nueva Constitución se establece que la religión católica apostólica y romana es la de la nación española y que el Estado está obligado a sufragar el mantenimiento del culto, por lo que se vuelve a una declaración de confesionalidad.

En este contexto de una supuesta "moderación" aparece un Plan General de Estudios diseñado e implementado por Gil de Zarate y que recibió el nombre de Plan Pidal en honor al ministro de Fomento de la época, Pedro José Pidal. En su origen el Plan obedecía a la necesidad de introducir una reforma educativa que buscaba modernizar el sistema de instrucción español, que se encontraba rezagado en comparación con otros países europeos. El plan fue diseñado en base a determinados principios como eran la secularización de la enseñanza, la gratuidad de la misma, la cen-

---

De otro lado, la enseñanza será confesional (art.4° de la Ley y 1° del Reglamento) imponiéndose al maestro la función de enseñar a sus discípulos religión y prácticas morales (arts.23, 36-38).

Se deduce de lo señalado que tanto la Ley como el Reglamento conciben la libertad de enseñanza con un fin instrumental, en la línea del Plan de Rivas.

61 El contexto en el que se aprueba la Constitución del 45 es uno de los más complejos en la historia de España. La guerra de la independencia, el clima de anormalidad, las guerras carlistas, la política desamortizadora de años anteriores, el propio rechazo a la Regencia y la gestión de Espartero, son algunas de las causas que provocaron y ahondaron en una profunda crisis del sistema, tanto en lo social como político y económico y que va a condicionar el devenir de los años posteriores. En este contexto se produce una alianza entre la corona (tradición monárquica) y los liberales con el objetivo de que la preeminencia de la Corona garantizara el predominio del poder burgués.

tralización y uniformidad de currículos y el reconocimiento de la libertad de enseñanza

Sin embargo y, a pesar de que de estos principios podría desprenderse una nueva política educativa, en la realidad y visto el devenir de los acontecimientos de la época nos permite afirmar que las restricciones a/de la libertad de enseñanza fueron evidentes, pues el objetivo último no dejaba de ser la centralización y el control gubernamental de la instrucción pública y esto se conseguía a través del control económico, por un lado, y del control del profesorado por otro. El varias veces citado ASENSIO SANCHEZ en relación a esto último señala que a pesar de que en el Plan el profesorado no podía ser privado de su cargo sino en virtud de expediente gubernativo a diferencia del resto de funcionarios[62], la realidad es que este carácter inamovible no le dotaba de una posición independiente que nos permitiera hablar de la existencia de un derecho de libertad de cátedra o de cierta autonomía del docente, dado que no podía discrepar de la ortodoxia político-religiosa si no quería verse incurso en un expediente.

Es más, afirma LOZANO[63] que la supuesta inmovilidad no constituía una garantía plena y efectiva de su libertad e independencia puesto que las disposiciones que regulaban la actividad docente les sometían a injerencias del gobierno en el ejercicio de su función.

Y una muestra más de ese control del profesorado la podemos encontrar en el férreo control de los libros de texto, para evitar que catedráticos, abusando de esa libertad, pusieran en peligro la ortodoxia político-religiosa del sistema vigente. Por ello se impone el control gubernativo del profesorado[64]

---

62 Art.103

63 LOZANO B. La libertad de cátedra, op.cit. p.55

64 ASENSIO SÁNCHEZ M.A. Profeso secularizador… op.cit. p. 87 “El Plan seguirá un criterio intermedio entre la libertad absoluta y la total imposición por el Gobierno: la elección se dejará al catedrático, de entre los libros señalados por el Gobierno sin que se señalen más de seis

A mayor abundamiento, el Plan que también afectaba al ámbito de la enseñanza privada, somete a estos centros a un control específico que quedaba en manos de los jefes políticos. Este control se acentuaba en el caso de centros propiedad de órdenes religiosas, si bien es cierto que fue suavizándose hasta alcanzar un marco legal mucho más flexible y beneficioso para la Iglesia tal y como en el apartado posterior analizamos.

6.1. El Concordato de 1851. La alianza con la Iglesia y la represión de la libertad de expresión del docente

Como hemos dicho comienza a producirse un progresivo acercamiento hacia la Iglesia[65], lo cual se hace patente al otorgarle el control de las explicaciones sobre doctrinas que se consideran no conformes con la ortodoxia religiosa. Aunque no se le reconoce teóricamente el derecho de inspección, en la práctica lo asume, lo que significa que la secularización de la enseñanza, que como señalábamos en páginas anteriores era uno de los principios fundamentales y pilares de la reforma, sufre un retroceso importante hasta derivar en el momento en que la Iglesia adquirirá el papel controlador de la enseñanza. Ese momento llega con la firma del Concordato de 1851[66]. Concretamente el artículo 2° establecía

por asignatura. En la enseñanza superior el profesor podía elegir los libros o no sujetarse a ninguno, siempre bajo la vigilancia del gobierno (art.48)."

65 Ruiz Rodrigo, C., Palacio Lis, I. (2010). Iglesia y educación en la España decimonónica: política concordataria (1851). Historia De La Educación, 2.

66 En el Concordato, entre otras cuestiones, se reconoció la unidad católica y por tanto la confesionalidad del Estado, el derecho de la Iglesia católica a fiscalizar la enseñanza no sólo de los colegios religiosos sino también de las escuelas públicas, el derecho a crear centros educativos religiosos, el derecho a que la Iglesia conservara la jurisdicción propia sobre sus miembros así como la capacidad de censura y, por último derecho de la Iglesia a adquirir y poseer bienes que ya no serían objeto de desamortización. Las negociaciones se iniciaron el año 1845, firmán-

que "la instrucción en las Universidades, colegios, seminarios y escuelas públicas o privadas de cualquier clase será en todo conforme a la doctrina de la misma religión católica; y a este fin, no se pondrá impedimento alguno a los Obispos y demás prelados diocesanos encargados por su ministerio de velar sobre la pureza de la doctrina de la fe y de las costumbres y sobre la educación religiosa de la juventud en el ejercicio de este cargo, aun en las escuelas públicas".

"La firma del Concordato entre la Santa Sede y el Gobierno español no surgió espontáneamente, sino que fue fruto de largas y penosas negociaciones entre ambos poderes. Y aunque el tema educativo no esté ampliamente contemplado en el texto, ni constituya el origen de la falta inicial de entendimiento y desavenencias, tendrá una especial importancia, porque se reconoce en él el vetusto derecho de la Iglesia a inspeccionar la enseñanza en todos los centros, tanto públicos como privados, vetando de alguna manera la libertad de conciencia y la propia libertad de cátedra, lo que generará posteriormente la conocida cuestión universitaria". Con estas palabras RUIZ RODRIGO Y PALACIOS introducían las claves sobre la negociación concordataria.

Debemos recordar el contexto en el que nos encontramos. Partimos del llamado Plan Pidal, que como hemos indicado en líneas anteriores en su origen obedecía a la necesidad de introducir una reforma educativa que buscaba modernizar el sistema de instrucción español, aunque la realidad es que existieron numerosos

---

dose un convenio en Roma el 27 de abril de 1845 entre el Cardenal Lambruschini, secretario de Estado y José del Castillo y Ayensa, como delegado regio español, que no obtuvo su ratificación en el Consejo de Ministros convocado para tal menester sufriendo sucesivas modificaciones en un intento negociador, pero sin alcanzarse acuerdos definitivos. Finamente se firma el Concordato en 1851, bajo el gobierno de Bravo Murillo entre el Nuncio Apostólico de España Excmo. Sr. D Juan Brunelli y el Excmo. .Sr. D. Manuel Beltrán de Lis, diputado a Cortes y Ministro de Estado

factores que dificultaron el éxito de su aplicación. Entre otros podemos destacar:

La resistencia al cambio: La implementación del Plan Pidal encontró resistencia por parte de algunos sectores de la sociedad y la educación. Había tradiciones educativas arraigadas en distintas regiones de España, y la imposición de un plan centralizado generó resistencia y dificultades para su implementación efectiva.

Escasez de recursos: La falta de recursos financieros, materiales y humanos suficientes afectó la implementación adecuada del plan. La educación en España en esa época carecía de suficiente inversión y apoyo estatal, lo que limitó la capacidad de ejecutar completamente el Plan Pidal.

Limitaciones en la formación docente: La formación de los maestros en ese período era insuficiente y, en muchos casos, no estaba alineada con los cambios propuestos por el Plan Pidal. La falta de docentes capacitados afectó negativamente la calidad de la enseñanza.

Contexto político y social: El periodo en el que se implementó el Plan Pidal estuvo marcado por inestabilidad política y social en España. Esto influyo de manera decisiva en la efectividad y continuidad del plan

Dificultades de implementación: No cabe duda que la aplicación efectiva de un plan educativo en todo el país es un desafío logístico. En el caso del Plan Pidal, las dificultades de implementación a nivel local y regional también afectaron a su éxito y coherencia en todo el territorio español.

Todos estos factores y fundamentalmente el acercamiento de los moderados a la Iglesia como ya hemos expuesto traerán, en materia educativa, importantes consecuencias. Entre otras destacamos determinadas iniciativas legislativas todas con el objetivo de atenuar el efecto inicial pretendido en el Plan Pidal

1.- La Real Orden de 24 de noviembre de 1846, promulgada a iniciativa de diversos rectores, tipifica con mayor precisión los delitos estudiantiles y se intensifica los mecanismos de control y vigilancia

2.- La Real Orden de 3 de Febrero de 1847, dirigida a despolitizar la Universidad previniendo a los rectores que se abstuvieran de hacer comentarios sobre las opiniones políticas de los opositores a cátedra, sin olvidar que la Real Orden acentúa el control ideológico y moral, pues en el texto se hacía hincapié en la importancia de la adhesión a los principios religiosos y morales católicos por parte del profesorado. Se esperaba que los docentes fomentaran estos valores entre sus alumnos y que fueran ejemplos de virtud y rectitud moral. Además de establecer condiciones para la vigilancia y supervisión, tales como la presentación de informes periódicos sobre el desempeño y la conducta moral del profesorado, y cualquier desviación de los principios establecidos podía dar lugar a medidas disciplinarias.

3.- Real Decreto de 8 de Julio de 1847

4.- Reglamento de 19 de Agosto de 1847

5.- Orden del 24 de Diciembre de 1847 por la que se debe incluir a un eclesiástico en la junta de inspección

6.- Orden de 13 de Julio de 1848

7.- Instrucción de 26 de Enero de 1850

8.- Plan de 28 de Agosto de 1850

ASENSIO señala que, en este período de radicalización religiosa, se observa al máximo la concepción de la religión católica como religio civilis, como medio de cohesión social; dicha radicalización se dejará sentir en el control ideológico del profesorado. Nunca hasta ahora el moderantismo había ejercido un control ideológico-científico sobre el profesorado tan férreo, que hará imposible hablar de la libertad de cátedra, y, por tanto, establecer o implementar una enseñanza alternativa a la confesional.

Es en este contexto en el que se llevan a cabo las negociaciones entre los plenipotenciarios correspondientes para la firma del Concordato de 1851, que comienza con una declaración trascendente que, si bien no afecta de forma directa a la materia educativa, si tendrá efectos derivados de importancia, pues de la misma se desprende la consideración jurídica de Iglesia sociedad perfecta. Dice así el artículo primero del Concordato: "La Religión Católica, Apostólica, Romana, que con exclusión de cualquiera otro culto continúa siendo la única de la Nación española, se conservará siempre en los dominios de S.M. Católica con todos los derechos y prerrogativas de que debe gozar según la Ley de Dios y lo dispuesto por los Sagrados Cánones".

En relación a la enseñanza, el Concordato establece en el artículo segundo lo siguiente "En su consecuencia la instrucción en las Universidades, Colegios, Seminarios y Escuelas públicas o privadas de cualquiera clase, será en todo conforme a la doctrina de la misma religión católica; y a este fin no se pondrá impedimento alguno a los obispos y demás prelados diocesanos encargados por su ministerio de velar sobre la pureza de la doctrina de la fe y de las costumbres, y sobre la educación religiosa de la juventud en el ejercicio de este cargo, aún en las escuelas públicas.". Por tanto, deben de ser resaltados los siguientes extremos:

1º La iglesia tendrá el derecho a inspección.

2º Control absoluto de la Iglesia, lo que supone una sacralización de la enseñanza.

3º Represión de la libertad del docente, incluyendo la libertad de cátedra que será inexistente.

Los citados RUIZ RODRIGO y PALACIOS destacan que tras la aprobación del Concordato y las normas que lo desarrollan y definen, asistimos así a la consecución de un compromiso solemne de aceptación y profesión de un programa católico en el campo de la educación y, por ende, a la necesidad de la enseñanza religiosa como condicionamiento ineludible para la catolicidad de España, conformándose la enseñanza, tanto pública como privada con los principios del dogma y de la moral de la Iglesia católica. Esta consigue que la enseñanza, y la organización toda de la escuela, estén imbuidas del espíritu cristiano, bajo su dirección y vigilancia.

ASENSIO habla de que el Concordato en materia educativa supone un "pacto escolar", entendiendo por tal el acuerdo por el que el Estado entregaba a la Iglesia el derecho a inspeccionar la enseñanza y, a cambio, aquélla se comprometía a reconocer el régimen liberal, así como las nuevas clases propietarias surgidas de la desamortización, aunque en nuestra opinión tampoco sería desatinado hablar de un compromiso de aceptación por parte del Estado de un programa católico en el campo de la educación, conformándose la enseñanza en los dogmas y principios de la fe católica[67].

6.2. Los proyectos constitucionales de 1852 y 1856

Señala CALVO ESPIGA[68] que "si bien ninguno de los dos proyectos tuvo vigencia en el ordenamiento español, sin embargo, es importante su presentación en la medida en que reflejan

---

67 Son numerosos los textos que tras el Concordato se dictan para velar por el cumplimiento de ese control por parte de la Iglesia. Por ejemplo el Real Decreto de 23 de Marzo de 1852 que ordena que se dirigirán Reales Cédulas de ruego y encargo a los muy Reverendos Arzobispos, Reverendos Obispos y Vicarios Capitulares, Sede Vacante, para que al visitar sus Diócesis, lo hagan a las escuelas de instrucción primaria, poniendo en noticia de Mi Gobierno, por conducto del Ministro de Gracia y Justicia, sin tomar resolución alguna por su parte, las faltas o defectos que notaren si los hubiese a su juicio; presentando a la vez cuantas observaciones estimen oportunas para su mejora a fin de perfeccionar la educación religiosa de la juventud»

68 CALVO ESPIGA A, Relevancia jurídica de la religión en el constitucionalismo español, en ASENSIO, CALVO, MELENDEZ y PARODY Fenómeno religioso y ordenamiento jurídico p. 100

la evolución e incidencias sociales y políticas de las actitudes del pueblo y de sus legisladores en relación con la Iglesia, e indirectamente, con algunos de los contenidos fundamentales del dogma y moral católicos""

El proyecto de 1852 constitucionaliza el Concordato del 51. Así el artículo 2 del proyecto recogía que "Las relaciones entre la Iglesia y el Estado se fijarán por la Corona y el Sumo Pontífice en virtud de Concordatos que tendrán carácter y fuerza de ley". Por otro lado, se proponía la desaparición de todas las referencias a los derechos fundamentales, y entre otras al de educación, y consiguientemente, a la libertad de cátedra, en concordancia con la sacralización de la enseñanza y la represión en la libertad de los docentes de la que ya nos hemos ocupado en párrafos anteriores.

En mi opinión todo esto queda perfectamente descrito en las palabras de F. MARTÍNEZ MARTÍNEZ [69]: " En la Constitución de 1845 era una ley la que debía decidir sobre esas suspensiones de garantías, de modo temporal y cuando concurriesen circunstancias extraordinarias para la seguridad estatal; en 1852, es el Gobierno quien termina habilitado jurídicamente para desarrollar tales comportamientos, sin plazo temporal para su aplicación y con unos motivos que nos colocaban en situación de prevención antes que de reparación. Hay que decir, de nuevo en descargo de Bravo Murillo, que lo que se propugnaba no era algo distinto que lo que venían haciendo los Ministerios de Narváez y compañía desde el año 1844 (piénsese ahora, a modo de ejemplo, en los poderes extraordinarios recibidos tras las jornadas revolucionarias de 1848), incluso, si apuramos, la propuesta aquí glosada tenía la virtualidad de definir y clarificar dentro de su rigor y de su dureza, estas situaciones excep-

69 MARTINEZ MARTINEZ F. La vuelta de tuerca moderada: el proyecto de constitución y leyes fundamentales de don Juan Bravo Murillo (año 1852), 2019, p.275

cionales, cercenando la libertad absoluta que hasta entonces habían tenido los gabinetes moderados… ".

El proyecto de 1856 pretendía una vuelta a la fórmula de la confesionalidad sociológica no excluyente, instaurando, por primera vez en España, un cierto régimen de tolerancia religiosa, suponiendo un primer paso hacia la libertad de cultos que finalmente se constitucionalizaría en 1869. Existía una mención explícita a los derechos fundamentales, recogidos en el Título I. La libertad de imprenta, la libertad de opinión, ideológica (Art. 3. Todos los españoles pueden imprimir y publicar libremente sus ideas sin previa censura, con sujeción a las leyes. No se podrá secuestrar ningún impreso hasta después de haber empezado a circular) y religiosa limitada (Art. 14 ningún español o extranjero podrá ser perseguido por sus opiniones o creencias religiosas, mientras no las manifieste por actos públicos contrarios a la religión), la inviolabilidad del domicilio, y la capacidad de acceso a cargos públicos, eran algunos de estos derechos consagrados en la Constitución

Sin embargo, el proyecto nunca fue aprobado, pues un nuevo gobierno moderado reestableció la vigencia de la Constitución de 1845.

6.3. La libertad de cátedra en la Ley de Instrucción de 9 de septiembre de 1857, conocida como Ley Moyano

La Ley Moyano no fue una ley especialmente innovadora, sino que lo que consiguió fue consagrar un sistema educativo cuyas bases fundamentales se encontraban en leyes anteriores derogadas, tales como el Plan del Duque de Rivas de 1836; el Proyecto de Someruelos de 1838; el Proyecto Infante de 1841; el Plan Pidal de 1845; y el Proyecto de Ley de 1855 de Alonso Martínez. Como afirma SEVILLA MERINO[70], citando a su vez a GARCIA FRAILE esta ley se caracteriza por recapitular cuanto se venía haciendo en la regulación de la enseñanza, especialmente desde 1836, y por aprovechar que habían ido aproximándose y madurando las ideas sobre educación de liberales progresistas y moderados para consolidar un marco legal y estabilizar desde el punto de vista normativo la enseñanza.

Los principios que la Ley Moyano establece son la gratuidad de la enseñanza primaria, la uniformidad, secularización y libertad de enseñanza. De manera más explícita SEVILLA recoge como principios de la Ley, que identifican a su vez al liberalismo moderado de la época, los siguientes:

"- Gratuidad relativa para la enseñanza primaria: era necesario ser pobre de solemnidad para poder ser alumno gratuito y sólo en la primaria elemental con lo que el liberalismo moderado abandona todo compromiso con la universalidad de la instrucción pública;

- Financiación y configuración desigual de la enseñanza: mientras que la enseñanza primaria dependía de las haciendas locales que previamente habían sido desposeídas de sus bienes por la desamortización, la secundaria dependía de las Diputaciones y las universidades del Estado;

- Centralización: todo depende del Gobierno central que es quien nombra rectores, decanos, directores de Instituto… y siempre hay un centro en Madrid que es el principal y el referente de los demás;

- Uniformidad y libertad de enseñanza limitada: el carácter ordenancista de la ley se pone de manifiesto en su regulación de todos los elementos, problemas y asuntos de la enseñanza, sin dejar nada al azar. Con ello se re-

---

70 SEVILLA MERINO D. La Ley Moyano y el desarrollo de la educación en España. Ethnos educativo 40 Septiembre-Diciembre 2007, p.115

dujo el grado y las posibilidades de discrecionalidad de los agentes educativos. Esa falta de libertad se ponía de manifiesto en el monopolio del Gobierno para publicar los programas generales «de todas las asignaturas correspondientes a las diversas enseñanzas». También señalaba los libros de texto cada tres años. E incluso determinaba los libros de texto «para ejercicios de lectura en la primera enseñanza»

- Secularización limitada: la Ley (artículos 295 y 296) ponía bajo el control de las autoridades religiosas la enseñanza y los libros de texto y ponía a su disposición a las autoridades civiles y académicas"[71]

En relación a la libertad de cátedra o la capacidad para orientar ideológicamente la enseñanza, la realidad es que no se incluyó como elemento integrante de la libertad de enseñanza, pues aquella no se consideraba manifestación esencial de ésta. En efecto, tanto la Iglesia como el Estado aceptaron el rol o papel que mutuamente se habían atribuido o asignado. Por un lado, la Iglesia era depositaria del control de la enseñanza, pues junto al derecho de inspección tenía el control de los libros de texto. A cambio aceptaba la secularización de la enseñanza que ya había comenzado años atrás en las Universidades.

Si bien es cierto que la Ley recogió el derecho de los profesores a no ser separados del ejercicio de su cargo o profesión salvo por sentencia judicial o expediente gubernativo, la realidad es que los maestros estaban sometidos al control de su conducta moral, que impedía trasmitir doctrina contraria a la moral católica[72]

---

[71] IDEM p. 117

[72] Sirva de ejemplo el Reglamento de Universidades de 22 de mayo de 1859 que estableció que "si un catedrático incurriese en sus enseñanzas en algunos de los casos previstos en el art.170 de la ley de Instrucción pública, el Rector le suspenderá provisionalmente, y reunirá el Consejo universitario. Este Tribunal dará su dictamen, y el Rector remitirá las diligencias al Gobierno para su ulterior tramitación" (art.38).

7. LA APARICIÓN DE LAS IDEAS KRAUSISTAS Y LA CONSTITUCIÓN DE 1869. LA IDENTIFICACIÓN DE LA LIBERTAD DE ENSEÑANZA Y LA LIBERTAD DE CÁTEDRA

7.1. El germen krausista y la reacción de Orovio

Como ya hemos dicho en líneas anteriores la Ley de Instrucción de 9 de septiembre de 1857 dejaba en manos de la Iglesia el derecho de inspección, en base a lo dispuesto en los artículos 295 y 296,[73] así como el control de los libros de texto, artículos 92 y 93[74].

Moyano y algunos sectores del partido moderado creían que otorgar ese derecho de inspección a la Iglesia no generaría problemas, confiando en la prudencia de los inspectores y los inspeccionados para evitar posibles enfrentamientos. Sin embargo, los conflictos no tardaron en surgir con la aparición del Krausismo, y más concretamente con las ideas que esta corriente introdujo, en el sentido de entender la libertad de enseñanza principalmente

---

73 Art. 295. Las Autoridades civiles y académicas cuidarán bajo su más estrecha responsabilidad, de que ni en los Establecimientos públicos de enseñanza ni en los privados se ponga impedimento alguno a los RR. Obispos y demás Prelados diocesanos, encargados por su ministerio de velar sobre la pureza de la doctrina, de la Fe y de las costumbres. y sobre la educación religiosa de la juventud, en el ejercicio de este cargo.
Art. 296. Cuando un Prelado diocesano advierta que en los libros de texto o en las explicaciones de los Profesores se emitan doctrinas perjudiciales a la buena educación religiosa de la juventud, dará cuenta si Gobierno: quien instruirá el oportuno expediente, oyendo al Real Consejo de Instrucción pública, y consultando, si lo creyere necesario, a otros Prelados y al Consejo Real.

74 Art .92. Las obras que traten de Religión y Moral no podrán señalarse de texto sin previa declaración de la Autoridad eclesiástica, de que nada contienen contra la pureza de la Doctrina ortodoxa.
Art. 93. De los libros que el Gobierno se propusiere señalar para ejercicios de lectura en la primera enseñanza, se dará conocimiento a la Autoridad eclesiástica con la anticipación conveniente.

en términos de libertad de cátedra y científica, como un medio adecuado para regenerar la universidad y promover la prosperidad del país. No debemos olvidar que, desde el punto de vista de su concepción del conocimiento, el krausismo trataba simplemente de la búsqueda de la verdad, la cual está estrechamente ligada a la libertad y profundiza en el proceso de secularización del pensamiento. Este movimiento generará en nuestro país deseos de cambio ético y de transformación educativa, que posteriormente dará lugar a un movimiento de respuesta conocido como la "cuestión universitaria".

Las ideas Krausistas fueron introducidas en España por Sanz del Rio[75] creando pronto lo que posteriormente fue conocido como el "krausismo español" germen de la famosa Institución Libre de enseñanza. ESTEBAN afirma que "La filosofía pedagógica del krausismo, eminentemente educadora, y en la línea de su metafísica, subordinando la instrucción a la educación, definirá ésta, de modo general, como el perfeccionamiento de la Humanidad, y por tanto de las distintas asociaciones y de sus individuos." Y esto se consigue con la educación, con la instrucción del individuo, que siguiendo a AHREN[76] tiene por objeto "educar al hombre en el conjunto de sus facultades principales, la voluntad, la inteligencia y el sentimiento o el corazón". Es decir, se busca una educación integral de la persona.

---

75 ESTEBAN L. El krausismo en España: teoría y circunstancia "El 26 de noviembre de 1854 en el gobierno moderado, Bravo Murillo, con el apoyo de Revilla y el Informe favorable del Consejo de Instrucción Pública (Sanz del Rio) será nombrado catedrático de «Ampliación de la Filosofía y su historia», y encargado de «Historia crítica y filosófica de España». Este mismo año tendrá lugar el pronunciamiento cívico-militar de cierta apertura liberal, como el mismo Sanz del Río expresa en carta a José de la Revilla. A partir de estas fechas su cátedra y sus obras, sobre todo el Ideal de la Humanidad, se convertirán en el breviario de la intelectualidad krauso-liberal"

76 AHRENS, E.: Curso de Derecho Natural o de Filosofía del Derecho. Traducción de Pedro Enrique Hortelano y Mariano Ricardo de Asensi (Madrid 1890) p.656

En esta compleja situación se dicta la Real orden de 27 de octubre de 1864 que intenta aclarar el contenido del artículo 170 de la Ley Moyano, dando un contenido amplio en el sentido de que los profesores debían someterse en todas sus explicaciones, tanto dentro como fuera de la universidad, al control gubernativo en base al juramento prestado que obligaba a la absoluta fidelidad a la corona y a la fe católica. En este convulso contexto muere el ministro de fomento y es sustituido por Manuel de Orovio, quien en una de sus primeras medidas, además de ratificar el control de los profesores dentro y fuera de la universidad, ordena la inspección de todas las actividades que se llevaran desde las cátedras incluida las actividades políticas. Ello va a provocar revueltas, renuncias y ceses en las universidades situación que se va a prolongar hasta que se produce un cambio en el gobierno con la llegada al mismo de la Unión liberal. Sin embargo, este nuevo periodo de cierta estabilidad y tranquilidad, al menos en lo que se refiere al ámbito educativo, será efímero pues rápidamente vuelve a la presidencia del gobierno Narváez y con él de nuevo como ministro de fomento Orovio[77]. Éste en enero de 1867 dicta una circular que,

[77] Relata ASENSIO SÁNCHEZ, op.cit. p.111-115 la convulsa situación en el ámbito universitario "La cuestión universitaria, todavía no iba a acabar: ante la situación desesperada de Isabel II, comenzaron los escritos de adhesión al régimen, entre ellos el de 15 de marzo de 1867, firmado por seis decanos de la Universidad de Madrid, 188 profesores y a la cabeza la firma del Rector, Marqués de Zafra. Sin embargo, se abstuvieron de firmar 57 profesores; algunos, después rectificarían, manteniendo treinta y cinco su postura inicial. El fundamento legal para abstenerse que emplearon los disidentes, fue la Circular de 22 de enero de 1867 que les impedía intervenir en asuntos políticos. Se abrió expediente a todos los que se negaron a firmar el expediente; se sobreseyó el de todos, excepto el de Castro, Salmerón, Bardón y Galdós, por entender que daban motivos suficientes para continuarlos, y a ellos se añadiría el de Sanz del Río. El resultado de estos expedientes sería la separación del profesorado de Castro, Salmerón y Sanz del Río, que no se retractaron; los otros dos sí lo hicieron al ver que los expedientes iban en serio y que iban a ser expulsados de la Universidad. El 29 de enero de 1868 Giner de los Ríos dirigió un escrito al ministro de Fomento protestando

ahondando en la represión anunciada en el periodo anterior, decreta la reforma del profesorado sometiéndolo completamente al gobierno, perdiendo cualquier posibilidad de independencia.

La convulsa situación política, social, económica del país propició una revolución o insurrección militar con elementos civiles que supuso el exilio de la Reina y el inicio de un periodo que fue denominado como el sexenio democrático y que en el ámbito educativo supuso un cambio radical de modelo como veremos en líneas posteriores.

7.2. La revolución de 1868 y el reconocimiento de la Libertad de cátedra

Comentábamos en el epígrafe anterior como la aparición de las ideas krausistas habían supuesto una nueva forma de entender la libertad de enseñanza principalmente en términos de libertad de cátedra y científica. La revolución del 68 va a suponer el triunfo de esta nueva concepción, lo que implicará el triunfo de la libertad de los docentes, a los que se le dota de autonomía tanto para la elección del método y programa, como de los libros de texto. Lógicamente se produce de inmediato la derogación de la Ley Orovio y la consiguiente reposición de los profesores, que habiendo sido nombrados en su día legalmente, habían sido suspendidos en sus cátedras. El Decreto de 18 de Octubre de 1868 hace hincapié en la necesidad urgentísima de derogar la Ley Orovio. Y a tal fin utiliza el siguiente argumentario que se recoge en su exposición de motivos: “entre las leyes con que el poder derrocado por nuestra gloriosa revolución limitó la libertad de enseñar, ninguna

---

por la separación de dichos profesores, en marzo era suspendido provisionalmente triunfando, aunque por un breve período de tiempo, las posiciones neocatólicas contrarias a la libertad de cátedra e independencia del profesorado, produciéndose un parón en el proceso secularizador de la inteligencia. Como manifestación del deseo moderado de control social e ideológico, ante los graves disturbios sociales que se estaban produciendo, dará lugar a disposiciones tendentes a controlar la ortodoxia político-religiosa de la enseñanza y, que también representaba la ley Orovio sobre instrucción primaria”

ha producido en el país una impresión tan desconsoladora como la promulgada en 2 de junio de este año. Colocando la primera enseñanza bajo la tutela del clero, reprimiendo duramente una de las principales manifestaciones de la libertad, y haciendo al Estado instrumento de miras ajenas, no podía menos de ser motivo de justa alarma para los que desean sinceramente la cultura intelectual de nuestro país." Las medidas que se adoptan son las siguientes:

"Primero. Se derogan la ley de Instrucción primaria de 2 de junio último y el Reglamento publicado para ejecutarla.

Segundo. Se restablece provisionalmente la legislación anterior a dicha ley en todo lo que no se oponga a las disposiciones contenidas en este decreto.

Tercero. La enseñanza primaria es libre. Todos los españoles podrán ejercerla y establecer y dirigir escuelas sin necesidad de título ni autorización previa.

Cuarto. Los Maestros emplearán los métodos que crean mejores en el ejercicio de su profesión.

Quinto. Quedan derogados todos los privilegios concedidos a las sociedades religiosas en materia de enseñanza.

Sexto. Se sostendrán con fondos públicos las Escuelas que se crean necesarias para generalizar la instrucción primaria en el pueblo.

Sétimo. Los Maestros de Escuelas públicas tendrán las condiciones que exigen las leyes, y se nombrarán por los Ayuntamientos respectivos.

Octavo. Corresponde a estos pagar directamente las dotaciones de los Profesores y los demás gastos de los establecimientos locales de primera enseñanza.

Noveno. Se restablecen las Escuelas normales suprimidas por la ley de 2 de Junio último.

Décimo. Los Profesores de esos establecimientos que habiendo sido nombrados legalmente, estaban en el ejercicio de su cargo al verificarse la supresión, serán repuestos por los Gobernadores de las provincias, siempre que acrediten la posesión y la legalidad del pensamiento.

Undécimo. Habrá Juntas de primera enseñanza provinciales y locales.

Duodécimo. Las Juntas provinciales se compondrán de nueve individuos, y las locales de 15 en los pueblos de 100.000 habitantes, de nueve en los que no llegando a ese número pasen de 2.000, y de cinco en los demás.

Décimotercio. Los primeros serán nombrados por las Diputaciones provinciales, y los segundos por los Ayuntamientos.

Décimocuarto. El Presidente y Secretario de las Juntas serán elegidos por las mismas.

Décimoquinto. El Gobierno presentará a las Cortes Constituyentes un proyecto de ley de primera enseñanza."

Unos días después, concretamente el 21 de octubre se promulga un Decreto con la intención definitiva de reafirmar la libertad de enseñanza como principio fundamental del nuevo gobierno que debería ser plasmado posteriormente en el texto constitucional que se preparaba. Este decreto unido a otro inmediatamente siguiente, de 5 de noviembre que entre otras garantizaba la inamovilidad del profesorado en el ejercicio de sus funciones, sentarán las bases para la posterior declaración en la que se recogerá que el Estado carecerá de autoridad para condenar las teorías científicas y debía dejarse a los profesores la libertad para exponer y discutir lo que pensasen. También, debían ser libres para elegir métodos de enseñanza y libros de textos, así como para elaborar sus programas educativos. Estas disposiciones consagraban la libertad de cátedra. También se ratificaba la libertad absoluta para crear centros educativos, sin limitación alguna.[78]

---

78 MONTAGUT E. Educación y laicismo en la Revolución de 1868

La influencia del pensamiento Krausista en la Constitución de 1869 es total[79]. De especial enjundia resultó el discurso de Fernando de CASTRO con ocasión de la apertura del curso académico 68/69 en la Universidad de Madrid.[80] "Es inviolable el profesor en la expresión de su pensamiento bajo la salvaguardia de la libertad científica y de su conciencia moral"[81]

Por todo ello se constitucionaliza la libertad de enseñanza así como la libertad de expresión y, si bien es cierto que directamente la libertad de cátedra no aparece recogida en el texto constitucional, la realidad es que en el constituyente siempre estuvo presente

---

79 PEREZ DE AYALA A. *La I República: marco político y proyecto constitucional* Revista de Estudios Políticos (Nueva Época) Núm. 105. Julio-Septiembre 1999 "Particular interés tiene la forma en que se constitucionalizan los derechos y libertades en el texto de 1869; y ello, tanto por la extensión del ámbito relativo a los derechos y libertades como por la radicalidad con que se conciben (...) Se trata, sin duda, de la declaración de derechos y libertades más amplia y completa hasta ese momento -e incluso con posterioridad, hasta que en el período de entreguerras se introduzcan en los textos constitucionales los derechos sociales- no sólo desde la perspectiva del constitucionalismo histórico español sino también desde la del constitucionalismo comparado de la época. Además de los derechos civiles, propios del constitucionalismo liberal, se constitucionalizaban directa y expresamente por primera vez las libertades democráticas"

80 Historia de la educación en España: textos y documentos,3 tomos, Ministerio de Educación y Ciencia, Madrid, 2." edición, 1985

81 ASENSIO SANCHEZ M.A. op. cit. señala que a pasar del gran avance en el periodo revolucionario la libertad de cátedra también sufrió restricciones en esta época: "La libertad de cátedra, también fue objeto de restricción; por Orden de 23 de marzo de 1870 se separaba de su cargo a los profesores que no jurasen la Constitución (art.1°); era una forma de expulsar de la Universidad a los neocatólicos, ya que nunca iban a firmar una orden contraria a sus propias convicciones. Giner se opondría a la medida. Sin embargo, la rectificación no se hará sino con la Primera República que por Orden de 14 de mayo de 1873 establece la abolición del juramento político exigido a los profesores (art.1°), así como la reintegración en sus cátedras de los profesores que por negarse a prestar el juramento hubieran sido separados (art.2°)".

la idea de identificar la libertad de enseñanza con la libertad de cátedra. Prueba última de esto es el Decreto de 29 de septiembre de 1874 que estableció la libertad de enseñanza como aquella en que la idea puede manifestarse y propagarse sin trabas ni censuras por todos los ámbitos de la sociedad y que puede enseñar y aleccionar como le plazca sin otro limite que la augusta moral; por tanto el profesorado debe en el ejercicio de su ministerio estar libre de toda censura y poder exponer sinceramente sus convicciones sin otra responsabilidad que la que le señale su conciencia. No debemos olvidar, como hemos adelantado en líneas anteriores, que también se recoge en la Carta Magna la libertad de expresión y, más concretamente el derecho a emitir libremente opiniones, y como ha escrito LLAMAZARES de este derecho se beneficiaran no solo los docentes de los centros públicos, sino también los titulares de los centros, ayudados además por el reconocimiento y consagración del pluralismo y la no confesionalidad del Estado como principios constitucionales.

En definitiva, si bien es cierto que la libertad de cátedra no aparece de forma específica en la Constitución, la realidad es que todos y cada uno de las normas reguladoras de la libertad de enseñanza nos reafirman en el sentido de que la libertad de cátedra está incluida en ésta. Baste como último ejemplo lo recogido en el preámbulo del Decreto de 21 de octubre de 1868 "la ciencia debe ser, por consiguiente, libre en sus manifestaciones, cualquiera que sea el encargado de enseñarla, y no sin razón se han considerado como una violación del derecho las persecuciones que ilustres maestros han sufrido por sus doctrinas. El Estado carece de autoridad bastante para la condena de las teorías científicas, y debe dejar a los profesores en libertad para exponer y discutir lo que piensan."

8. LA FRUSTRADA CONSTITUCIÓN REPUBLICANA DE 1873. LA RESTAURACIÓN

Probablemente fracasada la monarquía democrática, la República es la única salida que le queda a la revolución de 1868 para mantener su espíritu. Para la mayoría de historiadores la I República constituye el último acto del complejo proceso que se abre a partir del triunfo de la gloriosa revolución de septiembre de 1868, en el curso del cual se va a plantear con toda radicalidad un profundo cambio en el sistema político que tendrá, lógicamente, importantes repercusiones constitucionales. En el ámbito de los derechos/libertades, parece no existir dudas en que la voluntad del constituyente republicano era mantener el legado de la Constitución de 1869. A modo de ejemplo se recoge en la declaración de derechos y libertades del proyecto constitucional

Título preliminar

2º El derecho al libre ejercicio de su pensamiento y a la libre expresión de su conciencia

3º El derecho a la difusión de sus ideas por medio de la enseñanza

4º El derecho de reunión y asociación pacifica

7º La igualdad ante la Ley

Tít. II, arts. 3-38

26º Todo español podrá fundar y mantener establecimientos de instrucción o de educación sin licencia previa, salva la inspección de la autoridad competente por razones de higiene o moralidad.

Sin embargo, el fracaso del proyecto es por todos conocidos. Como ha señalado PEREZ DE AYALA "durante el período que transcurre entre la gloriosa revolución de 1868, el establecimiento del nuevo marco constitucional (1869) y la instauración de la I República, el movimiento republicano se revela incapaz de construir una organización sólida y de definir un proyecto político coherente."[82]

8.1. La restauración monárquica. La Constitución de 1876

El pronunciamiento militar de Martínez Campos producido el 29 de diciembre de 1874 significó la restauración de la monarquía en la persona de Alfonso XII, hijo de Isabel II. Dos días antes el propio Alfonso publicó lo que se llamó el Manifiesto de Sandhurst que realmente fue elaborado por Cánovas del Castillo, y en el que se recogerían las líneas maestras del futuro régimen. Sería un régimen monárquico de tipo conservador y católico que defendería el orden social y respetaría el sistema político liberal. Como expuso ASENSIO SÁNCHEZ "se instaurará un régimen en el que el éxito será la participación de todas las fuerzas políticas y sociales en el debate político. En este sentido la Constitución de 1876 fue una de las claves del éxito del nuevo sistema. La educación no será ajena a esta política de equilibrios. La libertad de enseñanza, conquistada en la Constitución de 1869, aparecerá como irrenunciable, pero se discrepará en su contenido y extensión, dando lugar a una viva polémica que tendrá su punto álgido en los primeros años del siglo XX. El tema de la libertad de enseñanza durante la Restauración quedará definitivamente vinculado a la libertad de ciencia y a la de cátedra, en definitiva, se reclamará la soberanía de la inteligencia. Será consecuencia de un fenómeno que se produce en la sociedad española, y que antes se había producido en Europa: los dogmas católicos que aparecerían como incontestables empiezan a tener detractores."

No debemos olvidar que, en España en este periodo, hubo un debate constante identificado en la a veces tortuosa y otra idílica relación entre la Iglesia Católica y el Estado, lo que a su vez tuvo un impacto en el sistema educativo y los derechos/libertades que

---

[82] PEREZ DE AYALA A. La I República: marco político y proyecto constitucional op. cit

se reconocían, y más concretamente en relación a la libertad de enseñanza. En efecto, la Iglesia Católica históricamente había desempeñado un papel dominante en la educación en nuestro país. Durante la Restauración, se mantuvo esa estrecha relación entre la Iglesia y el Estado, lo que tuvo implicaciones para la libertad de enseñanza. La Constitución de 1876 reconoció la libertad de enseñanza, pero también otorgó a la Iglesia un papel influyente en la supervisión y el control de la educación. Sin embargo, a medida que avanzaba la Restauración, surgieron tensiones entre diferentes grupos políticos y sociales sobre la cuestión educativa. Los liberales y sectores laicos abogaban por una mayor secularización de la educación y una disminución del control de la Iglesia sobre ella. Por otro lado, los sectores más conservadores y pro católicos defendían el mantenimiento de la influencia de la Iglesia en la educación. La alternancia en el poder entre partidos políticos liberales y conservadores llevó a continuos cambios en las políticas educativas. Hubo momentos en los que se intentó limitar la influencia eclesiástica en la educación y promover la educación laica, mientras que en otros momentos se reforzó la posición de la Iglesia en el sistema educativo. Lo que nos atrevemos a afirmar, sin temor a errar, es que durante este período se llevaron a cabo reformas educativas significativas que buscaban secularizar la educación y reducir la influencia de la Iglesia en el sistema educativo.

Se reclamará la autonomía de la inteligencia frente a la Fe, que es, según ASENSIO, el fenómeno de la secularización de la inteligencia.

¿Cómo propone regular la Constitución de 1876 todo este complejo haz de relaciones? Cánovas utiliza una fórmula ya usada con éxito en el parlamento inglés, basada en la ambigüedad bien medida, en el sentido de proponer determinados derechos y libertades que no satisfacían plenamente a ninguna de las partes, pero sin excluir a nadie. Buena muestra de ello es el contenido del artículo 11 que quedo redactado de la siguiente literalidad: "La religión católica, apostólica, romana, es la del Estado. La Nación se obliga a mantener el culto y sus ministros. Nadie será molestado en el territorio español por sus opiniones religiosas ni por el ejercicio de su respectivo culto, salvo el respeto debido a la moral cristiana. No se permitirán, sin embargo, otras ceremonias ni manifestaciones públicas que las de la religión del Estado."

Esta fórmula de transacción permitió resolver la llamada cuestión religiosa, pues por un lado se garantizaba el apoyo de los católicos al reforzarse la confesionalidad del estado, pero por otro lado también recibía el respaldo de los más progresistas y liberales que veían reconocida la idea de tolerancia de cultos

La libertad de enseñanza aparece recogida en el artículo 12. "Cada cual es libre de elegir su profesión y de aprenderla como mejor le parezca. Todo español podrá fundar y sostener establecimientos de instrucción o de educación con arreglo a las leyes." Aunque debe ser analizada con la influencia específica del artículo anterior. Pues la libertad religiosa e ideológica reconocida en el artículo 11 va implícitamente unida a la libertad de enseñanza, reconociendo además en el artículo 12, la libertad para crear centros y el derecho de inspección y de expedir títulos que se le asigna de forma exclusiva al Estado

Continuaba el artículo 12 estableciendo que una ley especial determinaría los deberes de los profesores y las reglas a que ha de someterse la enseñanza en los establecimientos de instrucción pública costeados por el Estado, las provincias o los pueblos.

En esta materia también es de destacar el artículo 13, que recoge determinados derechos entre otros:

Todo español tiene derecho:

- De emitir libremente sus ideas y opiniones, ya de palabra, ya por escrito, valiéndose de la imprenta o de otro procedimiento semejante, sin sujeción a la censura previa.
- De reunirse pacíficamente.
- De asociarse para los fines de la vida humana.

– De dirigir peticiones individual o colectivamente al Rey, a las Cortes y a las autoridades.

– El derecho de petición no podrá ejercerse por ninguna clase de fuerza armada. Tampoco podrán ejercerlo individualmente los que formen parte de una fuerza armada, sino con arreglo a las leyes de su instituto, en cuanto tenga relación con éste.

Completándose todo con la redacción del artículo 14 que pretende establecer los mecanismos de protección de los derechos anteriormente reconocidos "Las leyes dictarán las reglas oportunas para asegurar a los españoles en el respeto recíproco de los derechos que este título les reconoce, sin menoscabo de los derechos de la Nación, ni los atributos esenciales del Poder público. Determinarán asimismo la responsabilidad civil y penal a que han de quedar sujetos, según los casos, los jueces, autoridades y funcionarios de todas las clases que atenten a los derechos enumerados en este título."

Como hemos dicho, la libertad de enseñanza encontró en el nuevo régimen poderosos sectores a su favor, pero también no menos influyentes contrarios a la misma. En efecto la Iglesia católica era contraria a la libertad de enseñanza, pues consideraba su enseñanza la verdadera y, por consiguiente, todo lo que se opusiera a la misma no debería tener cabida ni reconocimiento. Sin embargo, otros sectores neocatólicos si eran partidarios de dicha libertad, entendiéndola como un mal menor e instrumento necesario para la propagación. El partido conservador, por ejemplo, era partidario de una libertad de enseñanza limitada, en el sentido de que el Estado siempre sería garante de la confesionalidad católica.

La alternancia en el poder de unos y otros dio lugar a numerosa legislación que regulaba de manera diferente la libertad de enseñanza. Partimos del Proyecto de Ley de Toreno que identificaba la primera con la libertad ideológica y religiosa. A Toreno le sustituyo Lasala quien trabajará en su reforma, aprobada por Decreto de agosto de 1880, y sobre la base de limitar los abusos cometidos en la reglamentación anterior. Le sustituye Albareda, célebre por su circular de marzo de 1881 que analizaremos en capitulo posterior y que une la libertad de cátedra al progreso de los pueblos. Pidal y Mon es nombrado posteriormente al frente del ministerio en la vuelta de los conservadores al poder y, con ello, se vuelve a tratar la libertad de enseñanza como un monopolio de la jerarquía católica y, en consecuencia, lo que se buscará con esta medida es favorecer la creación de centros de enseñanza en manos de las órdenes religiosas. El Decreto Pidal fomentará los institutos de enseñanza libre rompiendo el monopolio estatal, por ejemplo, en la educación universitaria.

Evidentemente, y como no podía ser de otra forma, a este período de supuesta libertad en el ámbito de la enseñanza le seguirán otros donde se impondrá la enseñanza confesional, por ejemplo, siendo ministro del ramo el Sr. Montero Rios y a éste le sustituirá Groizard quien planteó una reforma más pedagógica que jurídica. Por último, debemos destacar los ministerios de García Alix y Romanones, el primero conservador el segundo liberal, que modifican, en parte, las líneas de la política educativa seguida hasta le fecha produciéndose, en ambos casos, la vuelta a la política moderada tradicional.

Así las cosas, nos podemos preguntar ¿qué ocurrió en este largo período con la libertad de cátedra?

Como hemos indicado el periodo turnista comienza con la vuelta de Orovio y, por tanto, con el regreso de las viejas medidas para obtener el control total ideológico, lo que llevará de nuevo, a que los profesores se levanten en protestas, sucediéndose incidentes de todo tipo[83]. Los llamados Krausistas se alzan contra las

---

[83] Así los relata ASENSIO SANCHEZ op. cit. ps179-181 Los incidentes comenzarían en Santiago de Compostela. Las primeras protestas vendrían de dos discípulos de Giner, catedráticos de dicha universidad, Laureano Calderón y Augusto González de Linares, que alegarían la ilegalidad de la Circular que infringiría diversas disposiciones de la Constitución de 1869 y del Decreto de 21 de octubre de 1868, en sendos escritos dirigido al Rector. La respuesta del Rector, lógicamente, fue la suspensión de los profesores. Los sucesos de la Universidad de Santiago, llegaron a la Universidad de Madrid. Se discutió la posibilidad de elevar una protesta colectiva que no prosperó, pero queda lugar a la redacción por parte de

medidas de absoluto control impuestos por las autoridades esto va a conllevar la depuración de dichos profesores produciéndose su expulsión de la universidad, lo que se conoció como la segunda cuestión universitaria.

8.2. La libertad de cátedra como manifestación de la libertad de conciencia. El reconocimiento y sus límites

Tras la expulsión de una gran parte de profesores de la Universidad (Krausistas) éstos se aglutinan en torno a un proyecto de educación renovada de carácter privado, que será conocido como la Institución Libre de Enseñanza.

Los estatutos de la Institución girarán en torno a tres principios básicos:

1º La independencia respecto a todo espíritu e interés de comunión religiosa, escuela filosófica o partido político

2º La independencia del maestro respecto de cualquiera otra autoridad que la de la propia conciencia del Profesor, único responsable de sus doctrinas.

3º Proclamación del principio de inviolabilidad de la ciencia

---

Azcárate de una protesta individual; protesta que revelaba con claridad el pensamiento krausista sobre la libertad de ciencia. Azcárate, en su escrito de protesta, expondrá de forma clara la finalidad de la Circular, que no era otra que la censura del profesorado. El 19 de marzo Castelar dimite. El día 27, el Rector le notifica por carta la aceptación de la misma. El 25 de marzo, Giner firma una protesta y es confinado en Cádiz. Ante esta situación se da una protesta de los profesores krausistas. Salmerón y Azcárate protestan ante el Consejo de Universidades, por lo que son confinados fuera de Madrid Linares y Calderón denuncian este confinamiento y son a su vez confinados en La Coruña, y posteriormente separados por el Consejo de Universidades. Por una Real Orden se separa de sus cátedras a Giner, Salmerón y Azcárate. Se da una reacción de protesta en la universidad, así, renuncian a sus cátedras: Castelar, Montero Ríos, Figuerola, Moret, Mesía, Del Valle.

La Institución Libre de Enseñanza y los profesores que se unieron en torno a ella desempeñaron un papel fundamental en la promoción y el cultivo de la libertad de conciencia como principio fundamental en la educación en la sociedad española de finales del siglo XIX y principios del siglo XX. Sirva a modo de ejemplo algunas contribuciones a la libertad de conciencia:

1° La Institución abogaba por una educación laica, lo que significa que defendía la separación entre la Iglesia y el Estado en el ámbito educativo. Esto permitía que la educación no estuviera bajo la influencia directa de las instituciones religiosas y que los estudiantes tuvieran la libertad de formar sus propias opiniones y creencias, en lugar de ser adoctrinados en una fe específica.

2° Promoción del pensamiento crítico: La Institución enfatizaba la importancia del pensamiento crítico y la libre indagación intelectual. Fomentaba un enfoque educativo que alentaba a los estudiantes a cuestionar, analizar y evaluar diferentes perspectivas y conocimientos, en lugar de aceptar dogmas o ideas preconcebidas sin cuestionarlas. Esto contribuía al desarrollo de la libertad de pensamiento y conciencia.

3° Tolerancia y pluralismo: La Institución promovía la tolerancia y el respeto por la diversidad de opiniones y creencias. Fomentaba la convivencia de personas con diferentes puntos de vista en un entorno educativo, lo que ayudaba a cultivar un espíritu de tolerancia y apertura hacia las diferencias.

4° Énfasis en la educación humanista: La Institución abogaba por una educación basada en valores humanistas, que ponía un énfasis en el desarrollo integral de la persona. Esta perspectiva educativa se centraba en la formación de ciudadanos informados, éticos y comprometidos con la sociedad, en lugar de simplemente transmitir conocimientos técnicos o dogmas religiosos.

5° Resistencia a la censura y la represión: La Institución enfrentó la oposición y la censura de las autoridades religiosas y conservadoras de la época, pero mantuvo su compromiso con los principios de libertad de enseñanza y libertad de conciencia a pesar de la presión y las dificultades. En resumen, la Institución Libre de Enseñanza desafiaba las normas educativas tradicionales de su época al promover un enfoque educativo laico, crítico y humanista que cultivaba la libertad de conciencia.

Por tanto, a la libertad de cátedra que para ellos aparecía sin tapujos recogida en el artículo 11 de la Constitución del 76 se va a unir a la libertad de conciencia, configurándose la primera como un derecho del profesor que emana de la libertad de conciencia.

Debemos recordar, y así venimos manteniendo a lo largo de líneas anteriores, que la redacción premeditadamente ambigua del artículo 11 servía para justificar las interpretaciones que conservadores y liberales realizaban sobre el tema de la libertad de cátedra y libertad de pensamiento. Pero de lo que no existía duda era de la aparición del principio de tolerancia en dicho precepto constitucional, base sobre la que justificar gran parte de las interpretaciones del mismo.

Por su importancia y trascendencia en los últimos años del siglo XIX y primeros del XX nos detenemos, aunque sea brevemente, en la circular Albareda de 3 de Marzo de 1881 que derogaba la de 26 de Febrero de 1875. La circular fue un intento importante de reformar el sistema educativo español y modernizarlo de acuerdo con las tendencias pedagógicas de la época. Algunos de los puntos más destacados de la Circular de Albareda de 1881 incluyen:

- Énfasis en la educación laica: La circular promovía una educación más laica y menos influenciada por la Iglesia Católica. Esto marcó un cambio significativo en el sistema educativo español, que históricamente había estado fuertemente ligado a la religión.
- Educación gratuita y obligatoria: La circular abogaba por la gratuidad de la educación primaria y la obligatoriedad de la asistencia a la escuela para los niños en edades específicas. Esto sentó las bases para la creación de un sistema educativo más accesible para todos los ciudadanos.

- Profesionalización docente: Albareda enfatizó la necesidad de mejorar la formación de los maestros y la creación de escuelas normales para la capacitación de profesores. Esto buscaba elevar la calidad de la enseñanza en las escuelas españolas.
- Currículo modernizado: La circular proponía una revisión del currículo escolar, incluyendo la introducción de materias como ciencias naturales, historia y geografía. Además, promovía métodos pedagógicos más modernos y participativos.
- Fomento de la educación de las niñas: La circular también abogaba por la educación de las niñas, reconociendo la importancia de su instrucción en la sociedad.

Y, específicamente en lo relativo a la libertad de cátedra, la circular pretendió

1° Autonomía académica: La circular promovía la autonomía académica de las instituciones educativas, especialmente en lo que respecta a la enseñanza superior. Reconocía que las universidades y otras instituciones de educación superior debían tener la libertad de determinar sus planes de estudio y métodos de enseñanza sin interferencia gubernamental excesiva.

2° Profesionalización docente: La circular abogaba por una mayor formación y profesionalización de los docentes, incluyendo a los profesores universitarios. Esta profesionalización se consideraba esencial para mejorar la calidad de la educación. Sin embargo, esta formación no debía ser un medio para imponer una ideología particular, sino para fortalecer la base de conocimientos y habilidades de los profesores.

3° Tolerancia y diversidad de pensamiento: Aunque la circular promovía una educación más laica y moderna, no buscaba imponer una ideología particular. En cambio, abogaba por la tolerancia y el respeto hacia diferentes puntos de vista en el ámbito académico. Esto se relaciona con la libertad de cátedra, ya que permitía a los profesores expresar sus opiniones y enfoques pedagógicos sin temor a represalias siempre que cumplieran con los estándares académicos.

4º Énfasis en la investigación y la ciencia: La Circular de Albareda alentaba la promoción de la investigación y la ciencia en la educación superior. Esto se alinea con la idea de que la libertad de cátedra es esencial para la búsqueda del conocimiento y el progreso intelectual, ya que los investigadores y profesores deben ser libres para explorar nuevas ideas y conceptos.

En resumen, la Circular de Albareda de 1881 recogió la libertad de cátedra al promover la autonomía académica, la tolerancia hacia diversas opiniones y la promoción de la investigación en el ámbito educativo. Si bien se establecían ciertos estándares y requisitos para la educación, se reconocía la importancia de permitir que los profesores y las instituciones educativas ejercieran su juicio profesional en la transmisión del conocimiento y el desarrollo del pensamiento crítico.

Como venimos diciendo la Circular de Albareda de 1881 marcó un importante paso hacia la modernización del sistema educativo español y sentó las bases para reformas educativas posteriores en España, pues consiguió unir el concepto libertad de cátedra al del progreso de la ciencia reflejando la importancia de la educación como herramienta para el progreso social y cultural en la historia del país

Y a pesar de que conservadores y progresistas continuaban con sus visiones antagónicas, especialmente significativas las críticas por parte de sectores conservadores y religiosos que se oponían a la secularización de la educación, lo cierto es que la circular supuso la aceptación por parte de todos los sectores de la libertad de cátedra, lo que en la práctica significó que ningún profesor fuera separado de su cargo por la trasmisión de saberes. Efectivamente hubo momentos en que la circular fue derogada (Pidal y Mon mediante la publicación de la Circular de 22 de noviembre de 1884) pero como hemos señalado con anterioridad la tolerancia y prudencia a la hora de aplicar la normativa harán que no sea separado ningún profesor por sus creencias. Realmente la discusión entre conservadores y progresistas quedo limitada a control de los libros de texto respetando la libertad de cátedra[84]. Para finalizar el periodo, Romanones promulga la Real Orden de 21 de marzo por la que vuelve a estar en vigor la circular Albareda.

9. LA UTILIZACIÓN DE LA EDUCACIÓN Y LA PRIMACÍA DE LA ENSEÑANZA PRIVADA EN LA DICTADURA DE PRIMO DE RIVERA

El régimen de Primo de Rivera en lo relativo a la enseñanza se basó fundamentalmente en los siguientes aspectos:

Censura y control gubernamental: El régimen de Primo de Rivera impuso una estricta censura sobre la prensa, la educación y otras instituciones. Los profesores universitarios y otros intelectuales enfrentaron una supervisión estricta por parte del gobierno y se les exigió conformidad ideológica con el régimen.

Depuración de profesores: Se llevaron a cabo purgas en las universidades españolas para eliminar a profesores que se consideraban contrarios al régimen o que promovían ideas políticas

---

84 84 Afirma ASENSIO que la solución por la que opta la Reforma Groizard será tratar de evitar la desmesurada extensión y excesivo precio de los libros, conciliándolo con la libertad del profesor; la designación de libros se realizará por el sistema de lista, aprobada cada tres años por el Gobierno, previo informe del Consejo de Instrucción Pública, para que guarden una proporción con el concepto, extensión y fines académicos(art.3°), dando plena libertad a los profesores para la redacción del programa . Con esto se conseguía respetar la libertad del profesorado y, a la vez, evitar los abusos. La Reforma Gamazo de segunda enseñanza de 13 de septiembre de 1898 intentará, también, resolver el problema de los libros de texto respetando la libertad de cátedra. Así, los libros debían ajustarse a los siguientes requisitos: que el libro estuviera escrito con corrección, que no tuviera errores notorios, independiente de toda apreciación de escuela o doctrina, que se ajuste al índice de materias acordado para la asignatura y que no fuese contrario a la moral ni a las instituciones fundamentales del Estado(art.18).

consideradas subversivas. Esto tenía como objetivo asegurar que solo se promovieran las opiniones y enseñanzas que fueran afines al gobierno.

Nacionalismo y centralización curricular: El régimen de Primo de Rivera promovió un fuerte nacionalismo español y centralizó el currículo educativo, eliminando cualquier contenido regionalista o que pudiera considerarse separatista. Esto redujo la diversidad de perspectivas y enfoques en la educación.

Fomento del patriotismo y la obediencia: Se enfatizó la promoción del patriotismo y la obediencia al régimen en la educación, lo que a menudo implicaba la promoción de una ideología única y el aplauso a la figura de Primo de Rivera.

Reforma de la Universidad: Primo de Rivera implementó reformas en el sistema universitario español con el objetivo de modernizarlo, pero estas reformas también estaban destinadas a consolidar el control del gobierno sobre las instituciones académicas.

Primo de Rivera fomentó el control ideológico de la enseñanza, especialmente la pública, pues su política educativa giró en base a la utilización de la educación como medio de transmisión de la ideología del régimen. Dicho control aparece de forma muy clara en la Real Orden de 13 de Octubre de 1925 sobre propaganda antipatriota que recogía :

1.° Que por los Rectores de las Universidades, como Inspectores natos de todos los Centros Públicos de enseñanza de su demarcación, por los Directores de éstos y por los Inspectores de Primera enseñanza, se vigile cuidadosamente acerca de las doctrinas antisociales o contra la unidad de la Patria que puedan ser expuestas por algunos Profesores o Maestros dentro de sus clases, procediendo desde luego con el mayor rigor a la formación del oportuno expediente, previa la suspensión de empleo y medio sueldo, si hubiera indicios suficientes de culpabilidad.

2.° Los Inspectores de Primera enseñanza, en las visitas que realicen, examinarán los libros de texto en las Escuelas, y si no estuviesen escritos en español o contuvieren doctrinas de tendencias contrarias a la unidad de la Patria, o contra las bases que constituyen el fundamento del régimen social, los harán retirar inmediatamente de manos de los niños y procederán a formar expediente al Maestro, suspendiéndole de empleo y medio sueldo y dando cuenta a V. E.

3º Igualmente procederán a la clausura de las Escuelas privadas en que encontrasen libros que expongan dichas doctrinas o tendencias, dando cuenta asimismo a V. E.

4º También examinarán a los niños sobre la instrucción que en estas materias hayan recibido, y de observar alguna falta o negligencia, procederán con el mayor rigor.

5º En dichas visitas deberán enterarse los Inspectores de la conducta que los Maestros observen, y si ésta fuere de pernicioso ejemplo en la localidad, o si comprobaran que el Maestro se dedica a propagandas antipatrióticas o demoledoras del orden social establecido, procederán a la formación del oportuno expediente.

6º Los Inspectores serán responsables personalmente del cumplimiento de las anteriores disposiciones, considerándose como falta muy grave la negligencia en que incurran.

7º Igualmente incurrirán en responsabilidad las demás autoridades académicas a quienes corresponde función inspectora por las faltas de esta clase que cometan los Profesores que de ellos depende si no les corrigieran en cuanto las conozcan o no dieran cuenta a V. E. inmediatamente

La libertad de cátedra se vio seriamente limitada debido al control autoritario del gobierno sobre la educación y las instituciones académicas. Los profesores enfrentaron restricciones ideológicas, censura y purgas, y se promovió una ideología oficial en la enseñanza. Fue un período en el que la autonomía académica y la libertad de expresión en las universidades se vieron gravemente comprometidas en beneficio del control gubernamental y la uniformidad ideológica con una mínima salvedad en el ámbito universitario, pues allí la libertad de cátedra y libertad científica había calado hondo.

V. La Segunda República. La constitucionalización del derecho de libertad de cátedra

Con la Segunda República se produce la culminación del proceso de reconocimiento de la libertad de cátedra de los docentes. La constitución republicana consagra, por primera vez, la libertad de cátedra en un texto constitucional: "La libertad de cátedra queda reconocida y garantizada" en todos los niveles educativos pero restringida al profesorado oficial, que era el único que gozaba de la condición de funcionario público. La libertad de cátedra constituía un privilegio de los docentes respecto al resto de los funcionarios. Además, la libertad de cátedra al encontrarse dentro del Título III de la Constitución "derechos y deberes de los españoles" y no encontrarse en el Capítulo I "Garantías individuales y políticas" no podía ser objeto de recurso de amparo para su protección. Concretamente podemos encontrar en la Constitución el siguiente articulado:

Artículo 26–Libertad de Enseñanza y Control del Estado: El artículo 26 de la Constitución de 1931 establece los principios fundamentales relacionados con la libertad de enseñanza y la regulación del sistema educativo por parte del Estado. Afirmaba que "se reconoce la libertad de enseñanza" y que "toda la enseñanza estará bajo el control efectivo del Estado". Esta disposición aseguraba que la educación en España debía ser libre y, al mismo tiempo, estar regulada por el Estado para garantizar estándares y objetivos educativos.

Artículo 50–Autonomía Universitaria: El artículo 50 de la Constitución reconocía la autonomía universitaria al establecer que "las universidades son Instituciones autónomas y gozarán de plena capacidad jurídica para el cumplimiento de sus fines". Esto significa que las universidades tenían la capacidad de gobernarse a sí mismas y tomar decisiones académicas sin interferencia externa.

Artículo 51–Libertad de Cátedra e Independencia de los Profesores: El artículo 51 de la Constitución se centraba específicamente en la libertad de cátedra y la independencia de los profesores universitarios. Establecía que "los catedráticos y profesores de Universidad gozan de plena independencia y tienen el derecho de cátedra, siendo responsables de sus opiniones y doctrinas dentro de los límites de la moralidad y del orden público". Esta disposición garantizaba que los profesores universitarios tenían la libertad de expresar sus opiniones y enseñar sin miedo a la censura o represalias, siempre que se mantuvieran dentro de los límites éticos y del orden público.

Estos artículos reflejaban el compromiso de la Segunda República Española con la educación libre, la autonomía universitaria y la libertad de cátedra. Estas disposiciones se consideraron avances significativos en la democratización de la educación y la protección de la independencia académica y la libertad de expresión en el ámbito universitario. Ese esfuerzo por modernizar y democratizar la educación en España, se refleja en algunas cuestiones claves en el periodo. En primer lugar, el Decreto de mayo de 1931 que deja sin efecto las sanciones impuestas en el régimen de Primo de Rivera por faltas académicas y se invalidaban las notas desfavorables de los expedientes de los maestros. También aparece la Ley de Reforma Universitaria de 1933 que tuvo un impacto significativo en la libertad de cátedra. La ley buscaba democratizar las universidades, estableciendo elecciones democráticas para cargos académicos y estableciendo la autonomía universitaria. Esto supuso un avance importante hacia la libertad de cátedra al permitir que los profesores tuvieran más control sobre sus actividades académicas. Por otro lado, se suprime la censura previa en las universidades lo que permitía una mayor libertad de expresión en el ámbito académico. Los profesores tenían más margen para impartir sus clases y expresar sus opiniones sin temor a la censura gubernamental.

Junto a ello se realizaron esfuerzos para modernizar los planes de estudio en las universidades, incluyendo la introducción de nuevas materias y enfoques pedagógicos. Esto fomentó la diversidad de perspectivas y enfoques académicos. Y se promovió la participación estudiantil en la gestión de las universidades, lo que permitía una mayor voz de los estudiantes en asuntos académicos y administrativos.

Por último, destaca en este período el avance en la secularización de la educación, separando aún más la enseñanza de la influencia religiosa, prueba de ello es el tercer Decreto del gobierno provisional de la República de mayo de 1931 que tratar de establecer los cimientos de la escuela laica e identifica libertad religiosa con libertad de conciencia[85] y, en consecuencia, promueve una educación laica y pública[86] siendo muestra de ello la circular de 12 de febrero de 1932 en la que se hacía hincapié en que la escuela laica era la única que respetaba la libertad de conciencia de los alumnos.

---

85 El tercer Decreto del gobierno provisional de la república de mayo de 1931 al tratar de establecer los cimientos de la escuela laica identifica libertad religiosa con libertad de conciencia suprime el carácter obligatorio de la enseñanza religiosa. Al maestro se le deja decidir si quiere o no dar clase de religión, respetando así su libertad de conciencia

86 El artículo 30 de la Ley de confesiones y congregaciones religiosas de 2 de junio de 1933 estableció que "las órdenes y congregaciones religiosas no podrán dedicarse al ejercicio de la enseñanza. La inspección del Estado cuidará de que las órdenes y congregaciones religiosas no puedan crear o sostener colegios de enseñanza privada, ni directamente, ni valiéndose de personas seglares interpuestas.

VI. El régimen del General Franco

La situación da un cambio radical en el periodo franquista pues desde el punto de vista legal no puede hablarse de libertad de cátedra pues se produce un retroceso en el lento proceso secularizador, hilo conductor de nuestro trabajo. Durante el régimen franquista, la libertad de cátedra se vio restringida de varias maneras, por un lado, a través del control ideológico ya que el franquismo imponía una estricta ideología nacionalista, católica y autoritaria. Cualquier forma de pensamiento o enseñanza que se desviara de estos principios era reprimida. Los profesores tenían que seguir una línea ideológica oficial y no se les permitía cuestionar o criticar el régimen. Por otro lado, el gobierno franquista ejercía un control férreo sobre los contenidos que se enseñaban en las universidades y las escuelas. Se prohibieron libros, autores y temas considerados subversivos, y se promovió cierta censura en la educación. También se llevó a cabo una depuración ideológica del profesorado en las instituciones educativas. Aquellos profesores que no eran considerados afines al régimen franquista eran destituidos, perdiendo sus empleos y a menudo enfrentándose a represalias. Es característica del régimen el marcado nacionalismo español que se promovió de manera intensa en el sistema educativo, con un énfasis en la unidad de España y la eliminación de las identidades regionales o culturales que no encajaban con la visión del régimen[87]. Por último, y probablemente debido al temor a las represalias, muchos profesores optaron por la autocensura, evitando temas controvertidos o ideologías opuestas al franquismo para evitar problemas con las autoridades.

---

87 La limitación de órdenes religiosas extranjeras era una nuestra de ese acentuado carácter nacionalista y patriótico

No obstante, lo cierto es que a medida que avanzaba el régimen el grado de tolerancia con los profesores de universidad se hizo mayor, por lo que se produjeron pocos procesos a profesores. Así podemos distinguir en el periodo tres momentos:

- Depuración de los docentes y discentes. Las primeras disposiciones en materia de enseñanza, en la zona nacional, irán dirigidas a la imposición de la obligatoriedad de la enseñanza de la religión[88], la imposición de prácticas religiosas en las escuelas y la supresión de la coeducación en los Institutos[89], en especial mediante la Ley de 1938, por la que se encomienda a la Inspección que cuide que las enseñanzas respondan a los principios del Movimiento Nacional. Observamos como en el sistema universitario que instaura la Ley no cabía la libertad de cátedra ya que, de un lado, la enseñanza universitaria debía estar inspirada en los principios católicos y en los de falange y, de otro, existía un férreo control político[90]; así los rectores debían "ser catedráticos numerarios de universidades y militantes de FET y de las JONS" y se exigió para tomar parte en oposiciones a cátedras "la firme adhesión a los principios fundamentales del Estado, acreditada mediante certificación de la Secretaría General del Movimiento"[91].

-La Ley de 1953 representó un importante hito en la historia del sistema educativo español durante el régimen franquista. Fue impulsada por el Ministro de Educación Joaquín Ruiz-Giménez y el Director General de Enseñanza Media José Luis Villar Palasí, quienes buscaban modernizar y reformar la educación secundaria y media en España. Una de las características más destacadas de esta ley fue la introducción de un ciclo unificado de seis años en la enseñanza media, que abar-

---

88 Orden ministerial de 21 de septiembre de 1936

89 ASENSIO SANCHEZ M.A. Proceso secularizador… op. cit. p.235

90 Ley de responsabilidades políticas de 9 de febrero de 1939

91 Orden de 19 de diciembre de 1939 sobre control ideológico del profesorado

caba desde el primer hasta el sexto año. Esto marcó un cambio significativo con respecto al sistema anterior, que mantenía una distinción más rígida entre la educación elemental y media. La unificación de estos ciclos permitió una mayor continuidad en la educación de los estudiantes y una mejor preparación para etapas posteriores, como el bachillerato o la educación técnica. Otro aspecto relevante de la Ley fue la promoción de la educación mixta, que implicaba que niños y niñas compartieran las mismas aulas. Esto representó un importante avance en la política educativa del régimen franquista, que hasta entonces había mantenido una segregación de género en la educación. En términos de contenidos curriculares, la ley otorgó un mayor énfasis a las materias humanísticas, promoviendo la enseñanza de lenguas clásicas como el latín y el griego, así como la literatura y la filosofía. Aunque la educación religiosa católica seguía siendo una parte fundamental del sistema educativo, se buscó equilibrarla con otras materias académicas, otorgando más importancia a asignaturas no religiosas. La Ley también introdujo una mayor autonomía escolar, permitiendo a las escuelas elegir programas de estudio y planificar el currículo de acuerdo con las necesidades locales y regionales. Esto proporcionó cierta flexibilidad en la adaptación de la educación a las particularidades de cada comunidad. En el ámbito de la enseñanza técnica y profesional, la legislación buscó fomentar la formación técnica y la creación de escuelas técnicas, reconociendo la importancia de la educación técnica en la preparación de los estudiantes para el mundo laboral. Además, se estableció un bachillerato unificado que preparaba a los estudiantes para la educación superior, ya fuera en la universidad o en institutos técnicos. La evaluación continua se convirtió en un elemento central en la evaluación de los estudiantes a lo largo de la educación secundaria, lo que contribuyó a una mayor atención a su progreso académico.

Sin embargo, y en lo que nos afecta en la materia de este estudio, la ley continua con el carácter confesional de la enseñanza, lo que tuvo un impacto negativo en la libertad de cátedra. La realidad es que en materia educativa la Ley no modifico esencialmente la influencia ejercida por la Iglesia católica y su doctrina, lo que limitó la capacidad de los profesores para expresar libremente sus ideas y enseñar materias que no estuvieran alineadas con la doctrina religiosa oficial.

La ley estableció claramente el derecho de inspección de la Iglesia en todos los centros educativos en asuntos relacionados con la enseñanza de la religión, la ortodoxia doctrinal y la moralidad de las costumbres[92]. Esto significaba que la Iglesia tenía un papel destacado en la supervisión y control de lo que se enseñaba en las escuelas y tenía la autoridad para asegurarse de que los contenidos fueran coherentes con la fe católica y los valores morales que promovía.

El Concordato de 27 de agosto de 1953, respaldó y consolidó este derecho de inspección de la Iglesia sobre la educación. Los obispos tenían la potestad de supervisar la educación en lo que respecta a la fe, las buenas costumbres y la educación religiosa. También tenían la capacidad de influir en la disponibilidad y el contenido de libros de texto, publicaciones y materiales didácticos, con el poder de exigir la prohibición o retirada de aquellos que consideraran contrarios a los dogmas religiosos y la moral católica.

En cuanto a la inspección de la enseñanza, esta se llevaba a cabo de manera dual. Por un lado, se consideraba una inspección secularizada, enfocada exclusivamente en la evaluación de la calidad de la educación y el cumplimiento de los estándares educativos. Por otro lado, compartía un aspecto de control ideológico con la Iglesia, lo que significaba que esta última también tenía un papel en la supervisión de los contenidos ideológicos y políticos transmitidos en las escuelas.

El Decreto de 8 de julio de 1955 reguló la inspección de los centros de enseñanza media por parte de la Iglesia, estableciendo un sistema en el que la jerarquía eclesiástica desempeñaba un pa-

92 Articulo 2 de la Ley de 1953

pel importante en la supervisión educativa, y esta función era oficialmente reconocida por el Ministerio de Educación Nacional. Posteriormente, el Decreto de 27 de noviembre de 1967 mantuvo esta función inspectora tanto por parte de la Iglesia como de la Falange, lo que reflejaba la colaboración entre el régimen franquista y la Iglesia en la regulación y supervisión de la educación en España.

En resumen, la Ley de 1953 en España mantuvo el carácter confesional de la enseñanza, lo que limitó la libertad de cátedra y otorgó un papel significativo a la Iglesia en la inspección y supervisión de la educación, tanto en términos religiosos como ideológicos.

-La Ley General de Educación de 1970 marcó el comienzo de una fase caracterizada por una mayor tolerancia, aunque aún se mantenía dentro de los principios del nacional-catolicismo. En el contexto de la Ley la libertad de cátedra estaba respaldada en cierta medida, pero también se establecían ciertas limitaciones y regulaciones. Sirva a modo de ejemplo el reconocimiento a la autonomía de las universidades y otorgándoles cierto grado de independencia para definir sus programas académicos y de investigación. Esto permitía a las universidades españolas ejercer un cierto grado de libertad académica. La Ley establecía que los contenidos de la enseñanza debían ajustarse a los planes y programas elaborados por el Ministerio de Educación, pero también reconocía la posibilidad de que las universidades propusieran planes de estudios específicos dentro de ciertos límites. En relación a los docentes, los profesores y catedráticos tenían la responsabilidad de impartir la docencia de acuerdo con los planes y programas establecidos. Sin embargo, también se reconocía su libertad para investigar y expresar sus opiniones dentro del ámbito de su especialización académica.

A pesar de estos avances la realidad es que el derecho de libertad de cátedra no se reconocía de forma absoluta y estaba sujeto a ciertas restricciones legales, éticas y de respeto a los principios generales de la educación. Los profesores no podían usar su posición para promover opiniones contrarias a los valores del régimen. La Ley busca, en definitiva, un equilibrio entre la libertad académica y la necesidad de regulación y control por parte de las autoridades educativas, pero siempre conscientes de que los principios político-religiosos impregnaban todo el sistema educativo. Además, continúa siendo obligatoria la enseñanza de la religión.

VII. Una visión actual. Análisis de algunos problemas

Partimos, como hemos reiterado en numerosas ocasiones a lo largo de este trabajo, de que nuestra Carta Magna considera a la libertad de cátedra como una prolongación de la libertad de conciencia y, en ese sentido, se define como la libertad para orientar ideológicamente la enseñanza en conformidad con las propias convicciones. Esto viene ratificado por la propia jurisprudencia del Tribunal Constitucional, concretamente entre otras la STC 5/81 de 13 de Febrero. Y no puede ser de otro modo porque, tal y como hemos manifestado, la libertad de enseñanza en su triple dimensión es proyección del derecho de libertad de conciencia consagrado en el artículo 16.1 CE. Y en este sentido y no en otro, la libertad de cátedra, es sustancialmente una libertad ideológica que tiene como titulares a todos los profesores o docentes, sea cual sea el nivel en que impartan enseñanza. Es también una forma de ejercer la libertad de expresión pero en cuanto libertad ideológica, consiste en la posibilidad que tiene cualquier profesor de transmitir libremente ideas y conocimientos, oponiéndose a cualquier injerencia externa. De menos complejidad que el ideario educativo, por remitirse a un solo sujeto, cabría señalar un contenido similar al expresado para el ideario, con exclusión de la referencia a la autorización de la Administración. Además, tal y como se desprende del texto constitucional, los debates previos y la interpretación del Tribunal Constitucional, la libertad de cátedra es predicable de todo profesor, no sólo de los profesores universitarios, como ocurría tradicionalmente. Pero su contenido no es idéntico: dependerá de la naturaleza pública o privada del centro docente[93] y del nivel o grado educativo al que tal puesto docente corresponda. En los niveles superiores, la libertad es más amplia. En los niveles inferiores de la enseñanza, la posibilidad del profesor de transmitir sus propias convicciones disminuye ya que, de una parte, los planes de estudio son establecidos por la autoridad competente y no es el propio profesor quien determina cuál ha de ser el contenido mínimo de la enseñanza. Son también las autoridades las que establecen el elenco de medios pedagógicos entre los que puede optar el profesor y, sobre todo, no puede orientar ideológicamente su enseñanza con entera libertad de la manera que juzgue más conforme con sus convicciones.

Otra pregunta que debemos responder es cómo se configura la libertad de cátedra frente a los poderes públicos. Así, con carácter genérico y frente a los poderes públicos, la libertad de cátedra se configura como una libertad negativa: puesto que no hay una doctrina verdad oficial, los poderes públicos no pueden imponer a los profesores dogmatismo alguno; si se quiere, no existirá conflicto en centros públicos entre libertad de cátedra e ideario educativo porque no existe precisamente

93 Respecto al concepto escuela pública, compartiendo lo expuesto por CALVO ESPIGA, es interesante, imprescindible diría yo, concretar desde el principio que adquiere una trascendencia y significado que su incorrecta interpretación puede distorsionar las conclusiones que se alcancen. Como ha indicado el reputado autor "la escuela pública ha de tender a ser laica y eso solo significa que ha de ser una escuela del público, es decir, del común de los ciudadanos —no de privado alguno— e ideológicamente plural: ni mía, ni tuya, ni de ningún colectivo, ni mucho menos del Estado, pues en la medida en que alguno de éstos se apropie de ella la privatizará —aunque sea el Estado quien se adueñe de ella— y dejará de ser del público, del común de los ciudadanos. Ni es del Estado, ni mucho menos del Gobierno y, en la medida en que se tome en serio su realidad pública y laica, habrá que concluir que nadie —ni Estado o Gobierno, ni tal o cual grupo, ni esta o aquella ideología, ni cualquier persona próxima o lejana— puede capitalizar en exclusiva la institución docente" en Laicidad, pluralismo y libertad. Variaciones en torno al pensamiento de Norberto Bobbio, libro homenaje a la profesora Fernández-Coronado p. 83 en prensa

carácter propio de los centros docentes públicos, ya que los centros públicos deben ser neutrales ideológicamente. No obstante lo anterior, la libertad de cátedra tiene una gran fuerza expansiva en los centros públicos de enseñanza superior: no existe ideario educativo y el profesor transmite ideología y conocimientos a unos alumnos a los que se les supone madurez suficiente como para decidir por ellos mismos. Más que de libertad ideológica, en cuanto formación, estaríamos ante una libertad de expresión. Sin embargo, sí que hay límites a la libertad de cátedra en los niveles inferiores de la enseñanza en centros públicos: al tratarse de centros ideológicamente neutrales, deben respetar sin más el pluralismo ideológico, la aconfesionalidad religiosa y la libertad ideológica propias del Estado y, por tanto, se renuncia a cualquier tipo de dogmatismo y consecuente adoctrinamiento, perspectiva desde la que el profesor tiene que limitar su libertad de cátedra en función del derecho que tiene el alumno al libre desarrollo de su personalidad. De este modo se respetará el derecho de los padres que eligen un centro público en la confianza de su neutralidad ideológica. Los profesores sacrificarían su libertad ideológica de cátedra por la libertad ideológica de los alumnos. Por lo que hace a los centros privados, la libertad de cátedra conserva su contenido negativo frente a los poderes públicos, pero puede colisionar con el carácter propio del centro, que es sustancialmente una libertad ideológica de la misma naturaleza que la libertad de cátedra. En cierta medida, puede afirmarse que se trata incluso de la misma libertad.

Por último y para resolver el posible conflicto ideario de centro-libertad de cátedra, pueden seguirse los siguientes criterios:

1. Al tratarse de dos derechos o libertades fundamentales, que poseen el mismo rango jerárquico constitucional, una libertad no es superior a la otra y las dos están en función del derecho a la educación del alumno: no hay pues una regla general, sino que será cada caso en concreto el que determinará cómo se salvaguarda mejor el derecho a la educación del alumno.

2. Desde esa premisa, hay que distinguir si el conflicto se produce en el marco de la actividad docente del profesor, o en su vida privada. En cuanto a la actividad docente del profesor, es decir, la que se realiza propiamente en el aula, el criterio general es el de respeto al ideario del centro: el ideario educativo prevalecerá en caso de ataque solapado o directo al ideario del centro.

3. En cuanto a las actividades no docentes, y que pertenecen a la esfera privada del profesor, el principio general sería el de la no limitación de la vida privada del profesor aunque sus conductas pudieran suponer un ataque al ideario educativo. No obstante, pueden darse excepciones a esta regla general, derivadas de la notoriedad de la conducta, la naturaleza de la misma, y la intencionalidad de los actos del profesor en su vida privada.

Sin embargo, en razón de lo expuesto, también existen unos mínimos de respeto a la libertad de cátedra:

- El profesor no está obligado a realizar apología del ideario educativo, ni debe renunciar al rigor científico que debe caracterizar su actividad docente.
- No podrá considerarse conflictiva la simple y aislada discrepancia del profesor con el ideario en el normal desarrollo de la clase, cuando la crítica al ideario se dirija únicamente a alguno de sus aspectos y sea expuesta de modo razonado, con oportunidad y en forma adecuada a la edad del alumno.
- El profesor puede inhibirse ante actividades ideológicas o religiosas.
- No cabe ni la adhesión previa del profesor al ideario, ni la renuncia a ejercer sus propios derechos y libertades
- No es posible la censura previa al profesor por parte del titular del centro.

También se han de tener en cuenta otros criterios a la hora de delimitar la actividad docente con respecto al ideario: si la actividad del profesor es de mera transmisión de conocimientos, predominará el ideario sobre la libertad de cátedra. Además, en la relación ideario-libertad de cátedra, se ha de tener en cuenta si en el momento de la incorporación del profesor al centro existía o no ideario, o, correlativamente, si en el momento de instauración del ideario ya estaba incorporado el profesor o lo hizo después.

En resumen, en nuestro actual sistema constitucional la libertad de cátedra se enmarca dentro del pluralismo político e ideológico y se concibe como una garantía institucional que regulariza con carácter permanente y eficaz la investigación, exposición y transmisión de conocimientos científicos, lo cual implica una ordenación del sistema educativo en base a la libre investigación y transmisión de conocimientos científicos. Además, como ha expresado el T.C. la libertad de cátedra es en cuanto libertad individual una proyección de la libertad ideológica y del derecho a difundir libremente pensamientos, ideas y opiniones de los docentes en el ejercicio de su función.

Llega el momento de finalizar nuestra exposición, y en atención a todo lo expuesto, a modo de conclusión, podemos afirmar:

1.-En España, con las características del retraso en materia educativa propio de nuestro país en relación al resto de Europa, la evolución de la libertad de cátedra a lo largo de la historia es consecuencia/manifestación del proceso secularizador

2.- La enseñanza en el Antiguo régimen supone un monopolio de la Iglesia, en el sentido que la Iglesia asume funciones o competencias propias del Estado en lo relativo a educación, bien entendido que no nos encontramos con un sistema educativo público hasta bien entrado el siglo XIX. La formación y la doctrina impartida debían estar de acuerdo con la ortodoxia de la fe, con lo que no se dejaba margen para la libertad de cátedra. Sin embargo, y a pesar de lo dicho, en la Universidad medieval había un clima de tolerancia intelectual y de respeto al profesorado. No puede negarse que incluso en la Universidad existía una amplia libertad para criticar los asuntos de Estado.

3.- La Ilustración impregna de aire secularizador todos los sectores de la sociedad, lo que equivaldrá a tensiones en favor de la libertad de ciencia. El reformismo de los Borbones, probablemente por la falta de recursos económicos y la resistencia de algunos estamentos no produjo los frutos deseados, pero lo que no puede dudarse es que se pusieron los cimientos del proceso secularizador de la enseñanza. En esta época existe una mínima concesión a la libertad de cátedra, consecuencia de tan reclamada por CABARRUS "libertad de las luces", si bien practicamente limitada a los saberes experimentales.

4.- Con la Constitución de Cádiz se inicia un periodo de consagración de la libertad de enseñanza y construcción, por tanto, de un sistema educativo público. No obstante y a pesar del progreso que en materias como libertad de expresión y libertad de imprenta supuso la Constitución de Cádiz, lo cierto es que esto no significó un reconocimiento de la libertad de cátedra, sino todo lo contrario , pues de hecho se hacía imposible su ejercicio, por el no reconocimiento de la libertad de conciencia y la utilización de los principios de uniformismo y centralización y el control político-ideológico por parte del poder estatal, que en la práctica suponía que cualquier derecho que se le otorgaba al profesorado (como por ejemplo la inamovilidad) no servía para garantizar su independencia. Estas razones son las que llevaron a no incluir la libertad de cátedra como derecho específico del docente en el Informe Quintana

5.- Tras la reacción absolutista podemos afirmar que se produce una interrupción en el proceso secularizador. Se concede al Estado un derecho de inspección para "impedir que se enseñen máximas contrarias a la religión divina que profesa la nación o subversivas de los principios sancionados en la Constitución Política de la Monarquía". Al existir una declaración expresa de confesionalidad doctrinal y excluyente que supone un control político-religioso de la enseñanza, se hace imposible el derecho a la libertad de catedra del docente. Ni siquiera la inamovilidad del profesorado que recoge en Reglamento General de la Instrucción Pública servía para garantizar una mínima libertad de cátedra dado que el profesorado de la enseñanza pública estaba sometido al principio de uniformidad y el de la privada al derecho de inspección.

6.- En la llamada década ominosa se producen similitudes con la etapa anterior de Fernando VII, si bien con una notable diferencia en materia educativa: se considera la educación como una cuestión estatal.

Respecto a la libertad de enseñanza y su manifestación en la libertad de cátedra, se empieza a distinguir entre niveles universitarios y estudios no universitarios, partiendo de la base de que en este periodo histórico la libertad de cátedra sigue sin reconocerse expresamente e, incluso, no se utiliza esta terminología. En la Universidad el único espacio para la libertad de cátedra eran las explicaciones de clase, pero el control ideológico fernandino no dejó el más mínimo resquicio sometiéndose a un escrupuloso control dichas explicaciones. Respecto a los niveles educativos no universitarios, el control ideológico se llevará a cabo, aunque no con tanto rigor, dado que la enseñanza primaria y la denominada intermedia se encontraban en manos de la Iglesia, que era valedora cuando no cómplice de la causa absolutista.

7.- En el periodo liberal y hasta la Ley Moyano la libertad de enseñanza solo es entendida en el aspecto de libertad de creación de centros docentes, excluyéndose de su contenido la libertad de cátedra. La libertad del profesor se veía muy mermada probablemente porque el Estado con esta medida se aseguraba el control pleno, sometiendo la enseñanza al control político.

8.- La ley Moyano, aparte de consagrar un sistema educativo, lo cierto es, que a pesar de hablar de libertad de enseñanza, la libertad de cátedra no estaba incluida en ella, pues no se la consideraba elemento inseparable de aquella.

9.- El krausismo entiende la libertad de enseñanza referida fundamentalmente a la libertad de cátedra y de ciencia, como medio adecuado para la regeneración de la universidad y para la prosperidad del país. La expansión en sectores universitarios de las ideas krausistas dará lugar a la lucha en la universidad, entre los liberales y los denominados neocatólicos. Se trata de la polémica, en torno a lo que los neocatólicos denominaban los textos vivos, que eran las explicaciones de clase de los profesores, que quedaba fuera de control. Esto nos indicará como la polémica del derecho de inspección surgirá en torno a las explicaciones de cátedra, que a diferencia de los libros de texto estaban exentos de control, de ahí, que los neocatólicos serán partidarios de una interpretación extensiva del artículo 170 de la ley Moyano, para que las causas de suspensión se extendieran a dichas explicaciones de cátedra, así como a las opiniones vertidas fuera de ellas.

10.- El Triunfo de las ideas Krausistas va a provocar el reconocimiento de la libertad de cátedra y de la libertad de investigación y autonomía del profesor, si bien no en la propia Constitución sino mediante Decreto de 21 de octubre de 1869 que reconoce la libertad del profesor de elección de método, libro de texto y programa. Es más, el Decreto de 29 de septiembre de 1874 identificaba libertad de enseñanza con libertad de cátedra.

A pesar de todo, también en este periodo la libertad de cátedra fue objeto de restricciones, como por ejemplo el juramento político a la hora de acceder al puesto docente.

11.- El tema de la libertad de enseñanza durante la Restauración quedará definitivamente vinculado a la libertad de ciencia y a la de cátedra. Es en este periodo y, tras la llamada segunda cuestión universitaria por la que los Krausistas abandonaron la Universidad, es cuando se comienza a hablar de la libertad de cátedra como un derecho del profesor que emana de la libertad de conciencia

12.- La alternancia en el poder de progresistas y moderados supondrá llevar a su máxima consecuencia el principio de tolerancia, si bien es cierto que dependiendo del color de los correspondientes gobiernos la libertad de cátedra va a gozar de mayores o menores límites o restricciones.

13.- Tras la eliminación con Primo de Rivera de la Libertad de cátedra el maestro no sólo es sometido a control ideológico, haciéndose imposible toda libertad de cátedra, sino que además se debía convertir en transmisor de los valores fundamentales del régimen.

Con la Segunda República se produce la culminación del proceso de reconocimiento de la libertad de cátedra de los docentes. La constitución republicana consagra, por primera vez, la libertad de cátedra en un texto constitucional "La libertad de cátedra queda reconocida y garantizada" en todos los niveles educativos pero restringida al profesorado oficial, que era el único que gozaba de la condición de funcionario público.

14.- la situación da un cambio radical en el periodo franquista pues desde el punto de vista legal no puede hablarse de libertad de cátedra en un régimen donde no existía respeto de las libertades. No obstante, lo cierto es que a medida que avanzaba el régimen el grado de tolerancia con los profesores de universidad se hizo mayor, por lo que se produjeron muy pocos procesos a profesores.

15.- De todo lo dicho, puede deducirse que la libertad de cátedra a lo largo de su evolución histórica se ha configurado como una garantía del docente que, en cuanto funcionario, garantizaba su libertad de expresión docente en el ámbito de la enseñanza pública. Surge, como hemos visto, como una defensa que el docente tenía ante los posibles ataques de los poderes públicos.

Sin embargo, y como he repetido en varias ocasiones a lo largo de este trabajo, dentro de un estado pluralista, social y democrático, ha perdido este significado, concibiéndose como una garantía institucional que regulariza con carácter permanente y eficaz la investigación, exposición y trasmisión de conocimientos científicos, lo cual implica una ordenación del sistema educativo fundado en la libre investigación y transmisión de conocimientos científicos. Es, por tanto, la libertad de cátedra una prolongación de la libertad de conciencia y en ese sentido se define como la libertad para orientar ideológicamente la enseñanza en conformidad con las propias convicciones.

Anexo.- Apendice documental

INFORME DE LA JUNTA CREADA POR LA REGENCIA PARA PROPONER LOS MEDIOS DE PROCEDER AL ARREGLO DE LOS DIVERSOS RAMOS DE INSTRUCCIÓN PÚBLICA.

SERENISIMO SENOR:

En orden de 18 de junio último, comunicada por el ministro de la Gobernación de la Península, tuvo a bien vuestra Alteza encargarnos que meditásemos y propusiésemos el medio que nos pareciese más sencillo y acertado de proceder a arreglar todos los diversos ramos de instrucción pública.

Penetrados de la grande importancia de este objeto, y convencidos de su urgencia, procedimos al instante a arreglar el plan de nuestros trabajos según la naturaleza y límites del encargo que se nos hacía. De las tres clases de educación que los hombres reciben en la sociedad, la literaria sola es la que se proponía por objeto de nuestras meditaciones, quedando para otra ocasión y momento la educación física y la educación moral. Aun en la parte que se nos encomendaba debíamos ceñirnos a lo que la situación general del momento, la situación particular nuestra y el contexto mismo de la orden nos prescribían, esto es: a proponer medidas para proceder al arreglo, más bien que el arreglo mismo.

Porque no podía ser la mente de vuestra Alteza que entrásemos en la formación de un plan general y particular de estudios en que estuviesen determinados y prescritos no solo los conocimientos y doctrinas que forman el objeto de la enseñanza pública, sino también los métodos, los libros, la distribución de tiempo y el arreglo económico y gubernativo de todos los establecimientos que han de servir a la instrucción nacional. Esto pedía para su ejecución un conjunto de datos y noticias que no podían reunirse sino en mucho tiempo; y pedía además un lleno de luces y experiencia en todos y cada uno de los ramos del saber, que están muy lejos de atribuirse los individuos que vuestra Alteza ha honrado con su alta confianza.

Por otra parte, este plan menudo y circunstanciado seria todavía anticipado, por no decir importuno. Sin establecer antes los principios generales sobre que ha de sentarse el sistema de toda la enseñanza, en vano seria organizar este sistema y disponer y distribuir sus partes diferentes. El orden exige que todo se haga a su tiempo: se abren los surcos de un campo antes de ponerse a sembrarle, se traza la planta de un edificio antes de proceder a su construcción. Así, es preciso determinar y fijar antes las bases generales de la instrucción pública, que arreglar y completar uno por uno los elementos que han de componerla. Hemos creído pues que nuestro encargo, puramente preliminar y preparatorio, se reducía a meditar y proponer estas bases, las cuales, si merecen la aprobación de vuestra Alteza, podrían elevarse después a la sanción del Congreso nacional. De este modo parece que se señala el camino y se allana el terreno sobre que ha de fundarse esta gran fábrica; y sirviendo las bases determinadas de enlace y de apoyo a sus diferentes ramificaciones, su organización será más fácil, su armonía mas completa, y podrán contribuir mas de lleno al noble objeto á que se destinan.

Muchos años há que la sana razon y la filosofia pedian entre nosostros una reforma radical y entera en esta parte. Luego que algun hombre ilustrado era revestido de autoridad o tenia influjo sobre ella, le invadian al instante los clamores, tan celosos como inútiles, de cuantos aspiraban a atajar los males de la preocupacion y disipar la noche de la ignorancia. Pero estos clamores se oian flojamente, y al fin se desatendían; las intrigas de la ambición, las agitaciones del error y del fanatismo prevalecian sobre ellos; y ningún ministro, por poderoso, por bien intencionado que fuese, se atrevia á emprender la reforma por entero. Contentábase a las veces con dar su sancion a algun proyecto particular, a algun establecimiento aislado en que las doctrinas y los métodos fuesen más conformes a los principios de la recta razón. A estas inspiraciones efímeras se debe la ereccion de las academias, de los colegios de medicina y cirugía, de algunos seminarios, de las escuelas militares, de otras fundaciones, en fin, en que los estudios estaban mas al nivel de los progresos científicos del mundo civilizado. Pero esto es cuanto podian hacer aquellos hombres celosos en prueba de su buen deseo. Quedaba siempre la contradicción monstruosa entre escuelas y escuelas, entre estudios y estudios. Una era la mano que pagaba, sostenía y dirigía la instrucción; y la verdad se enseñaba de un modo en el norte, de otro en el mediodía, o lo que es más repugnante aun, aquí se costeaba y protegia la indagacion de la verdad, mientras que allá se sostenía a todo trance la enseñanza del error y se perseguia a los que le combatían.

¿De qué pues servían aquellas pocas excepciones sino de hacer más deplorable el desorden y nulidad de los demás estudios? ¿En qué paraban cuando, faltando las manos ilustradas que las habian erigido, eran abandonadas al influjo indolente y rutinero que el Gobierno ejercia sobre la instruccion? Jardines amenos y apacibles plantados entre arenales, que tarde o temprano perecen anegados en la esterilidad que los rodea.

Ni era posible que fuese de otro modo: voluntad constante y fuerte de perfeccionar las facultades intelectuales de sus súbditos no puede suponerse en gobiernos opuestos por instinto y por principios a todo lo que no autoriza sus caprichos ó no canoniza sus desaciertos. ¿Cómo por otra parte, proponer ni esperar mejora alguna en la instruccion pública de un país sujeto al influjo de la Inquisición, y en donde el que se atrevía a hablar de imprenta libre era tenido por delirante, cuando no delincuente? Sin romper este doble yugo que tenia oprimido y aniquilado el entendimiento entre nosotros en vano era tratar de abrirle caminos para que explayase suyas en las regiones del saber. Y como en el diccionario de la razon ignorante y esclavo son sinónimos, si el español no podia dejar de ser esclavo, ¿a qué empeñarse inútilmente en que no fuese ignorante?

Solo en la época presente podia aplicarse la mano a esta grande obra con esperanza de buen éxito. La mayor parte de los obstáculos que antes había están sin fuerza o se hallan destruidos. La Constitucion ha restituido al pensamiento su libertad, a la verdad sus derechos. La razon particular de los individuos ilustrados va superando la resistencia de las preocupaciones autorizadas y envejecidas. Hasta la desolacion espantosa que ha sufrido la Península por la opresion de sus feroces enemigos, destruyendo los antiguos establecimientos de instrucción, o por lo menos, dejándolos sin acción y sin recursos, da como allanado el camino para proceder libremente á la reforma, y disminuye la resistencia que las instituciones antiguas, cuando están en vigoroso ejercicio, oponen su mejora o su supresión.

Por fortuna, esta facilidad se combina tambien admirablemente con el deber que impone a la autoridad la revolucion política que acaba de suceder entre nosotros. La nacion ha recobrado por ella el ejercicio de su voluntad, condenada tantos siglos hacia a la nulidad y al silencio. Ahora bien, si esta voluntad no se mantiene recta e ilustrada; si su accion no se dirige constantemente hácia su verdadero fin, que es la utilidad común; si se la deja estar incierta y vacilante entregada á merced de cualquiera charlatan que la engañe y la extravíe; si, en fin, no se la liberta de que las voluntades particulares, ciegas y discordes, la arranquen del sendero que la señalan la verdad y la justicia, en tal caso la adquisicion de este precioso atributo, que constituye la mayor gloria de un pueblo en los fastos de sus revoluciones, seria para nosotros un azote igual o más funesto en sus estragos que las otras plagas que nos afligen.

Debe pues el Congreso nacional, que ha restituido a los españoles el ejercicio de su voluntad, completar su obra y procurarles todos los medios de que esta voluntad sea bien y convenientemente dirigida. Estos medios están evidentemente todos bajo el influjo inmediato de la instrucción, y por lo mismo la organización de un sistema de instruccion pública digno y propio de un pueblo libre llama tan poderosamente la atencion de los legisladores, como la organizacion de cualquiera de los poderes que constituyen el equilibrio de nuestra asociacion política.

Sin ella no puede tampoco el Gobierno corresponder dignamente a los fines de su institución. Una de sus atenciones mas importantes, porque es la de que depende el éxito de sus operaciones, es la conveniente distribucion de los hombres. Nacen estos con facultades que, habiendo de servir a su bien individual y al de sus semejantes, necesitan para ponerse en movimiento salir del reposo absoluto y de la inaccion en que se hallan al principio. Al entrar en la vida ignoramos todos lo que podemos o debemos ser en adelante. La instruccion nos lo enseña; la instruccion desenvuelve nuestras facultades y talentos, y los engrandece y fortifica con todos los medios acumulados por la sucesion de los siglos en la generacion y en la sociedad de que hacemos parte. Ella, enseñándonos cuáles son nuestros derechos, nos manifiesta las obligaciones que debemos cumplir: su objeto es que vivamos felices para nosotros, útiles a los demás y señalando de este modo el puesto que debemos ocupar en la sociedad, ella hace que las fuerzas particulares concurran con su acción a aumentar la fuerza común, en vez de servirla debilitarla con su divergencia o con su oposición. Siendo pues la instruccion pública el arte de poner a los hombres en todo su valor tanto para ellos como para sus semejantes, la Junta ha creido que en la organizacion del nuevo plan de enseñanza la instruccion debe ser tan igual y tan completa como las circunstancias lo permitan. Por consiguiente, es preciso dar a todos los ciudadanos aquellos conocimientos que se pueden extender a todos, y no negar a ninguno la adquisición de otros mas altos, aunque no sea posible hacerlos tan universales. Aquellos son útiles a cuantos los reciben, y por eso es necesario establecer y generalizar su enseñanza, y es conveniente establecer la de los segundos, porque son útiles también a los que no los reciben.

La instruccion pues debe ser universal, esto es, extenderse a todos los ciudadanos. Debe distribuirse con toda la igualdad que permitan los límites necesarios de su costo, la reparticion de los hombres sobre el territorio, y el tiempo mas o menos largo que los discípulos puedan dedicar a ella. Debe, en fin, en sus grados diversos abrazar el sistema entero de conocimientos humanos, y asegurar a los hombres en todas las edades de la vida la facilidad de conservar sus conocimientos o de adquirir otros nuevos.

De estos principios generales se deducen otras proposiciones de igual utilidad y certeza. Que el plan de la enseñanza pública deba ser uniforme en todos los estudios, la razon lo dicta, la utilidad lo aconseja, y la Constitución, de acuerdo con ambas, indispensablemente lo prescribe. Lo contrario seria dejar la instruccion nacional y la formacion de la razon de los ciudadanos al capricho y á la extravagancia; seria perpetuar la discordancia repugnante que ha existido siempre en nuestras escuelas, y de aquí la divergencia de opiniones, las disputas acaloradas é interminables, a veces sobre sutilezas frívolas ó ridículas, a veces sobre verdades tan claras como la luz. Esta uniformidad no se opone, como muchos tal vez entenderían, a aquella mejora y perfección que van sucesivamente adquiriendo los métodos con los progresos que hace la ciencia misma. Al escoger las obras elementales que han de servir a la instrucción, es fuerza que sean preferidas aquellas que están á la altura de los conocimientos del día, y estas mismas deben ceder el lugar a cualesquiera otras que se publiquen después que sean mas perfectas y adelantadas. Demás que la libertad de la imprenta y la de las opiniones pondrán siempre á los sabios que se dedican al cultivo y propagacion de los conocimientos humanos en disposicion de contribuir á la reforma y adelantamiento de los estudios.

Debe pues ser una la doctrina en nuestras escuelas, y unos los métodos de su enseñanza, a que es consiguiente que sea tambien una lengua en que se enseñe, y que esta sea la lengua castellana. Convendráse generalmente en la verdad y utilidad de este último principio para las escuelas de primera y segunda enseñanza; pero no será tan fácil que convengan en ello los que pretenden que los estudios mayores o de facultad no pueden hacerse dignamente sino en latín. Seria faltar a la gravedad del asunto y al decoro debido á vuestra Alteza ponerse a calificar del modo que merece ese guirigay bárbaro llamado latin de escuelas. Bastará decir que es un oprobio del entendimiento humano suponer que la ciencia de Dios y la de la justicia hayan de ser mejor tratadas en este ridículo lenguaje que en la alta grave y majestuosa lengua española. Aun mucha parte de la enseñanza en estas mismas ciencias se hace generalmente en castellano. ¿Por qué no toda? Los pueblos sabios de la antigüedad no usaron de otra lengua que la propia para la instrucción: lo mismo han hecho, y con gran ventaja, muchas de las naciones en la Europa moderna. La lengua nativa es el instrumento mas fácil y mas a propósito para comunicar uno sus ideas, para percibir las de los otros, para distinguirlas, determinarlas y compararlas. Todo lo que se pinta en el espíritu se pinta con sus colores; y el modo de desterrar para siempre las confusas nomenclaturas, las disputas frívolas, las sutilezas de las palabras, es que todos los principios, todas las definiciones, todas las explicaciones se hagan en aquella lengua en que mas fácilmente se conciben y se presentan hablados en el espíritu. Por último, el idioma español ganaria infinitamente en ello, puesto que a las demás dotes de majestad, color y armonía que todos le confiesan, añadirá la exactitud y el carácter científico, que en concepto de muchos no ha adquirido todavía.

Y no solo uniforme, sino tambien conviene que la enseñanza sea pública, esto es, que no se dé a puertas cerradas ni se limite solo a los alumnos que se alistan para instruirse y ganar curso. Aun prescindiendo de la razon general de ser muy pocas las cosas de utilidad común a quienes convenga el secreto, todavía hay consideraciones que vienen a fortificar este principio en el objeto presente. Hay muchos deseosos de aprender que, no pudiendo contraer las obligaciones de discípulo, tienen que agregarse á la clase numerosa de los oyentes. La semilla que esparce en estos la explicacion del maestro, si no se arraiga y produce tanto como en aquellos, no siempre es enteramente estéril; y el fruto, poco ó mucho, ligero ó grave, que así se cría, no hay derecho ni razón alguna para negarlo a quien lo desea. La emulación, por otra parte, de los maestros y los discípulos crece y se aviva con esta clase de testigos. Estudian los unos más, los otros enseñan mejor, y la instruccion pública no puede menos de ganar con una medida que, sirviendo de estímulo á los que aprenden y a los que explican, influye poderosamente en el buen cumplimiento de sus obligaciones respectivas.

Otra calidad que nos ha parecido convenir a la enseñanza pública es que sea gratuita. La generosidad española lo tenia determinado así en todas las universidades y estudios públicos, aun en los tiempos de arbitrariedad, opuestos a las luces y al saber. No quisieron nuestros padres degradar el noble y precioso encargo de los ministros de la instrucción haciendo sus lecciones mercenarias, y sujetando su subsistencia á las pensiones inciertas de los discípulos. Creyeron que esta especie de estímulo era demasiado bajo para la noble profesion de enseñar, y encargaron a la virtud de los maestros, a su pundonor, a su celo por el progreso de los estudios la exactitud y puntualidad en el cumplimiento de sus funciones. Si no lo hicieron generalmente así con las escuelas de primeras letras, fué quizá porque su número los espantó, y fué quizá tambien porque no dieron a este primer grado de instruccion social toda la consideracion y la importancia que en sí tiene. La Junta ha creído que convenía en la época presente hacer en esta parte mas novedad que la de franquear tambien estas escuelas de toda pensión o retribución particular. Cabalmente en ellas es donde se proporcionan al hombre aquellos conocimientos que, siendo necesarios á todos, deben ser comunes a todos; y por consiguiente, hay una obligacion en el Estado de no negarlos a ninguno, pues que los exige en todos para admitirlos al ejercicio de los derechos del ciudadano. El resto de la enseñanza pública debe conservar la misma liberalidad que hasta ahora; y cualquiera disposicion contraria, sobre ser una alteracion perjudicial esencialmente al fomento de la instrucción, tendría muy poca consonancia con las miras benéficas y grandes que han inspirado a la autoridad el pensamiento y los deseos de reformarla y promoverla.

Otro, en fin, de los atributos generales que deben acompañar a la instrucción es el de la libertad, porque no basta que el Estado proporcione a los ciudadanos escuelas en que adquieran los conocimientos que los han de habilitar para llenar las atenciones de la profesión a que se dediquen, es preciso que tenga cada uno el arbitrio de buscarlos en donde, como y con quien le sea mas fácil y agradable su adquisición. No hay cosa mas libre que el pensamiento; el camino y los medios de formarlo y perfeccionarlo deben participar de la misma franquía; y si la instruccion es un beneficio comun a cuya utilidad todos tienen un derecho, todos deben tenerle también de concurrir a comunicarla. No se pone en duda ya que la perfeccion y la abundancia nacen de la concurrencia y de la rivalidad de los esfuerzos individuales, y que todo privilegio exclusivo, por naturaleza odioso, es destructor tambien por naturaleza de toda perfeccion y todo progreso en el ramo a que corresponde. En la instruccion seria mas absurdo y mas odioso todavía, puesto que la confianza sola, y la mas grande confianza, es la que debe mediar entre el que comunica la enseñanza y el que la recibe. Por otra parte, los establecimientos de instruccion deben ser como los de beneficencia: acude a ellos el que los necesita, siendo libre a cualquiera recibir los auxilios que allí se proporcionan de la generosidad particular, cuando es tan dichoso, que la encuentra en su camino. En fin, la libertad de enseñar, declarada a todos los que tengan discípulos que quieran ser instruidos por ellos, suple por la insuficiencia de medios para universalizar la instrucción, si se permite hablar así. No pudiendo el Estado poner a cada ciudadano un maestro de su confianza, debe dejar a cada ciudadano su justa y necesaria libertad de elegirlo por sí mismo. Así las escuelas particulares suplirán en muchos parajes la falta de escuelas públicas, y la instruccion ganará en extension y perfeccion lo que gane en libertad y en desahogo.

*Continua el informe analizando aspectos concretos y específicos, si bien no los reproducimos por su extensión

DIVISION Y DISTRIBUCION DE LA ENSEÑANZA PÚBLICA.

MEDIOS Y DIRECCION DE LA INSTRUCCION PÚBLICA.

DIRECCION GENERAL DE ESTUDIOS.

ACADEMIA NACIONAL.

FONDOS.

Cádiz, 9 de setiembre de 1813.- Martin González de Navas.- José Vargas y Ponce.- Eugenio Tapia.- Diego Clemencin.-Ramon de la Cuadra.- Manuel José Quintana.

PLAN LITERARIO DE ESTUDIOS Y ARREGLO GENERAL DE LAS UNIVERSIDADES DEL REINO REAL ORDEN DE 14 DE OCTUBRE DE 1824

Título primero. De las Universidades

Artículo 1° El plan literario de estudios, y el arreglo general de gobierno interior y económico y de disciplina moral y religiosa serán uniformes en todas las Universidades de la península e islas adyacentes, salvo excepciones que se expresarán en esta Ley.

Art. 2° Subsistirán en la península las Universidades siguientes: Salamanca, Valladolid, Alcalá, Valencia, Cervera, Santiago, Zaragoza, Huesca, Sevilla, Granada y Oviedo. En las islas adyacentes queda la de Mallorca, y se establecerá otra en Canarias.

Art. 3° Subsistirá también la Universidad de Toledo; pero con tal que desde el próximo curso se establezcan las cátedras que para la enseñanza de Filosofía, Teología, Leyes y Cánones se prescriben en este arreglo, y en la confianza de que los interesados en la conservación de este estudio general promoverán su competente dotación en el preciso término de seis años.

Art. 4° Con el título de Colegio-Universidad se conserva la de Oñate para el estudio de las instituciones de Filosofía y de Jurisprudencia civil y canónica. Conferirá grados menores y mayores a los escolares que en él hicieren su carrera y hubieren ganado los cursos por el orden que en este plan se establece; y así éstos como los grados podrán incorporarse en las otras Universidades del Reino. Cuando se establezcan las cátedras de Teología para su completa enseñanza, entonces obtendrá el título de Universidad en todo igual a las demás. Por de pronto se erigirá una cátedra de vera Religiones, cuyo estudio se exige a los juristas y canonistas en el quinto año de su carrera.

Art. 5º La Medicina se enseñará por ahora en las Universidades de Salamanca, Valladolid, Santiago, Sevilla, Cervera y Zaragoza; pero, sin hacer novedad en las cátedras de Clínica y demás estudios de Madrid y Barcelona, se procurará reunir y ampliar las enseñanzas de la capital en un establecimiento que será el modelo para todos los del Reino.

Art. 6º Las rentas y efectos pertenecientes a las Universidades del todo suprimidas se adjudicarán por un decreto especial a las más pobres e indotadas o a los Seminarios más inmediatos y necesitados.

Título II. De los Colegios y Seminarios

Art. 7º Las Universidades de Avila, Osma, Sigüenza y Orihuela quedan reducidas a Colegios, incorporados los dos primeros a la de Valladolid, el de Sigüenza a la de Alcalá, y el de Orihuela a la de Valencia, y en ellos se enseñarán instituciones de Filosofía y la Teología, conservando los catedráticos su actual dotación.

Art. 8º El gobierno de estos Colegios se fijará por un reglamento particular; pero el número de cátedras, sus asignaturas, libros, horas y método de enseñanza serán los mismos que se prescriben para las Universidades, y sólo así gozarán el beneficio de la incorporación.

Art. 9º Los Seminarios conciliares quedan incorporados a las respectivas Universidades, bajo las declaraciones siguientes:

Art. 10. Primera: El plan literario de estudios, las asignaturas de cátedras, matrículas, exámenes, duración del curso, academias, horas y método de enseñanza serán los mismos que en las Universidades, y sólo así gozarán los Seminarios el beneficio de la incorporación.

Art. 11. Segunda: En las tres cátedras de instituciones filosóficas ganarán curso académico los seminaristas, fámulos, pensionistas y los escolares externos que se matricularen y concurrieren a ellas con puntualidad y aprovechamiento.

Art. 12. Tercera: La incorporación de los cuatro años de instituciones teológicas se limita y concede solamente a los seminaristas, a los fámulos y a los pensionistas con beca o sin ella, con tal que vivan en los seminarios y sujetos a su disciplina anterior. Acreditadas en forma estas condiciones, serán admitidos a los grados de bachiller en las Universidades respectivas.

Art. 13. Cuarta: Si en los Seminarios se establecieren las cátedras superiores de enseñanza que por este plan se requieren para los grados de licenciado y doctor, y se confieren a prebendados de oficio u a otros sujetos de acreditado saber, entonces serán admitidos a recibirlos los seminaristas, fámulos y pensionistas que hubieren ganado los tres últimos cursos, según el orden establecido.

Art. 14. El rector o superior de los Seminarios y Colegios remitirán a la Universidad todos los años en el mes de diciembre una lista individual de los jóvenes que se hayan matriculado, y otra en septiembre de los que hubieren ganado curso, acompañando a esta última las notas reservadas que hayan dado los Catedráticos, al tenor de las que se mandan a los de las Universidades.

Art. 15. Los cursos ganados en las cátedras establecidas por el Gobierno en los Reales Estudios de San Isidro, con tal que sean de las mismas asignaturas que por esta ley se requieren para continuar la carrera o recibir los grados, serán admitidos y reconocidos para la incorporación en cualquiera Universidad.

Art. 16. Los cursos de filosofía elemental ganados en los colegios públicos, y autorizados por el Gobierno, donde no hubiere los establecimientos señalados en este arreglo, serán reconocidos e incorporados en las Universidades, previo el examen de tres cuartos de hora que harán los tres catedráticos de instituciones filosóficas, y su aprobación.

Título III. Humanidades y lenguas

Art. 17. En las Universidades donde hay establecidas cátedras de Gramática y Humanidades, se fomentarán y perfeccionarán con todo esmero estos estudios para que puedan servir de modelo a los varios establecimientos de esta clase que hay en el Reino.

Art. 18. Con arreglo a las leyes, y bajo la inspección de las autoridades competentes, continuarán éstos sus enseñanzas, hasta tanto que pueda dárseles un reglamento particular y uniforme que habrá de observarse en ellos.

Art. 19. Por ahora, y mientras que no se publique el reglamento de Humanidades, el rector y claustro de las Universidades, oyendo a los catedráticos de lenguas, fijarán el número de maestros o repetidores que convenga para la buena enseñanza de la Gramática latina, y el adelantamiento de los niños en las clases inferiores, y las asignaturas, ejercicios y libros de pura latinidad que hayan de traducirse; todo con las prevenciones siguientes:

Art. 20. Primera: Los niños que aspiren a estudiar Gramática latina en las aulas de las Universidades serán antes examinados y deberán saber la doctrina cristiana, leer y escribir correctamente y las cuatro reglas de contar por números enteros. Cuando se arreglaren todas las escuelas de primera enseñanza por un método bien entendido y uniforme, podrán exigirse a los niños otros conocimientos.

Art. 21. Segunda: Se adoptará por ahora en las aulas de las Universidades la Gramática latina en castellano, dispuesta por el P. Fr. Josef Carrillo, franciscano, y publicada en Pamplona en 1817.

Art. 22. Tercera: La enseñanza en las aulas de Gramática durará tres horas por la mañana y dos por la tarde; y el curso todo el año, sin más asueto que los concedidos a los demás escolares y las vacaciones de todo el mes de agosto.

Art. 23. Cuarta: Para pasar de una clase a otra serán examinados los niños con asistencia de todos los maestros, y además se tendrán exámenes particulares cada dos meses. Al fin de cada curso se celebrarán exámenes generales y certámenes públicos, asistiendo el rector y todos los catedráticos de lenguas.

Art. 24. Quinta: Además de las medidas que en la parte moral y religiosa se prescriben en este arreglo, el rector y claustro dictarán interinamente otras peculiares para asegurar la mejor educación cristiana de los niños; un eclesiástico virtuoso, nombrado por el rector, será el celador de su observancia.

Art. 25. Sexta: El catedrático de mayores, que se titulará de Humanidades, además de la Propiedad latina y la Prosodia, enseñará a los escolares más aventajados los principios de Poética y de Retórica; aquéllos, por los de D. Francisco Sánchez, y éstos, por los del P. Colonia, ampliando las lecciones de Humanidades por el orden de los más célebres metodistas para instrucción de los jóvenes a quienes sus padres o tutores detengan en las aulas por más tiempo.

Art. 26. Séptima: El catedrático de Humanidades dará la certificación de aptitud para presentarse a los exámenes de latinidad que se exigen antes de matricularse y comenzar el estudio de Filosofía.

Art. 27. En las Universidades que se conserven, y que no tengan cátedras de Griego y Hebreo, se establecerán cuanto antes sea posible. La categoría y dotación de estas cátedras, las calidades de los opositores, los ejercicios de oposición y la designación de los profesores que serán obligados a estos estudios todo se expresará en los correspondientes títulos.

Art. 28. Para el estudio del griego servirá por ahora la Gramática del P. Zamora, y para el Hebreo la de Josef Pasini, quedando a cargo de los maestros dar a sus discípulos nociones más extensas.

Art. 29. El método interior de enseñanza en estas dos cátedras se deja por ahora a la discreción y buen juicio de los catedráticos, quienes en las oposiciones habrán dado muestra de sus conocimientos y pericia en el arte de enseñar.

Art. 30. En las Universidades donde, como en Valencia y Alcalá, haya establecida la cátedra de Árabe, se conservará como de libre enseñanza. La categoría y dotación de esta cátedra, las cualidades del catedrático y las horas de enseñanza son las mismas que se prescriben para el hebreo y el griego. La Gramática de Erpenio será el libro de esta asignatura.

Art. 31. Cuidará el lector de que el griego, el hebreo y el árabe se enseñen por espacio de hora y media, fijándola de modo que puedan concurrir los escolares de las diferentes carreras a quienes se exige su estudio o que voluntariamente quieran instruirse.

Título IV. Filosofía

Art. 32. El estudio de la Filosofía, como preliminar al de las Facultades que se dicen mayores, se hará en tres años o cursos académicos, indispensables para recibir el grado de bachiller o para comenzar la carrera de Teología, Leyes, Cánones y Medicina.

Art. 33. Tres catedráticos darán esta enseñanza, continuando cada uno con los mismos discípulos desde el primero al tercer curso.

Art. 34. Los libros de las diversas asignaturas serán los siguientes: para el estudio de la Lógica, de los Elementos de Matemáticas, de la Física y de la Metafísica en todas sus partes servirá por ahora la obra titulada: Institutionum elementarium philosophiae ad usum studiosae juventutis, ab Andrea de Guevara et Basazabal, Guanuaxuatensi Presbytero; y para el de Filosofía moral la Etica del P. Jacquier.

Art. 35. En el primer curso se enseñará, por la mañana, en hora y media de cátedra, la Dialéctica y la Ontología, no pasando los jóvenes a estudiar ésta sin haber aprendido bien la primera. Por la tarde, durante una hora, les explicará el mismo catedrático los elementos de Matemáticas.

Art. 36. En el segundo curso, y por igual tiempo mañana y tarde, se darán lecciones de Física general y particular en todos sus ramos, dedicando una parte de él por las tardes al estudio de la Astronomía física, y ampliando la enseñanza del capítulo primero, disertación quinta del Guevara, para instruir a los jóvenes en los elementos de la Geografía.

Art. 37. En el tercer año, y por el mismo tiempo de cátedras, se explicarán por la mañana las otras tres partes de la Metafísica, a saber: Cosmología, Psicología y Teología natural, deteniendo los catedráticos a sus discípulos en el estudio del último y muy importante capítulo del Guevara, que ha por título De Deo religiose colendo, y enseñándoles sucintamente los fundamentos de la religión verdadera, que exclusivamente es la católica.

Art. 38. Por la tarde explicará este mismo catedrático la Etica del P. Jacquier, omitiendo los capítulos que hubieren estudiado los cursantes en el Guevara, y ponderándoles en los Officiis singularmente lo que deben a Dios, al rey y a las autoridades que a nombre de Dios y del rey nos gobiernan en lo espiritual y en lo temporal.

Art. 39. Aprobados estos tres cursos, podrán los jóvenes aspirar al grado de bachiller en Filosofía, el que sólo se exige a los que hayan de ser catedráticos de este ramo, o continuar la carrera en las cátedras superiores de Matemáticas y Ciencias naturales, o a los que hayan de obtener cátedras de Humanidades, Griego, Hebreo y Arabe, si no tuvieren el grado de bachiller en Facultad mayor, o el de licenciado en Filosofía.

Art. 40. Aunque para el estudio de las Matemáticas sublimes y de Ciencias naturales hay en el Reino varios establecimientos que no se comprenden en este arreglo, las Universidades que tienen algunas cátedras de estas importantes enseñanzas las conservarán y fomentarán, redoblando sus esfuerzos las que carezcan de ellas, y proponiendo y pidiendo auxilios al Gobierno para su establecimiento.

Art. 41. Por ahora, las que existen se sujetarán a las prevenciones siguientes: Primera. Donde hay establecidas cátedras de Física experimental con máquinas competentes para su enseñanza, se combinará ésta con la de Química, de la cual el mismo catedrático dará lecciones prácticas dos tardes en cada semana, procurando la Universidad proporcionarle un pequeño laboratorio.

Art. 42. Segunda. En todas estas cátedras durarán las lecciones hora y media por la mañana y una por la tarde, sirviendo de texto para las Matemáticas puras la obra de Mr. Lacroix, traducida por Rebollo; para la Física, la de Libes, y para los Elementos de Química, la de D. Mateo Orfila.

Art. 43. Para recibir los grados de licenciado y doctor en Filosofía, deben los bachilleres ganar cuatro cursos en las cátedras superiores. El grado de licenciado equivale al que en algunas Universidades se titulaba de maestro de Artes.

Título V. Teología

Art. 44. El estudio de la Teología hasta el grado de licenciado se hará en siete años o cursos académicos.

Art. 45. En los cuatro primeros se enseñarán las Instituciones teológicas, que escribió el P. Cerboni, dominico, con el siguiente título: Institutiones theologiae quas ad asum scholarum, Auctore ac Magistro Divo Thoma Aquinate, composuit Fr. María Cerboni, Ordinis Praedicatorum, Romae, 1797.

Art. 46. Cada uno de los cuatro catedráticos comenzará curso, y continuará enseñando en el cuadrienio a unos mismos discípulos, ilustrando la doctrina del Cerboni con la de Santo Tomás, principalmente la contenida en la Suma Teológica, obra clásica que consultarán diariamente los maestros y los discípulos.

Art. 47. En las explicaciones no se desviarán los catedráticos un solo ápice de la doctrina de la Iglesia; y señaladamente en las célebres controversias de la gracia de Jesucristo, la explicarán conforme a los principios de San Agustín, a quien siguió fielmente Santo Tomás.

Art. 48. Con estos cuatro cursos y las demás calidades que se dirán, serán admitidos los profesores de Teología al grado de bachiller en esta facultad.

Art. 49. El quinto año, y en hora y media por la mañana, se explicará la Teología moral por el Compendio de los Salmanticenses.

Art. 50. El catedrático de Teología moral explicará una hora por la tarde el tratado de Vera Religione, por el que con este título escribió Luis167 Bayllí. Donde hubiere fondos, se dotará esta cátedra particular de Religión, a la cual asistirán, con los teólogos, los cursantes de quinto año de todas las facultades.

Art. 51. En el sexto, y por igual tiempo mañana y tarde, se enseñará la Sagrada Escritura, explicándose en los primeros veinte días del curso los diecisiete capítulos del libro del Aparato Bíblico, del P. Bernardo Lamy, y continuando en los siguientes hasta el fin la enseñanza por el sagrado texto. Sin detener a los discípulos en más prolegómenos, aparatos o cuestiones bíblicas, interpretará el catedrático, pidiendo cuenta a sus discípulos tres capítulos en cada lección; y dando principio por el Evangelio de San Mateo, conciliándole con los demás evangelistas, continuará con los Hechos de los Apóstoles, las Epístolas de San Pablo, el Apocalipsis y los Salmos, si hubiere tiempo. Conforme fueren ocurriendo, explicará las dificultades cronológicas, geográficas y críticas, los helenismos, hebraísmos y cuestiones bíblicas, con remisión al Lamy y al Wouters, y sujetándose siempre al sentido que enseña nuestra Santa Madre la Iglesia, los Santos Padres y los más piadosos intérpretes.

Art. 52. En el séptimo y último curso se enseñará, en hora y media por la mañana, la Historia y disciplina general de la Iglesia, sirviendo como elementos para el estudio de aquélla el Breviario de Berti. Se dedicarán exclusivamente los seis primeros días del curso al conocimiento de los tres primeros siglos, continuando su lectura simultáneamente con la explicación de los cánones disciplinares más importantes de los Concilios generales por la obra de D. Ramón Fernández Larrea, titulada: Synodorum aecumenicarum Summa, de la segunda edición. Reservará el catedrático una parte del curso para dar conocimiento a sus discípulos de los capítulos más interesantes de Reformatione del Concilio de Trento, de la Bula Apostolici Ministerio, de los concordatos celebrados entre la Santa Sede y los reyes de España, y de las novísimas constituciones de la Iglesia, y providenciales de S.M. como protector de la de España.

Art. 53. Por la tarde explicará otro catedrático, que dirá en su lugar, en una hora de cátedra, la Historia y disciplina particular de la Iglesia de España, adoptando para esta enseñanza la Suma de Concilios de España, de Villanuño, o a falta de esta obra, y con preferencia cuando se traduzca al latín, la intitulada Análisis de las antigüedades eclesiásticas de España para instrucción de los jóvenes, segunda edición, reformada y corregida por su autor el P. Maestro Fr. Manuel Villodas.

Art. 54. Aprobados estos cursos, y con los demás requisitos que se dirán, pueden los profesores aspirar al grado de licenciado, y después de este al de doctor.

Título VI. Leyes

Art. 55. La carrera de Leyes hasta el grado de licenciado se hará en siete años o cursos académicos.

Art. 56. En los cuatro primeros se distribuirá la enseñanza en la forma siguiente: Primer año: Historia y Elementos de Derecho romano; aquélla por el Heineccio en el primer tercio de curso, y éstos por los títulos de la Instituta de Justiniano, con los Comentarios de Arnoldo Vinio, compendiados e ilustrados con notas relativas al Derecho español por el Paborde D. Juan Sala en la obra titulada: Institutiones Romano Hispaniae ad usum Tyronum Hispanorum, segunda edición.

Art. 57. En el segundo se continuará este mismo estudio de Instituciones de Derecho-civil romano en la forma dicha.

Art. 58. El tercero se dedicará al estudio de las Instituciones de Derecho patrio, sirviendo de texto la obra del mismo Sala, titulada: Ilustración del Derecho Real de España, que deberá traducirse al latín.

Art. 59. Tres catedráticos enseñarán hora y media por la mañana y una por la tarde, empezando curso, y continuando cada uno con los mismos discípulos en los tres años.

Art. 60. En el cuarto año se explicarán hora y media por la mañana y una por la tarde, las Instituciones canónicas, del Ilustrísimo Obispo Juan Devoti, señalándose para esta asignatura las materias escogidas de los libros primero, tercero y cuarto, que conciernen a la Jurisprudencia canónica del Foro, cuyo conocimiento es más indispensable a los juristas. El catedrático instruirá a sus discípulos por los autores regnícolas más piadosos en todo lo perteneciente a las regalías de S.M. sólidamente entendidas, y a las obligaciones y derechos del Real Patronato.

Art. 61. Probados estos cuatro cursos, serán admitidos los profesores al grado de bachiller en Leyes.

Art. 62. En el quinto año, y hora y media de cátedra por la mañana, se explicarán los títulos del Derecho civil romano que faltan en la Instituta, y los correspondientes de las Partidas. Servirá de texto para esta cátedra la obra de D. Juan Sala, titulada: Digestum Romano-Hispanum, en cuyo estudio se precisará a los jóvenes a tomar conocimientos más extensos de los códigos romanos y de los nuestros, y a consultar incesantemente el inmortal de las Partidas de D. Alfonso el Sabio.

Art. 63. Por la tarde asistirán los cursantes de este año a la cátedra de Religión.

Art. 64. En el sexto y séptimo cursos un mismo catedrático, en hora y media por la mañana, explicará la Novísima Recopilación, señalándose los más escogidos títulos de los libros 1º, 2º, 3º y 5º y de los 10, 11 y 12, y sirviendo como de guía para este estudio la Ilustración al Derecho Real, de Sala. Tomarán también los discípulos algún conocimiento de las demás leyes de Recopilación, por el Sumario que va al fin de este código, y de las posteriores a la edición última, por las colecciones publicadas o que se publicaren.

Art. 65. Dos tardes en la semana, durante dos horas, asistirán los profesores del sexto y séptimo curso a la Academia de Jurisprudencia Práctica forense, que se organizará por un reglamento particular, cuyas bases son las siguientes:

Art. 66. En el primer tercio de cada curso se explicará la teoría del orden judicial, civil y criminal por el Febrero, adicionado y corregido por Gutiérrez, consultándose para ampliar la enseñanza al Navia Bolaños, Lacañada, y los Tiempo de Paz. Los otros dos tercios se ocuparán en ejercicios prácticos de demandas de toda clase, recursos, acusaciones, defensas y demás que se expresarán en el reglamento.

Art. 67. Con estos siete cursos aprobados, serán admitidos los profesores de Leyes al grado de licenciado, cuyo título exhibido al Consejo les sufragará para abogar en todos los tribunales del reino. Los que no se gradúen de licenciados estudiarán otro año de práctica antes de presentarse al examen de abogados.

Art. 68. Los juristas que en vez de los dos últimos años de Universidad quieren estudiar la práctica en Madrid, asistiendo a las vistas de pleitos, podrán hacerlo, con tal que asistan también a la Academia práctica forense tres años, matriculándose en ella, y acreditando, con la certificación del presidente, firmada también por el secretario, su puntual asistencia y aprovechamiento. A los que no hayan estudiado el séptimo de Universidad se exigen dos de práctica en la forma dicha, si han de examinarse de abogados.

Título VII. Cánones

Art. 69. La carrera de Cánones hasta el grado de licenciado se hará en siete años o cursos académicos.

Art. 70. Los cuatro primeros son los mismos que se prescriben a los cursantes de Jurisprudencia civil, en cuyas cátedras los estudiarán.

Art. 71. Concluidos los cuatro años, podrán los canonistas, si quieren, recibir el grado de bachiller en Leyes; pero para graduarse en Cánones estudiarán otro curso, que será el quinto de esta facultad.

Art. 72. En éste se explicarán, en hora y media por la mañana, los títulos de las Instituciones canónicas que se hubieren omitido o ligeramente pasado en el año anterior.

Art. 73. Pertenecen las dos cátedras de Instituciones canónicas a la facultad de Cánones, y los dos maestros turnarán, enseñando cada uno dos años.

Art. 74. Para que esta enseñanza sea más completa y fructuosa, a la edición que deberá hacerse de las Instituciones del Devoti, arreglada a la última publicada en Roma en 1816, se añadirán en cada título o capítulo los correspondientes escolios, con expresión de lo ordenado en nuestros Concilios nacionales, Concordatos, Leyes, Pragmáticas y loables costumbres de la Iglesia española, a imitación de los que se insertaron por cuatro laboriosos jurisconsultos en las Instituciones del Selvagio, edición de Madrid de 1789.

Art. 75. Por la tarde asistirán los escolares a la cátedra de Religión con los demás cursantes de quinto año.

Art. 76. Asistirán en el sexto año a la cátedra de Decretales, hora y media por la mañana y una por la tarde. Para esta asignatura servirá la obra de Carlos Sebastián Berardi, titulada Commentaria in Jus ecclesiasticum universum, ilustrándola el catedrático con la particular disciplina y leyes del reino. Ampliará también las explicaciones para dar conocimiento de las Colecciones eclesiásticas y del Decreto de Graciano, consultando la obra del mismo Berardi, titulada Gratiani Canones genuini ab apocryphis discreti.

Art. 77. En el séptimo y último curso asistirán, con los teólogos, a las dos cátedras de Historia y Disciplina general y de Historia y Disciplina particular de España, en la forma prescrita en los artículos 52 y 53 del título V.

Art. 78. Concluido este curso, y con las demás condiciones que se dirán, pueden los profesores aspirar al grado de licenciado y al de doctor en Cánones.

Art. 79. Si aspiraren al de licenciado en Leyes, después de recibir el grado de bachiller en esta Facultad, estudiarán un año en la cátedra de Digesto Romano-Hispano, y otro de Derecho real por la Novísima Recopilación, con asistencia a la Academia de Práctica forense. Podrán suplir este último curso con los dos años de práctica y asistencia a los Tribunales superiores de Madrid, en la forma que se prescribe a los juristas en el artículo 68, título VI.

Art. 80. Los teólogos graduados de bachillerato que aspiren al mismo grado en Cánones, estudiarán antes un año de Instituciones canónicas con los juristas y canonistas.

Art. 81. Recibido este grado, si aspiraren al de licenciado después de concluida su carrera, estudiarán antes un año de Decretales.

Título VIII. Medicina y demás facultades de curar

Art. 82. El estudio de la medicina hasta el grado de licenciado se hará en seis años o cursos académicos, y las materias que se estudiarán son las siguientes: Anatomía, Fisiología, Patología, Higiene privada y pública, Materia médica, Medicina legal, Afectos internos, Clínica y Bibliografía médica.

Art. 83. Para matricularse en Medicina han de haber estudiado los escolares tres años de Filosofía elemental, que se exigen a los que han de cursar Facultad mayor, y uno de Física experimental y Elementos de Química, con arreglo a lo que sobre esta enseñanza se previene en el artículo 41 del título IV.

Art. 84. O en estos cuatro años o en curso separado, asistirán a las cátedras de Griego y de Botánica, cuyas lecciones se darán en horas distintas de las otras cátedras; y por ahora sólo serán admitidos a la matrícula de Medicina con la condición indispensable de que en los dos primeros años de Instituciones hayan de adquirir estos conocimientos preliminares.

Art. 85. Las Instituciones médicas se estudiarán en cuatro años; y con la esperanza de que los catedráticos se dedicarán a dar cuanto antes traducidos en buen latín los libros que se designan en consideración a los progresos y estado actual de los conocimientos médicos, se han señalado, además de los textos para cada asignatura, los que sirven para ampliar la enseñanza. Entretanto, se estudiarán los autores siguientes: para Anatomía, Caldani; para Fisiología y Patología, Gregory; para Materia médica, Swediaur; para Medicina legal, Plenk; para Efectos internos, Selle; para la Historia de la Medicina y Bibliografía médica, Blumenback.

Art. 86. Primer año: Anatomía teórica y práctica. El catedrático dará por las mañanas sus lecciones de la parte especulativa en la Universidad, y por las tardes las dará en el hospital de la parte práctica hasta fines de marzo, cuando tenga proporción de cadáver; teniendo entendido que han de ser veinticuatro cuando menos las disecciones que se hagan durante el curso, sin perjuicio de la anatomía patológica que en todo tiempo dará el catedrático de Clínica sobre los cadáveres de los que hayan estado enfermos en las salas, y a las que deberían concurrir los jóvenes de todos los cursos. Los libros para la ampliación de doctrina de esta asignatura serán el Mayrier, Nuevo Manual de anatomía, Bichat, anatomía descriptiva, y la obra española de Bonells y Lacava. Habrá, a más del catedrático, un disector anatómico con dotación fija, y con la obligación de hacer las disecciones que se ofrezcan en la clínica y dar allí algunas lecciones de anatomía patológica.

Art. 87. Segundo año: Otro catedrático explicará la Fisiología en unión con la Patología, y en seguida de ésta la Higiene. Para la ampliación de la Fisiología, según los conocimientos del día, se valdrá del Haller, Richerand y Dumas, y para la Higiene, del Hufeland. Los discípulos de este segundo año repetirán las lecciones del primero, principalmente en la parte práctica.

Art. 88. Tercer año: El catedrático explicará la Terapéutica, la Materia médica y la Medicina legal. Para aquélla tendrá presentes las obras de Giraudi, Alibert y Nisten, y para ésta las de Zaquías y Foderé. Los discípulos de esta clase asistirán a la del cuarto año y a la clínica interior durante la visita de enfermos.

Art. 89. Cuarto año: Patología especial. Nosografía médica. El catedrático de esta clase explicará los afectos internos, así agudos como crónicos, ampliando sus lecciones con las doctrinas de los mejores prácticos, especialmente regnícolas, sin perder de vista un punto al padre de ellos, Hipócrates, con sus sabios comentadores y secuaces, Valles, Esteve, Vega, Mercado, Dureto, Hollerio, Marciano. Los cursantes de este año repetirán el tercero, y asistirán a la Clínica.

Art. 90. Las lecciones de estas cuatro cátedras se darán en hora y media por la mañana, y por los catedráticos de cada respectiva asignatura. En una hora por la tarde, y en cada una de las mismas, darán las lecciones de repaso, por igual orden que los catedráticos, los cuatro sustitutos que con arreglo al artículo 218, título XXII, se nombraren para las ausencias y enfermedades de los propietarios.

Art. 91. Se combinarán las horas de enseñanza de modo que los estudiantes puedan asistir a su cátedra respectiva y repetir las lecciones del año anterior.

Art. 92. Finalizados estos cuatro cursos, y con las demás condiciones que a todos los estudiantes de Facultad mayor se prescriben, podrán los de Medicina recibir el grado de bachiller para continuar la carrera.

Art. 93. Quinto y sexto año: Clínica interior o Clínica de perfección. En estos dos años el gran libro será el hombre enfermo. El catedrático hará notar a sus discípulos, a la cabeza del paciente, todo lo que contribuya a formar bien el diagnóstico, inculcando y reproduciendo con oportunidad las reglas y preceptos adquiridos en los años antecedentes, y cuanto haya de mejor entre los grandes prácticos que sea aplicable al caso presente. Hará ver también, siempre que pueda, en el cadáver, las alteraciones de los órganos que han padecido durante la enfermedad, y que los alumnos todos, sin excepción, escriban las historias de los enfermos existentes, que no bajarán de doce. Los instruirá en el modo de formar la topografía del país, asunto no menos importante que descuidado; y encargará a un cursante el cuidado de escribir y notar a las horas regulares las observaciones meteorológicas, que, unidas a las historias, darán a conocer el influjo de la atmósfera en las enfermedades epidémicas, endémicas y esporádicas. Finalmente, este catedrático hará aprender de memoria a sus discípulos y les explicará los aforismos y pronósticos de Hipócrates, aplicándolos oportunamente a los casos que se presenten en la enfermería, recomendándoles y haciéndoles manejar las obras de Próspero Alpino y Guillermo Cowper.

Art. 94. Conforme a lo prevenido en el artículo 50, los bachilleres de medicina asistirán en el quinto año, con los de las otras Facultades, a la cátedra de Religión una hora por la tarde.

Art. 95. Concluidos estos años de medicina práctica con los demás requisitos que se dirán, podrán los bachilleres aspirar al grado de licenciados, el cual, presentando el título a la Junta Superior de Medicina, les dispensará de sufrir el primer examen de teórica y con sólo el de práctica recibirán la reválida, y con ella, facultades amplias de ejercer la medicina en todos los reinos de S.M.C., sin que ninguna corporación ni provincia, en virtud de sus privilegios, pueda coartárselas. Los simples bachilleres sufrirán ambos exámenes para su reválida según las leyes, y los licenciados, si quisieren, se graduarán de doctores.

Art. 96. Excepto algunas particularidades expresadas en este título, y el método singular de oposiciones que se fijará en el correspondiente, las demás leyes y prevenciones que en este arreglo se hacen, en la parte literaria y económica y en la de disciplina moral y religiosa, son aplicables y se aplicarán a la Facultad mayor de Medicina en todo igual a las demás.

Art. 97. Las facultades de Cirugía y de Farmacia con académico que tienen establecido, conforme a sus respectivas ordenanzas y soberanas disposiciones, y los que se dediquen al estudio de estas ciencias en sus establecimientos de enseñanza pública, y obtuvieren en ello los grados académicos literarios, gozarán, respectivamente, de las propias facultades, gracias, privilegios, prerrogativas y extensiones que los graduados en Medicina y demás facultades mayores en las Universidades de los dominios de S. M., según está mandado en las leyes.

Título IX. Método de enseñanza

Art. 98. Además del orden de cursos, asignaturas y libros prescritos para el método interior de enseñanza en las cátedras, se observarán las siguientes reglas generales: Primera. Al principio del curso se reunirán los catedráticos de cada Facultad, incluso los de filosofía y de lengua, y con el conocimiento práctico que tienen de la extensión de los libros de asignaturas y de los días lectivos, señalarán los títulos, capítulos o disertaciones que puedan omitirse, cuáles bastará llevar leídos para dar cuenta en la cátedra, y cuáles, en fin, deban estudiarse con más esmero, de modo que ningún título o capítulo importante deje de explicarse.

Art. 99. Segunda. Se extenderá una tabla comprensiva de cuanto va dicho y se entregará al rector, quien la mandará fijar a las puertas de cada respectiva enseñanza.

Art. 100. Tercera. Una copia de estas tablas se remitirá al consejero director de la Universidad para los efectos convenientes.

Art. 101. Cuarta. Todos los años, en junta de cada Facultad, se revisarán y rectificarán estas tablas con las observaciones que se hicieren en cada asignatura.

Art. 102. Quinta. Las horas de que se habla en este plan han de ser íntegras y naturales, desterrándose el abuso de horas académicas.

Art. 103. Sexta. La primera media hora de cátedra se dedicará a leer la lista, anotar las faltas y tomar las lecciones, empleándose lo restante del tiempo en la explicación que hará el catedrático, concretándose al texto y acomodándose a la capacidad de los discípulos. El último cuarto de hora se ocupará precisamente en preguntas o argumentos.

Art. 104. Séptima. Aquéllas tendrán lugar en las lecciones de la mañana, y éstos en las de la tarde, sin que en las de Teología se omita en una sola, y bastando dos en las Facultades de Leyes, Cánones y de Medicina.

Art. 105. Octava. Pasados los diez primeros días del curso, las lecciones de la tarde serán de repaso de las materias explicadas por la mañana.

Art. 106. Novena. Las explicaciones y las preguntas y respuestas se harán en castellano, pero los argumentos y las respuestas precisamente en latín. Este canon se observará inviolablemente en todos los ejercicios de academias, exámenes para grados y oposiciones, en no siendo preguntas, y en los actos mayores, quedando a cargo del que preside el hacer que se observe.

Art. 107. Décima. En los años de Instituciones se obligará a los escolares a decorar las lecciones y a fijarse en el estudio literal del libro elemental de la asignatura.

Art. 108. Undécima. En las cátedras superiores, las lecciones serán más extensas; los argumentos se harán con reflexiones sucintas; se ilustrarán las explicaciones con las preguntas y réplicas de los discípulos, a quienes también el catedrático dará noticia de las controversias y autores más célebres de la Facultad y de su historia literaria.

Art. 109. Duodécima. Cada catedrático, al principio del curso, formará un cuaderno razonado sobre el método de enseñanza que piensa adoptar en su cátedra, lo presentará al rector, y éste lo remitirá al ministro director para los fines que convenga.

Título X. Academias

Art. 110. Además de la Academia práctica, habrá una de oratoria, a la que asistirán los jueves y domingos, durante dos horas, los cursantes de quinto año de Teología, de Leyes y de Cánones, si han de ganar cédula de curso.

Art. 111. En los dos primeros meses se darán lecciones teóricas por la Filosofía de la Elocuencia, de Capmany, ampliándola por el Blair, y lo restante del curso se ocupará en toda clase de composiciones sagradas y forenses.

Art. 112. Cuando ocurriere en la semana fiesta de precepto, en aquel día se tendrá la academia del jueves.

Art. 113. El claustro general nombrará entre sus individuos o entre los licenciados de cualquiera Facultad, distinguidos por su instrucción en letras humanas y demás calidades, el moderante que ha de regentar la academia de Oratoria, y le señalará por dotación la mitad de la consignada a los catedráticos de Instituciones de Facultad mayor.

Art. 114. Habrá también academias dominicales de Filosofía, Teología, Leyes, Cánones y Medicina, cuyos ejercicios, todos los domingos del curso, después de oír misa, durarán dos horas y media, con asistencia de todos los profesores, excepto los que concurran a la academia de Oratoria.

Art. 115. Serán moderantes de la academia de Instituciones de Filosofía, a la que asistirán todos los estudiantes de éstas, los tres catedráticos, presidiendo en cada año el que lo fuere de Metafísica y Etica. Sobre una proposición de esta asignatura, se tendrá el primer ejercicio de argumentos y defensas, que durará una hora. Igual tiempo durará el segundo, sobre una cuestión de Física, arguyendo el primero un cursante de tercer año. La última media hora se ocupará en preguntas, que harán los cursantes de segundo y tercero a los de primer año, sobre las materias que hayan estudiado. Cada catedrático auxiliará en estos ejercicios a sus respectivos discípulos.

Art. 116. En otra academia de Matemáticas y Ciencias físicas, donde hubiere cátedras de estas enseñanzas, se reunirán todos los cursantes, asistiendo como moderantes los catedráticos, con presidencia del más antiguo, y dedicando el tiempo a preguntas y observaciones prácticas, conforme a un reglamento que formarán y se presentará al claustro general para su aprobación.

Art. 117. Nombrarán el claustro general los cuatro moderantes de Teología, Leyes, Cánones y Medicina entre los doctores y licenciados cuyos ejercicios de oposición a alguna cátedra de su facultad hubieren sido aprobados. Si todavía no los hubiere con estas calidades, será nombrado un catedrático. Se asignará a cada una de estas moderantías la tercera parte del sueldo señalado a los catedráticos de Instituciones.

Art. 118. Los ejercicios serán en la forma siguiente: en la primera hora, después de oír misa, se dará principio a la academia, recitando un bachiller, por espacio de media hora, una disertación latina, que habrá compuesto en el término de cuarenta y ocho horas, sobre la proposición de las Instituciones que le hubiere cabido en suerte; le argüirán dos bachilleres a cuarto de hora cada uno, y en cinco minutos responderá el sustentante en materia a cada argumento. Las proposiciones sorteables se tomarán de los libros de Instituciones, y en Teología lo serán doscientos artículos puramente teológicos de la Suma, de Santo Tomás.

Art. 119. Seguirá otro ejercicio de argumentos y defensa, presidiendo en la cátedra un bachiller, y haciendo de actuantes los cursantes de tercero y cuarto curso sobre una conclusión que de las Instituciones habrá señalado el moderante. La última media hora se dedicará a preguntas, que harán los cursantes de tercero y cuarto año a los de primero y segundo, sobre las materias que hubieren estudiado, y que el moderante señalará.

Art. 120. La proposición que ilustrará el bachiller disertante, la de ejercicio de defensa y las materias sobre que versará el de preguntas y respuestas se fijarán los viernes a las puertas de las aulas donde se tendrán las academias.

Art. 121. Cuatro faltas a éstas se computarán como quince a las cátedras, y a los que faltaren negará el catedrático la cédula indispensable para aprobar curso.

Art. 122. Cada Universidad formará sobre las bases cada una de las academias que van mandadas, remitiendo copias al Gobierno para que, con presencia de todo, se extienda un reglamento uniforme, que deberá regir para el curso de 1825 en 1826.

Título XI. Explicaciones de extraordinario

Art. 123. Se prohíben las pasantías privadas, ya de antiguo reprobadas por las leyes y por los estatutos de las más célebres Universidades, y en su lugar, para el aprovechamiento de los jóvenes que estudien Instituciones de Teología, Leyes y Cánones, se restablecerán las explicaciones de extraordinario con las prevenciones siguientes:

Art. 124. Primera. Que los bachilleres de aquellas facultades serán los encargados de las explicaciones, previa la autorización y licencia del rector, la que no concederá sin oír el dictamen de la

Junta de catedráticos. Tomará ésta en consideración las súplicas o propuestas que hicieren los cursantes de cuarto año, y nombrará para explicantes bachilleres de su confianza, con tal que sean sin tacha.

Segunda. Que los bachilleres no podrán sustituir ni oponerse a ninguna cátedra sin haber explicado tres meses de extraordinario.

Tercera. Que el rector, con el decano de cada facultad, señalará los títulos o capítulos de las materias de las Instituciones que hayan de explicarse.

Cuarta. Que estas explicaciones hayan de durar sólo media hora, y la otra media ha de emplearse en el ejercicio de argüir, de defender y satisfacer a las preguntas sobre la inteligencia del texto, capítulo o canon controvertido.

Quinta. Que el bedel ha de fijar en las puertas de las aulas las explicaciones extraordinarias que haya, con expresión de los títulos o capítulos encargados a los explicantes. Avisará también a los moderantes de las academias, quienes enviarán cuatro oyentes que hayan estudiado la materia que se explica; la asistencia de éstos será precisa, la de los demás profesores quedará a su arbitrio.

Sexta. Que los aspirantes al grado de bachiller han de acreditar su asistencia por tres meses en alguno de los cursos de Instituciones a las explicaciones de extraordinario.

Título XII. Duración del curso, matrículas, días lectivos y de asueto, faltas de asistencia y cursillo

Art. 125. El curso o año escolar durará desde el 18 de octubre hasta el 18 de junio.

Art. 126. El día de San Lucas se hará la apertura de los estudios con una oración inaugural, que pronunciará el moderante de Oratoria, y en su defecto el catedrático de Humanidades, la que se imprimirá, cuidando el rector de remitir al ministro director el competente número de ejemplares.

Art. 127. La matrícula estará abierta desde el día 18 de octubre hasta el 4 de noviembre, y sólo hasta el 20 de éste serán admitidos por el rector para matricularse los estudiantes que acrediten las causas poderosas y legítimas que les hubieren impedido presentarse antes del 4 de noviembre. Suplirán estas faltas en el cursillo.

Art. 128. No serán admitidos a la primera matrícula los escolares que no presenten al secretario cédula de aprobación en los exámenes de latinidad que se prescriben, ni para matricularse en algún curso, sin haber aprobado el anterior, conforme al orden establecido en este arreglo.

Art. 129. No podrán matricularse para ganar dos cursos en una misma o en diferente carrera; pero sí podrán hacerlo en cualquiera de los diez años de carrera para estudiar griego, hebreo, árabe o matemáticas.

Art. 130. Se conceden a los maestros y a los discípulos quince días en todo el curso, en los que, o continuados o interrumpidos, podrán no asistir a sus cátedras, si voluntariamente faltaren más días, los escolares perderán curso, y los catedráticos toda la renta correspondiente a cada lección, prorrateada por días lectivos.

Art. 131. El rector, por causas justas, podrá conceder a los catedráticos quince días de licencia, y no más; y el claustro, por motivos gravísimos, podrá ampliarla hasta treinta, y no más.

Art. 132. Los catedráticos que voluntariamente abandonaren la enseñanza por dos meses, además del sueldo correspondiente a cada día lectivo, perderán sus cátedras. El claustro, sin más formalidades que la de un expediente instructivo para acreditar el hecho, las declarará vacantes, y el rector convocará inmediatamente a oposiciones en la forma acostumbrada.

Art. 133. Para que las faltas por causa de enfermedad no perjudiquen a los catedráticos, avisarán al rector, y acreditarán la enfermedad o dolencia que les impida asistir a cátedra.

Art. 134. Cuando los estudiantes enfermaren, darán aviso al catedrático, quien al tercer día lo hará al rector, para que, a su arbitrio, y por cuenta de la Universidad, envíe un médico que certifique de la enfermedad o dolencia; si ésta les impidiere asistir a cátedra treinta días lectivos, perderá curso, a no suplir las faltas asistiendo al cursillo. Podrá también suplir otros treinta días asistiendo dos meses a las explicaciones de extraordinario.

Art. 135. El cursillo durará desde el 18 de junio hasta el 18 de julio, y en él suplirán los catedráticos y los escolares las faltas inculpables expresadas en los artículos anteriores.

Art. 136. El rector hará que sea puntual y efectiva la enseñanza en el cursillo por los catedráticos o sustitutos en todos los días, incluso los feriados y durante las horas prescritas en este arreglo. A los sustitutos se dará una gratificación decente por este trabajo.

Título XIII. Exámenes para la primera matrícula y para ganar cursos

Art. 137. Los que se presenten a matricularse en las Universidades por primera vez serán examinados en latinidad y en la traducción de los clásicos y del libro de la respectiva asignatura.

Art. 138. En el 10 de octubre comenzarán los exámenes, y continuarán hasta el 20; y si en este día no se hubieren concluido, se prorrogarán hasta el 4 de noviembre.

Art. 139. El rector o el vicerrector presidirán estos exámenes, que se harán por el catedrático de Humanidades, el moderante de Oratoria y otros catedráticos nombrados por el claustro. Se les encarga que procedan en ellos con la más exquisita escrupulosidad, en consideración a los irreparables perjuicios que resultan a la enseñanza, a los jóvenes y a sus familias por la inobservancia de esta ley.

Art. 140. Al fin de cada curso se tendrán exámenes generales de todos los cursantes, quienes se presentarán a ellos con la cédula de asistencia y aprovechamiento dada por su catedrático.

Art. 141. Serán examinadores en Instituciones filosóficas los tres catedráticos, y para examinar a los estudiantes en las cátedras superiores de Filosofía asistirán los que hubiere de estas asignaturas.

Art. 142. Harán los exámenes de Instituciones teológicas los cuatro catedráticos, o más si los hubiere; los de Instituciones civiles, los tres catedráticos, y los de Instituciones canónicas, los dos catedráticos y el de Decretales.

Art. 143. A los exámenes de los profesores cursantes en las cátedras superiores de cada facultad asistirán los catedráticos de estas asignaturas.

Art..144. Los exámenes generales se harán desde 1° de junio, tarde y mañana, con toda publicidad y en horas que no hubiere cátedras de la respectiva facultad.

Art. 145. No se exigirá este examen a los cursantes del año anterior inmediato al grado de bachiller.

Art. 146. Sin la nota de examinado y aprobado, firmada por los examinadores, no podrá aprobarse ningún curso.

Art. 147. A los que hubieren sido reprobados se concederán quince días de término para presentarse a nuevo examen; si fueren reprobados en éste, se les señala el plazo de cuatro meses para habilitarse a entrar en el tercero; y si todavía en éste se les reprobare, volverán a estudiar el mismo curso, al fin del cual, si todavía fueren reprobados, los despedirá de la Universidad el rector como desaplicados o ineptos, poniéndolo en noticia de sus padres o tutores.

Título XIV. Exámenes para los grados de Bachiller

Art. 148. El día 1° de junio comenzarán los exámenes para los grados de bachiller, en horas que no sean de cátedras de la facultad respectiva.

Art. 149. El ejercicio para recibir el grado de bachiller en Filosofía será una hora de preguntas, que harán los tres catedráticos de Instituciones sobre materias estudiadas en los tres años.

Art. 150. Acto continuo se votará la aprobación o reprobación, y se conferirá el grado por el que presida, que deberá ser un doctor en Filosofía o en cualquier facultad mayor, graduado de bachiller en aquélla.

Art. 151. Para los grados de bachiller en Teología y Leyes serán Examinadores los tres catedráticos más modernos, y para el de Cánones, el de Decretales y los dos de Instituciones.

Art. 152. Disertará el graduado media hora sobre la proposición que en veinticuatro horas antes le hubiere tocado en suerte ante el decano de la facultad; responderá en cinco minutos en materia a cada uno de los argumentos que, por espacio de diez, le harán los examinadores, y contestará a las preguntas que sobre las materias de las Instituciones le hará durante media hora otro de los examinadores.

Art. 153. Inmediatamente se votará la aprobación o reprobación del ejercicio; y publicada la aprobación por el secretario, conferirá el decano el grado en la forma acostumbrada, previos los juramentos que se dirán en el título correspondiente, y no otros.

Art. 154. Antes del 1° de junio los examinadores, con el decano, extenderán doscientas proposiciones relativas a las principales materias de las Instituciones, para que sean sorteadas, con la siguiente prevención de que, en Teología, se eligirán doscientos artículos puramente teológicos de la Suma de Santo Tomás, y en Leyes serán ciento de Derecho civil romano, cincuenta de Derecho patrio y cincuenta de Cánones, repitiéndose la suerte cuando saliere más de una de éstas, a no conformarse el Graduado, que ha de elegir una de las tres que le hayan tocado.

Art. 155. Los cursantes juristas que, ganados los tres primeros cursos de Instituciones, y los canonistas que con los cuatro señalados en este plan quisieren graduarse a claustro pleno, con certificación del catedrático que acredite su idoneidad, serán admitidos al examen ante los catedráticos y doctores de la Facultad. Recitará el graduado una disertación latina de media hora sobre la proposición que le hubiere cabido en suerte veinticuatro horas antes, elegida entre tres; le argüirán dos catedráticos o doctores en un cuarto de hora cada uno, y responderá en materia a cada argumento en cinco minutos; contestará en seguida a las preguntas que durante otra hora le harán los examinadores por su antigüedad. Media hora preguntarán precisamente sobre la materia del curso que a virtud del grado se le dispensa. Cuidará el rector de que se observe el mayor rigor en estos exámenes.

Título XV. Exámenes para los grados de Licenciado

Art. 156. Los bachilleres que, acreditadas las calidades prescritas en este plan, aspiren al grado de licenciado, sufrirán tres exámenes, uno secreto ante los catedráticos y doctores de la facultad, quienes en una hora de preguntas tantearán la idoneidad de los candidatos para ser o no admitidos. Concluido este examen, se votará la admisión o exclusión, y los admitidos harán el depósito.

Art. 157. El segundo será el ejercicio llamado repetición pública, que se tendrá en día feriado con la solemnidad posible y con asistencia de los catedráticos, doctores y licenciados de la facultad y de las demás que gustaren concurrir, debiendo repartírseles conclusiones impresas.

Art. 158. Por espacio de una hora recitará el graduado una disertación latina sobre la proposición que ocho días antes le hubiere cabido en suerte, eligiendo una de tres cédulas entre las cuatrocientas que contendrán proposiciones escritas sobre las principales materias de la facultad. Un bachiller de sexto o séptimo año, señalado por el rector, le argüirá veinte minutos en forma, y diez responderá el sustentante contestando a las réplicas. Por igual tiempo y forma le argüirán dos catedráticos o doctores, que por su antigüedad pidieren el argumento, a quienes responderá del modo dicho. Por turno, irán prevenidos los doctores para este ejercicio.

Art. 159. El día que el rector y el cancelario designaren, asistirá éste, acompañado de dos doctores, a dar puntos para el ejercicio secreto en la forma dicha en el artículo anterior, con la advertencia de que si el ejercicio fuere en Teología, trescientas proposiciones serán elegidas en la Suma de Santo Tomás, y ciento serán de Escritura y Disciplina general de la Iglesia.

Art. 160. Durante veinticuatro horas, el graduado permanecerá incomunicado en la biblioteca u otra pieza cómoda, suministrándosele comida, cama, recado de escribir y un escribiente que no sea facultativo; el rector y dos catedráticos celarán sobre la incomunicación, y una hora antes de empezar el ejercicio entregará el graduado al secretario la disertación escrita en limpio para que puedan leerla los examinadores.

Art. 161. Dará principio al ejercicio con la lectura que, en tres cuartos de hora, hará el candidato de la disertación en latín; le argüirán dos catedráticos doctores, turnando entre sí para estos ejercicios, y durará veinte minutos cada argumento; en diez responderá el candidato a las réplicas. Pasado algún intervalo de reposo, que se concederá, cuatro examinadores, sacados por suerte entre los que no hubieren argüido, le preguntarán durante una hora sobre toda la facultad. No podrán, pues, ser menos de seis los examinadores para la licenciatura.

Art. 162. El cancelario que presidiere este acto, sin votar en él no siendo facultativo, examinará con los dos más antiguos los votos de A. y R., expresándose en la publicación y en los títulos la simple aprobación, cuando no fueren todos de A., y con unanimidad o nemine discrepante cuando lo fueren.

Art. 163. Acto continuo, y con las formalidades de estilo, conferirá al aprobado el grado de licenciado, previos los juramentos que se dirán, y no otros.

Art. 164. Nada se innovará en los ejercicios que para la licenciatura en Teología se requieren en la Universidad de Alcalá; pero con las prevenciones siguientes: Primera. Que en los actos de approbo y reprobo no se distribuyan las propinas hasta que se haya verificado la votación. Segunda: Que los bachilleres que en tres o en dos años quisieren defender los ocho actos, podrán aspirar a la licenciatura, con tal que estudien o hayan estudiado los años prescritos en este plan.

Título XVI. Del Doctorado

Art. 165. A los licenciados que lo solicitaren se conferirá el grado de doctor con la solemnidad y formalidades prescritas en los respectivos estatutos y supresión de gastos inútiles.

Art. 166. Los ejercicios y arengas de estilo versarán sobre materias útiles y correspondientes a la dignidad del acto que presidirá el cancelario, a quien compete conferir el grado, teniendo a su diestra al rector y a la izquierda al decano de la Facultad; se dará fin con un elogio en latín, que pronunciará el nuevo doctor, en alabanza del monarca que con tanto celo promueve los estudios generales de las ciencias útiles a la religión y al Estado.

Título XVII. Juramentos al tiempo de recibirse los grados menores y mayores, y en las posesiones de cátedras

Art. 167. A los juramentos prescritos por estatutos y por las leyes que mandan se jure antes de recibir grados o posesionarse de las cátedras, enseñar y sostener la doctrina del Concilio de Constanza contra el regicidio, y enseñar y defender la Inmaculada Concepción de María Santísima, se añadirán los dos siguientes: Primero. Enseñar y defender la soberanía del rey nuestro señor y los derechos de su corona. Segundo: No haber pertenecido ni haber de pertenecer jamás a las sociedades secretas reprobadas por las leyes. Cuando se publicare un reglamento académico que comprenda las disposiciones particulares que no pueden expresarse en un plan y arreglo general, se dictará la fórmula del juramento uniforme que habrá de observarse en todas las Universidades.

Título XVIII. Incorporación de cursos y de grados

Art. 168. Los cursos ganados y los grados recibidos en cualquiera Universidad de las que en este plan se conservan, podrán incorporarse recíprocamente en todas; precediendo para el grado de bachiller y para los de licenciado y doctor la verificación de los títulos y la consignación de la mitad del depósito.

Art. 169. Se admitirán para la incorporación de las Universidades que subsisten los cursos y grados de las Universidades suprimidas, pero con la condición de que los aspirantes han de sufrir los mismos exámenes y consignar las mismas cantidades que para los grados se prescriben en este arreglo.

Art. 170. Los cursos de Filosofía y Teología que los regulares hayan estudiado en sus colegios de enseñanza, conforme a las asignaturas de este plan, se admitirán y podrán ser incorporados en las Universidades, o para continuar la carrera, o para recibir los grados.

Art. 171. La incorporación de cualquier curso o grado no se verificará sin que preceda la acordada del secretario dirigida a la respectiva Universidad o colegio secular o regular para contestar la legitimidad de las certificaciones. Los secretarios no expedirán la contestación sin la autorización del rector o superior, la que se hará constar.

Título XIX. Cátedras: su clasificación y calidades para obtenerlas

Art. 172. Todas las cátedras de las Universidades, excepto las inferiores de Latinidad y las de Instituciones filosóficas, serán de propiedad y jubilación.

Art. 173. Para ganar ésta se requieren treinta años de puntual enseñanza en las cátedras de Facultad mayor, acreditados en debida forma, y treinta y cinco en las de Humanidades y de Lenguas y en las superiores de Filosofía.

Art. 174. Las cátedras de las Facultades mayores son de ingreso, de ascenso y de término.

Art. 175. Serán de ingreso las cuatro de Instituciones teológicas, las tres de Instituciones civiles, las dos de Instituciones canónicas y las cuatro de Instituciones médicas.

Art. 176. Serán de ascenso en Teología las de Moral y Escritura; en Leyes, las de Digesto romano- hispano y de Práctica forense, y en Cánones, la de Decretales.

Art. 177. Serán de término en Teología la de Historia y Disciplina general de la Iglesia, de asistencia común a teólogos y canonistas en el séptimo año, en Leyes, la de Recopilación; en Cánones, la de Historia y disciplina particular de España, también común a teólogos y canonistas, y en Medicina, la de Clínica. Según esta clasificación de las cátedras, se fijarán las bases de su dotación en el competente título.

Art. 178. Las cátedras de Regulares, establecidas en Salamanca, Valladolid y Alcalá, aunque son de jubilación, no pertenecen fijamente a esta clasificación, que se establece con respecto a la de provisión Real. Para regularizar y hacer efectiva y más útil su enseñanza, se dispondrá lo conveniente en el título último.

Art. 179. Las cátedras de Instituciones filosóficas serán perpetuas, aunque no de jubilación, y su buen desempeño servirá de mérito positivo para entrar en las de Facultad mayor o en las superiores de Filosofía.

Art. 180. Para obtener las tres cátedras primeras de Filosofía además del grado de bachiller, se requiere haber ganado seis cursos por lo menos en cualquiera Facultad mayor o el grado de licenciado en Filosofía.

Art. 181. Para oponerse a las superiores de Matemáticas, Física experimental, &c., además del grado de bachiller en Filosofía, se requiere haber estudiado otro año de Matemáticas y dos de Ciencias naturales, con calidad de que el uno ha de ser de la asignatura de la cátedra, en cualquier estudio público y aprobado.

Art. 182. A los opositores de Humanidades y Lenguas que fueren graduados de bachilleres en cualquiera Facultad mayor no se les exigirá el grado de bachiller en Filosofía.

Art. 183. Los propietarios de estas últimas cátedras, que con las calidades precisas quisieren graduarse de licenciados y doctores de Facultad mayor o en Filosofía, serán admitidos a medias propinas; para ganar la jubilación habrán de recibir cualquiera de estos grados.

Art. 184. Para obtener las cátedras de ingreso, los que sean doctores o licenciados, además de los grados de bachiller, deben haber ganado siete cursos en la respectiva facultad; pero en Medicina bastarán seis.

Art. 185. Los que fueren nombrados catedráticos de Teología se ordenarán in sacris en el término de seis meses; pasados los cuales, si no lo hicieren, se declarará vacante la cátedra.

Art. 186. Los catedráticos de Instituciones, para ganar la jubilación, recibirán en el propio término de seis meses el grado de licenciado, y los de ascenso y de término, el de doctor.

Art. 187. Para oponerse a la cátedra de Sagrada Escritura, acreditarán los opositores haber estudiado un año por lo menos la lengua hebrea; para hacerlo a la de término de Teología, un año de griego o de hebreo; y a los canonistas se exige también un año de griego para oponerse a las de ascenso y de término en su Facultad.

Título XX. De las oposiciones a las cátedras

Art. 188. Luego que se verificare la vacante de alguna cátedra, se publicará en claustro general; el rector convocará a oposiciones por edicto en la forma acostumbrada, con expresión del valor de la cátedra, y le remitirá a los rectores de las demás Universidades para que se fije en todas las del reino. El término improrrogable será de cincuenta días, para que dentro de ellos los opositores de afuera puedan presentar y verificar sus títulos y el certificado de buena conducta, según el artículo 273; condiciones precisas y únicas para ser admitidos a la oposición.

Art. 189. En claustro general se sacarán por suerte siete individuos, los que nombrarán a pluralidad de votos los tres censores y jueces de la oposición.

Art. 190. Para censores de las cátedras de término y de ascenso serán preferidos los jubilados de provisión real, y para estas últimas es llamado primero el catedrático de termino; para las de ingreso será nombrado censor al menos un catedrático de las de ascenso o de término.

Art. 191. Donde hay establecidas cátedras de Regulares en la Facultad de Teología, podrán los catedráticos ser nombrados censores después de los llamados en los artículos anteriores; y para las oposiciones o cátedras de Instituciones se nombrarán, indistintamente, entre ellos y los de provisión real.

Art. 192. Para censor en las cátedras de Instituciones filosóficas, podrá ser nombrado cualquier catedrático de Facultad mayor, con tal que tenga el grado de bachiller en Filosofía.

Art. 193. Serán nombrados censores para las cátedras superiores de Filosofía, después de los doctores en ella, los catedráticos que hubiere de aquellas asignaturas, y, a falta de unos y otros, los catedráticos de Medicina.

Art. 194. Para censores en las cátedras de Lengua se nombrará a los catedráticos, doctores licenciados o bachilleres que hubieren acreditado tener conocimiento de ellas. Cuando para esta u otra cualquiera oposición faltaren peritos en el gremio y claustro de la universidad, podrá ésta nombrar censores de afuera, y los gastos que ocurran serán por cuenta da la misma.

Art. 195. Los censores, después de haber examinado todos los documentos que les exhibirá el secretario, y tomado conocimiento de las calidades de los opositores, arreglarán con el rector las trincas, según la mayor dignidad y antigüedad literaria, con sujeción a las leyes de la Novísima Recopilación y a los estatutos de cada universidad, en cuanto no se opongan a lo mandado en este arreglo.

Art. 196. De las materias principales de cada asignatura elegirá de la facultad respectiva doscientos capítulos o títulos (para Instituciones teológicas serán artículos de la Suma de Santo Tomás), y se sacarán por suerte tres cédulas a presencia de los contrincantes; el opositor elegirá la que guste. Pasando a la biblioteca, dará escrita antes de media hora la conclusión que haya de defender, comunicándose a los contrincantes y a los jueces. En la forma dicha para la licenciatura, permanecerá incomunicado las veinticuatro horas que preceden al ejercicio.

Art. 197. Comenzará éste leyendo el opositor en tres cuartos de hora la disertación en latín; le argüirán los dos coopositores veinte minutos cada uno, ocupará diez el sustentante en responder y contestar a las réplicas que le hicieren.

Art. 198. Además de este ejercicio, que harán todos sucesivamente, concurrirán los opositores al examen privado que se hará por los censores, preguntando cada uno un cuarto de hora a cada opositor sobre la materia de la asignatura de la cátedra y el mejor modo de enseñarla. Se suspenderá y continuará sin interrupción este ejercicio los días que sean necesarios, empleando en él las horas que el lector juzgare convenientes.

Art. 199. Concluidos los ejercicios de oposición, cada uno de los censores, en el preciso término de diez días, entregará al rector su censura cerrada y sellada con la propuesta por orden de los tres más beneméritos, y con la clasificación de los demás opositores.

Art. 200. El rector, pasados otros cuatro, remitirá al Consejo estas censuras cerradas, acompañando la suya si la cátedra fuere de su facultad, y por separado el informe sobre la conducta y opiniones políticas de los opositores, el cual extenderá, oyendo antes al Tribunal de censura.

Art. 201. El rector y los censores observarán las leyes del título noveno, libro octavo, de la Novísima Recopilación en cuanto no se opongan a lo prescrito en este arreglo; y por lo tocante al orden y método de consultar las cátedras, los directores y el Consejo continuarán observando como hasta aquí lo que está mandado.

Art. 202. A cuantos intervengan de cualquier modo en las censuras, informes y provisiones de cátedras, bajo de toda responsabilidad se encarga que procedan con la más rigurosa y exquisita escrupulosidad, a fin de que el magisterio público nunca se confíe a sujetos indignos, y capaces, por su inmoralidad u opiniones antirreligiosas o antimonárquicas, de pervertir la juventud.

Art. 203. Aunque las oposiciones a las cátedras de Matemáticas, de Ciencias naturales, de Medicina, Humanidades y Lenguas deberán verificarse con sujeción a las reglas generales, en el método de los ejercicios se harán las variaciones indispensables en estas ciencias.

Art. 204. Los argumentos no se harán en forma silogística ni en latín, y sí en reflexiones sueltas y sucintas, proporcionándose a los opositores los medios ordinarios de demostración.

Art. 205. Los ejercicios que deberán hacer los opositores en Medicina serán tres: El primero consistirá en una disertación en latín de media hora sobre uno de los tres puntos sorteados, que elegirá, y la compondrá dentro del término de veinticuatro horas, encerrado en una pieza a propósito, con los libros que pidiere, bajo la vigilancia de un catedrático y de los contrincantes, si quisieren asistir. El segundo, en una lección de repente en castellano, sobre uno de los tres piques que elegirá del libro elemental de texto, manifestando en esto su maestría y disposición para la enseñanza. Concluidos cada uno de estos ejercicios, harán los contrincantes sus argumentos o reflexiones: para el primero, en latín, de las conclusiones que sacará el actuante dentro de dos horas del punto sorteado, y para el segundo, en castellano. Estos argumentos o reflexiones durarán media hora cada uno. El último acto será privado, pero a presencia de los opositores, y consistirá en una hora de preguntas, que hará cada uno de los censores sobre todas las partes de la Medicina y ramos auxiliares.

Art. 206. Los opositores a las cátedras de Anatomía y Medicina clínica harán otro ejercicio antes del privado; para la de Anatomía será una lección teórica y práctica sobre el cadáver de uno de los órganos del estado actual del enfermo que se le señale, caracterizando la enfermedad luego que se separe del enfermo y formando el diagnóstico, pronóstico y curación de ella; uno y otro acto sin argumentos ni limitación de tiempo.

Art. 207. Para la cátedra de Humanidades se tendrán dos ejercicios de oposición. En el primero, traducirá el opositor improvisadamente en el Tito-Livio, Cicerón y Quintiliano, y en seguida en Terencio, Virgilio y Horacio. Después de la traducción le propondrán dificultades los contrincantes sobre la Gramática, Retórica y Poética; debiendo durar este ejercicio hora y media. En otro, leerá una composición de veinticuatro horas, la que antes habrá entregado a los censores y coopositores; la lectura durará media hora, en otra le preguntarán los coopositores, y cuanto gusten los censores, sobre la disertación o sobre las materias de asignatura.

Art. 208. En las oposiciones de griego habrá también dos ejercicios de hora y media cada uno. En el primero se picará en los ocho libros de la historia de Tucídides, en las oraciones de Demóstenes y en las obras épicas de Homero. El opositor traducirá en los tres autores del pique respectivo a cada uno, y los contrincantes le propondrán dificultades sobre la traducción y explicación, o sobre Gramática o Poética. En el segundo sufrirá un examen sobre todos los puntos de Gramática griega, especialmente sobre la doctrina de la elípsis, naturaleza de los verbos medios, dialectos, idiotismos y partículas.

Art. 209. En las de hebreo se tendrán por igual tiempo los dos ejercicios: en el uno se picará en tres partes diferentes del texto de la Biblia, y el sustentante traducirá improvisadamente donde el presidente le señale, y responderá a las dificultades que los competidores le propongan. En el segundo, sustentará unas conclusiones sobre ritos y ceremonias y antigüedades hebreas, produciendo los contrincantes dificultades sueltas.

Art. 210. En las de árabe, se picará primero en la tabla de Cebes, después en el Timur, y últimamente en el Corán. El presidente del acto señalará al opositor en los tres piques desde donde ha de empezar a traducir. Lo verificará por espacio de diez minutos en cada uno de los piques, y por un cuarto de hora en todos ellos se le harán preguntas y objeciones, o por los contrincantes o por los jueces, sobre la legitimidad de la versión y especial carácter de la lengua.

Título XXI. Obligaciones de los catedráticos

Art. 211. Los catedráticos son responsables de la asistencia y aprovechamiento de sus discípulos, debiéndoles también dar ejemplo de sana doctrina y de irreprensible conducta.

Art. 212. Para cumplir lo primero tendrán una matrícula o libreta donde anotarán diariamente las faltas de asistencia y las de lección. Estas últimas se computarán como aquéllas para conceder la cédula de curso.

Art. 213. En una lista reservada anotarán los vicios o defectos que observaren en sus discípulos, y si lo estimaren conveniente, pasarán copia al Tribunal correccional de censura.

Art. 214. Vigilarán por cuantos medios estén a su alcance sobre la conducta de los discípulos; si observaren o supieren algún extravío, los amonestarán en secreto y en público, según su prudencia les dictare; y cuando ya su autoridad paternal no alcance a conseguir la enmienda del extraviado, darán cuenta con reserva al Tribunal correccional de censura.

Art. 215. Todos los catedráticos formarán una lista de sus discípulos con notas individuales y expresivas de su capacidad, aplicación, instrucción y aptitud para los cargos o destinos que podrán desempeñar en las diferentes carreras de la Universidad o del Estado; con toda reserva se entregarán estas listas al rector, y éste las dará a su sucesor para que se custodien en un depósito, al que podrán acudir las mismas Universidades, y el Gobierno cuando le pareciere, para los fines que convenga.

Art. 216. Además de estos deberes y los comunes literarios de su ministerio, serán obligados los catedráticos a sostener cada año un acto público de conclusiones, sin cuyo ejercicio no les valdrá para la jubilación.

Título XXII. Sustitutos de las cátedras

Art. 217. El día de San Lucas nombrará el claustro general entre los doctores, licenciados o bachilleres sustitutos para las cátedras, observando esta escala, y prefiriendo, por clases, al doctor, licenciado o bachiller cuyos ejercicios hubieren sido aprobados en cualquiera oposición a las cátedras.

Art. 218. En el mismo día nombrará el claustro de catedráticos los sustitutos en ausencia y enfermedades de los propietarios, oyendo la propuesta y dictamen de éstos, y dos señaladamente para que expliquen por la tarde en las cátedras de Escritura y Decretales, permitiéndose a estos catedráticos enviarlos en las que no puedan o no gusten asistir, pero quedando a su cuenta el gratificarlos.

Art. 219. La dotación de los primeros sustitutos se fijará en el competente título, y sus obligaciones son las mismas que se imponen a los catedráticos, a excepción de la defensa del acto mayor.

Título XXIII. Actos mayores

Art. 220. Llamáranse así los que han de presidir cada año los catedráticos pro munere Cathedrae; el actuante será un discípulo u otro escolar a su elección, con tal que en las cátedras superiores haya de ser bachiller.

Art. 221. Además de éstos habrá cuatro actos cada año pro Universitate en la Facultad de Teología, dos en Leyes, uno en Cánones, uno de Medicina, donde se estudiare, presidiéndolos por turno los meros doctores.

Art. 222. Se defenderán dos conclusiones, y a lo más cuatro, y se imprimirán previa la censura de los tres catedráticos más antiguos de Teología, de Leyes y de Cánones, que harán las veces del censor regio, y con licencia del rector.

Art. 223. El rector hará que se tengan los actos los jueves por la mañana del último tercio del curso, o antes si fuera necesario, en el aula más grande de cada respectiva facultad, con asistencia de todos los catedráticos, doctores y estudiantes, que con este motivo no tendrán cátedras.

Art. 224. No se omitirá por esto la academia de Oratoria prescrita a los cursantes de quinto año, teniéndose en horas diferentes de las del acto señaladas por el rector.

Art. 225. El acto comenzará por un argumento de veinte minutos que propondrá un bachiller, a quien en otros diez responderá el actuante, contestando a sus réplicas; el segundo argumento será de un catedrático, sin limitación de tiempo, y el restante, hasta cumplir dos horas, argüirán los catedráticos o doctores que gusten y pidieren el argumento por su antigüedad; pero irán prevenidos, turnando entre sí los doctores menos antiguos.

Art. 226. La Universidad costeará la impresión de sus actos, y los actuantes o los presidentes catedráticos, los de su obligación. En todos ellos se darán las propinas de costumbre.

Art. 227. Adición. En la Universidad de Salamanca se observará, por lo tocante a los actos de Teología, el método que regía antes de 1807, con sólo la variación de que se tengan por la mañana, y no más.

Título XXIV. Del gobierno de las Universidades

Art. 228. El gobierno de las Universidades del reino pertenece al rector y al claustro, respectivamente, y según lo dispuesto en este arreglo.

Título XXV. Del rector

Art. 229. El rector es la cabeza de la Universidad para su gobierno literario, político, económico, contencioso y correccional, con sólo las restricciones expresadas en este arreglo.

Art. 230. Desde el presente año, el rey elegirá los rectores de las Universidades, a consulta del Consejo Real, entre los tres sujetos propuestos por el claustro general.

Art. 231. Reunido éste al abrirse el curso en este año, y al concluirse el término, el primero de mayo en todos los trienios sucesivos, se sacarán por suerte siete individuos compromisarios, quienes por mayoría de votos harán la terna con sujeción a la ley, que dice: «Que las elecciones de rectores recaigan en hombres de edad provecta y profesores acreditados por su talento, prudencia y doctrina.» Si así no lo hicieren, el Consejo devolverá la propuesta para que hagan otra.

Art. 232. Podrán incluir en la terna canónigos o dignidades de la respectiva Iglesia catedral, con tal que sean de excelentes calidades y tengan el grado de doctor en cualquier Universidad aprobado. El grado les será incorporado en el hecho mismo de que se les nombre rectores.

Art. 233. Las propuestas se dirigirán al Consejo por el que presidiere la elección.

Art. 234. El Rectorado durará tres años, y al fin de ellos podrá ser incluido en la terna el rector que loablemente hubiere desempeñado su cargo, si reúne en su favor cinco votos de los siete.

Art. 235. El rector, en el gobierno interior de la Universidad, procederá con arreglo a las leyes publicadas o que se publicaren, de las cuales será el ejecutor y el único responsable.

Art. 236. Sólo el rector podrá convocar y presidir el claustro general, el de catedráticos, la Junta de Hacienda y las Juntas de Facultad.

Art. 237. Nombrará entre los individuos del claustro un vicerrector que acredite conducta, para que le supla y auxilie en el desempeño de sus obligaciones.

Art. 238. Celará sobre los estudiantes, sobre los catedráticos y doctores y sobre todos los individuos del claustro y del gremio, quienes al matricularse jurarán obedecerle in licitis et honestis.

Art. 239. Visitará, cuando lo juzgue oportuno, las aulas, acompañado de uno o más catedráticos de la respectiva facultad y de los ministros y dependientes de estilo; y precisamente lo hará antes de las vacaciones de Navidad de Semana Santa y verano.

Art. 240. Oirá o hará que comisionados de su confianza oigan las explicaciones de los maestros, calando sobre la pureza de las doctrinas religiosas y monárquicas.

Art. 241. No podrá alterar las leyes; pero resolverá las dudas por sí u oyendo el parecer del claustro general, y del particular de catedráticos en negocios de su competencia, quedando siempre responsable de la resolución que adopte.

Art. 242. No podrá suspender a ningún catedrático, a no ser por delito que merezca formación de causa criminal, en cuyo caso lo hará, dando cuenta al Consejo con los motivos justificados, sin perjuicio de continuar la causa.

Art. 243. Ejercerá la jurisdicción contenciosa sobre todos los individuos que gozaren del fuero académico, el cual se concede con las siguientes aclaraciones.

Título XXVI. Fuero académico

Art. 244. Todos los individuos del claustro, los del gremio de la Universidad que se matricularen y asistieren puntualmente a las cátedras, y los oficiales, ministros y dependientes con sueldos fijos, gozarán del fuero criminal pasivo, a no ser en los delitos que por las leyes merezcan pena corporal.

Art. 245. A los mismos se concede el fuero civil pasivo, restringido a las demandas que se hicieren por deudas u otras obligaciones, nacidas puramente de hechos ejecutados por los escolares y demás privilegiados.

Art. 246. Con respecto a los escolares o maestros que no residan todo el año en los pueblos donde se hallan establecidas las Universidades, se limitará la última concesión a las obligaciones contraídas durante el curso y puntual asistencia a las cátedras.

Art. 247. En gracia de estos establecimientos literarios y de los colegios o comunidades de estudios, ya de antiguo incorporados a las Universidades en los pueblos donde éstas existen, se concede al rector la jurisdicción civil que competía a los Jueces de Rentas de la Universidad de Salamanca, para la administración y cobranza de las suyas, en los términos y con las limitaciones que se contienen en las leyes del título 6º, libro 8º, de la Novísima Recopilación, por ser muy conforme al fomento y prosperidad de los estudios generales la extensión de esta gracia a todos aquellos cuyos fondos están bajo la inmediata inspección y dirección del Gobierno.

Art. 248. Las apelaciones en todas estas causas de fuero académico se harán al claustro general, el que nombrará para jueces dos doctores juristas y un canonista, quienes procederán con arreglo a las leyes.

Título XXVII. De los cancelarios

Art. 249. En las Universidades donde, como en Cervera, el cancelario es la única cabeza que reúne a las suyas las facultades del rector, no se hará novedad.

Art. 250. Por ahora, y hasta tanto que vacaren por muerte u otra causa las dignidades de los cancelarios de Salamanca y Alcalá, continuarán éstos ejerciendo la jurisdicción privilegiada que les fue concedida; pero verificada la vacante, se ejecutará del modo que convenga la medida general prevenida en este arreglo.

Art. 251. Los cancelarios asistirán a dar puntos para el último ejercicio de licenciatura, que presidirán y regentarán, confiriendo el grado a los candidatos. Presidirán también el ejercicio y conferirán el grado de doctor.

Título XXVIII. Claustros

Art. 252. No habrá más claustros que el general y el de catedráticos.

Art. 253. Del claustro general son individuos todos los doctores de facultad mayor; y para deliberar se requiere que haya reunidos once, incluso el rector o vicerrector; cuando asistiere con justo título el cancelario o su vicegerente, tomará el asiento inmediato al rector.

Art. 254. Al claustro general, además de otras facultades que se le designan en los correspondientes títulos de este arreglo, pertenece el nombramiento de todos los oficiales, ministros y dependientes necesarios para la administración y buen gobierno, salvo, empero, los derechos de patronato u otro legítimo título.

Art. 255. El claustro particular de catedráticos, que convocará y presidirá el rector, y las juntas de cada facultad, sólo se reunirán para tratar asuntos concernientes a la instrucción literaria, mejoras de la enseñanza y remoción de los obstáculos que las impidan. No podrá deliberar sin la asistencia de dos individuos por lo menos de cada facultad, y todos han de ser doctores o licenciados.

Título XXIX. Junta de Hacienda

Art. 256. Habrá además una Junta de Hacienda, encargada exclusivamente de administrar, recaudar y distribuir la renta de las Universidades, dando cuenta mensualmente de sus operaciones al claustro general, y presentado dos veces al año, por todo el mes de enero y por todo el mes de julio, las cuentas que el claustro aprobará, si las hallare conformes, y dejará de aprobar si juzga que no lo están.

Art. 257. Se compondrá esta junta del rector, del síndico fiscal, de cuatro individuos del claustro, dos catedráticos y dos doctores pertenecientes a diferentes facultades y el contador, que llevará los libros de cargo y data y extenderá los acuerdos, mas no tendrá voto.

Art. 258. En cualquiera Universidad en que por justas consideraciones entraba a componer la Junta de Hacienda algún individuo de otro colegio o comunidad literaria, no se hará novedad.

Art. 259. Luego que se recibiere y publicare el claustro general este arreglo, nombrará los cuatro individuos que han de componer la Junta de Hacienda, renovándose por mitad cada dos años.

Art. 260. Nombrará también entre los catedráticos más acreditados un síndico fiscal, a quien autorizará con los correspondientes poderes para promover los intereses de la Universidad, la rígida observancia de todas las leyes académicas, y cuanto conduzca al florecimiento de las letras y buenas costumbres. Este oficio durará cuatro años.

Art. 261. La primera ocupación de esta Junta, que se instalará inmediatamente bajo la presidencia interina de los actuales rectores o vicerrectores, será tomar una razón puntualísima del estado de las rentas, de su inversión o mala versación; dando cuenta de todo al Gobierno, y proponiendo los medios para la mejor administración, y los que estimare conducentes para la dotación de las cátedras establecidas y de las que se establecen en este arreglo.

Art. 262. Las bases para esta dotación, bajo las cuales se hará proporcionalmente desde el próximo curso la distribución de las rentas que cada Universidad tuviere, son las siguientes:

Las cátedras de Humanidades y de Lenguas se dotarán, cada una en 6.000 reales Las tres de instituciones filosóficas, cada una en 4.000

Las de Matemáticas y Ciencias físicas, cada una en 8.000

Para el maquinista y ayudante de Física experimental y de Química 3.000 Las de instituciones en todas las facultades, cada una 6.000

Las de ascenso, en cada facultad 9.000 La de término, ídem 15.000

La moderantía de Oratoria, en 2.000

Las de Filosofía, a cada uno de los tres catedráticos 3.000

Las moderantías de Teología, Leyes, Cánones y Medicina, cada una en 2.000 Sustitutos de cátedras de Lenguas 1.500

Idem de instituciones filosóficas 1.000

Idem de cátedras superiores de Filosofía 2.000 Idem de instituciones de facultad mayor 1.500 Idem de cátedras de ascenso 2.000

Idem de término 3.000

Art. 263. Para arreglar con analogía a las bases anteriores los sueldos de los empleados, ministros y sirvientes, y los gastos de escritorio y demás oficinas de las Universidades, juntamente con lo necesario para la buena enseñanza y para la conservación de los edificios, el rector y claustro, oyendo a la Junta de Hacienda, informarán a la mayor brevedad posible al Gobierno cuanto juzguen conveniente, ampliando su informe a las obligaciones de todos los dependientes, su dotación actual y la que convenga señalarles para lo sucesivo, teniendo presentes las observaciones que puedan percibir, y fijando el número de empleados, que han de ser los muy precisos e indispensables para el buen servicio.

Art. 264. Entretanto, los empleados de las Universidades continuarán desempeñando sus cargos y percibiendo sus sueldos con arreglo a estatutos, leyes, reales órdenes de S.M. y del Consejo, hasta que con mayores conocimientos puedan dictarse acertadas providencias.

Art. 265. Todas las rentas de cada Universidad entrarán en un fondo común, que acrecerá con los derechos que se perciban por matrículas, incorporación de cursos y colación de grados; y pues que reducido el número de Universidades, será mayor el de las obvenciones, los derechos se uniformarán conforme al siguiente arreglo:

Primera matrícula, derechos 20 reales Las siguientes matrículas anuales 40 Por cada curso que se incorpore 20

Nota. La mitad de lo percibido por estos títulos ingresará en el arca general de la Universidad, y la otra mitad será para las propinas de estilo.

Grado de bachiller en Filosofía 160 reales Idem de facultad mayor 300

Nota. Percibirán los tres examinadores para el grado de bachiller en Filosofía diez reales cada uno; quince, el presidente; veinte, el secretario; doce, el bedel; lo demás ingresará en el arca. Los examinadores en facultad mayor percibirán veinte reales cada uno; treinta, el decano presidente; veinte, el secretario; doce, el bedel; lo demás ingresará en el arca.

El depósito para el grado de licenciado será:

En todas las facultades 3.000 reales Para el grado de doctor, ídem 3.000

Nota. La cuarta parte de estos depósitos se adjudicará al arca de la Universidad, y lo restante se repartirá en propinas conforme lo acordado por el claustro general, con prevención al rector de que por ningún título ni pretexto se exijan más cantidades a los graduados.

Título XXX. Disciplina religiosa y moral

Art. 266. Para que la educación moral y religiosa de los jóvenes, no menos importante que su instrucción literaria, se afiance sobre bases sólidas, habrá en cada Universidad un tribunal de censura y corrección, encargado de velar y hacer que se observen las siguientes leyes de policía escolástica y disciplina moral y religiosa, que obligarán a los maestros y a los discípulos.

Art. 267. El rector y cuatro doctores que nombrará el claustro general, debiendo ser dos de ellos eclesiásticos seculares o regulares, y todos acreditados por su doctrina y conducta, formarán el tribunal de censura y corrección; y para que no se transpiren sus trabajos, que deberán hacerse con la posible reserva, el más antiguo hará de secretario.

Art. 268. Los que hayan de matricularse por primera vez presentarán al tribunal de censura la nota de su nombre y apellido, lugar de su naturaleza y última residencia, la fe de bautismo y un certificado de su buena conducta política y religiosa dado por el párroco y autoridad civil de donde proceda; y sin la fórmula del tribunal «admítasele», no los escribirá el secretario en matrícula.

Art. 269. Por ahora, y hasta que esta ley pueda llegar a noticia de los pueblos, serán admitidos, interinamente, con la calidad de que antes de fin del curso presentarán el susodicho certificado, sin el cual no podrá aprobarse aquél.

Art. 270. Otro igual, dado por el rector y dos catedráticos, y publicada bastantemente esta ley por el tribunal de censura, se exigirá a los que se presenten para incorporar cursos y grados de otras Universidades, no eximiéndose tampoco a los alumnos de los colegios y seminarios de presentar igual testimonio dado por los directores de estos establecimientos. Lo prevenido en el artículo anterior se extenderá a los comprendidos en éste.

Art. 271. El mismo certificado presentarán los opositores a cátedras, sin el cual no serán admitidos a la oposición.

Art. 272. Al finalizarse el curso, todo escolar se procurará el testimonio de buena conducta, firmado por el tribunal de censura.

Art. 273. Sin la cédula del tribunal, que diga «es de buena conducta», ningún escolar podrá aprobar el curso, ni ser admitido a los grados académicos.

Art. 274. Ningún estudiante podrá alojarse en posadas o casas cuyos dueños se procuren, por este medio, algún lucro o granjería, sin que éstos presenten la autorización dada por el rector para admitir estudiantes.

Art. 275. El rector no la concederá sin oír al tribunal de censura, encargado de tomar los competentes informes.

Art. 276. Se exceptuarán de esta ley los colegios, conventos, casas de particulares de distinción, los eclesiásticos, los parientes de los estudiantes u otros vecinos honrados, a quienes podrán servir de criados, con tal que los amos no tengan mala nota, a juicio de las autoridades locales o del Gobierno.

Art. 277. La nota que, según el artículo 268, han de presentar los estudiantes expresará también la posada o alojamiento en que vivieren y cuando se mudaren, presentarán otra nueva para conocimiento del tribunal. Igual nota entregarán a sus respectivos catedráticos, que también son obligados a velar sobre la aplicación y conducta de sus discípulos.

Art. 278. Los individuos del tribunal y sus dependientes velarán sobre los excesos que puedan cometer los estudiantes; si tienen reuniones sospechosas; si salen a deshora de la noche o en las de estudio; si juegan o asisten a juegos prohibidos, o en horas de estudio a los no prohibidos; si mantienen comunicación con personas sospechosas o indiciadas de malas opiniones; si malgastan en vicios o en excesivo lujo. A los dueños de casas o de posadas que de cualquier modo apadrinaren o encubrieren estos desórdenes, les negará el rector la autorización para admitir estudiantes en el inmediato curso.

Art. 279. El tribunal hará un prudente uso de las noticias y de cualesquiera denuncia que se le hicieren, reservando con cautela los nombres de los denunciadores.

Art. 280. En las horas de estudio por la mañana y por la noche no podrán los estudiantes salir libremente de sus casas o posadas, a no ser por justas causas; si lo hicieren, quedan expuestos a la censura y corrección del tribunal, según la calidad y el número de transgresiones.

Art. 281. Son horas de estudio: de siete a once por la mañana, en invierno, y desde seis a diez desde Resurrección hasta el 18 de junio. Lo son igualmente en invierno las tres primeras horas de la noche, desde el toque de oraciones, y dos desde Resurrección hasta el fin de curso.

Art. 282. Podrá el tribunal señalar sitios y horas de recreo, en las que los estudiantes se diviertan honestamente; pero se les prohíbe asistir en días lectivos a los teatros o juegos públicos, y en todos el detenerse en botillerías o en cafés y el asistir a reuniones sospechosas por cualquier título.

Art. 283. Los individuos del tribunal y los alguaciles ministros de la Universidad, rondarán y velarán de noche sobre la observancia de los dos últimos artículos, y con el permiso e instrucciones del rector podrán presentarle los transgresores, para que disponga lo conveniente.

Art. 284. Los estudiantes usarán en los días lectivos el riguroso traje académico, y en los demás irán vestidos con decencia, no permitiéndoseles un lujo inmoderado.

Art. 285. El traje académico será manteo y sotana larga hasta el zapato, de bayeta negra con alzacuello, o bien separado o en la misma sotana, cerrado o abrochado por delante sin descubrir el cuello de la camisa; chupa, calzón y chaleco de paño negro u otra tela de lana, sombrero de tres picos, sin más adorno que una presilla sencilla, y un calzado decente.

Art. 286. Se les prohíbe gastar cualquiera géneros que no sean de fábricas españolas.

Art. 287. A llevar traje académico dentro de la Universidad se obliga igualmente a los catedráticos, doctores y sustitutos.

Art. 288. Los militares y los eclesiásticos usarán del suyo.

Art. 289. Se prohíbe a los estudiantes el uso de cualquier género de armas y mantener caballos o perros de caza.

Art. 290. Observarán la mayor compostura en su porte y modales; harán siempre las acostumbradas demostraciones de veneración y respeto al rector y cancelario, a los catedráticos y doctores, a todas las autoridades de cualquier clase, a los eclesiásticos y personas de distinción; y a todos darán muestras de la urbanidad propia de una educación esmerada.

Art. 291. El Tribunal de censura anotará las señas que se le dieren de los estudiantes descompuestos e inmorigerados.

Art. 292. Se les prohíbe reunirse a las puertas de las iglesias, pasear bulliciosamente por los claustros durante la enseñanza de las cátedras y formar grandes corrillos en las calles o plazas públicas.

Art. 293. El rector o los individuos por él señalados harán algunas visitas domiciliarias en las posadas de los estudiantes, sorprendiéndoles en las horas de estudio, y vigilándolos singularmente cuando hubiere antecedentes sobre su conducta disipada o extraviada.

Art. 294. Vigilará esmeradamente para que no se lean ni circulen entre los individuos de la Universidad libros prohibidos o de malas doctrinas y manifiestamente corruptores, aunque no conste la prohibición. Indagará y admitirá denuncias sobre la introducción, circulación y venta; y cuando aprehendiere alguno, después de castigar o a juicio prudente o con arreglo a las leyes a los culpados pertenecientes a su fuero, dará aviso a la autoridad competente con el cuerpo del delito, si le hubiere, para que con arreglo a las mismas proceda a lo que haya lugar en justicia sobre los introductores, vendedores o expendedores de malos libros.

Art. 295. Al Tribunal de censura toca celar sobre las bibliotecas, e indagar si se observan en la que lo fuere leyes que mandan tener cerrados y en pieza reservada libros prohibidos, y los notoriamente malos y corruptores, y las que prohíben a los bibliotecarios el franquearlos a cualquiera que no tenga licencia para leerlos. Toda infracción de esta ley en la biblioteca de la Universidad será severamente castigada por el rector, de las que el Tribunal sepa que se cometen en otras, dará noticias a las autoridades competentes, pudiendo prohibir a los estudiantes, con fundados motivos, la concurrencia a cualesquiera biblioteca o librerías públicas o privadas.

Art. 296. Redoblará el Tribunal su vigilancia secreta sobre las librerías o tiendas de libreros que estén indiciados de ejercer o haber ejercido el vedado comercio de malos libros.

Art. 297. Todos los estudiantes y los moderantes obligados a asistir a las academias dominicales se presentarán los domingos a las ocho en invierno, y a las siete desde la Resurrección a San Juan, en la iglesia o capilla de la Universidad, donde oirán misa antes de empezarse los ejercicios.

Art. 298. Dos domingos al mes pronunciará, después de misa, una plática de cuarto de hora sobre las obligaciones cristianas y académicas, un presbítero u ordenado in sacris que entre los cursantes teólogos o canonistas de séptimo o sexto año nombrará el rector para cada una de las pláticas; si no los hubiere a propósito para este ministerio, designará entre los presbíteros seculares o regulares del gremio y claustro los que hayan de desempeñarle.

Art. 299. Colocados separadamente y por cursos, los estudiantes irán saliendo ordenadamente para sus respectivas academias, y los moderantes observarán quiénes son los morosos o notablemente descuidados, para poder informar cuando el rector o los censores les preguntaren.

Art. 300. Además del cumplimiento de Iglesia en la Pascua, habrá en el curso dos días solemnes de confesión y comunión, a las que son obligados todos los individuos no presbíteros del gremio y claustro de las Universidades; uno será el de la Inmaculada Concepción de María Santísima, y otro el último domingo del mes de mayo.

Art. 301. Las vísperas de estos días, por la tarde, no habrá aulas y sí una plática de media hora, que pronunciará un catedrático o doctor presbítero sobre las disposiciones para recibir con fruto los Santos Sacramentos, asistiendo el rector y todos los nombrados en el artículo anterior.

Art. 302. El rector adoptará las más prudentes medidas que le inspire su celo para asegurarse del cumplimiento de esta ley, tomando en consideración para proveer lo que convenga las faltas que nazcan del desprecio o de culpable negligencia.

Título XXXI. Premios y castigos

Art. 303. De diez grados de bachiller o de licenciado en cada Facultad, continuando la cuenta en la serie del curso, se conferirá uno gratis al estudiante pobre más sobresaliente en doctrina y conducta. Serán jueces para adjudicar este premio el decano y cuatro catedráticos de la Facultad, examinando a los aspirantes, y teniendo presentes las notas del Tribunal de censura.

Art. 304. Todos los años en cada Facultad y en Filosofía se destinará un grado de bachiller gratis, como premio que se adjudicará al estudiante pobre o rico más sobresaliente. Acudirán los aspirantes al decano, quien con los catedráticos de Instituciones les hará un examen de media hora de preguntas; clasificarán el mérito relativo, y votarán el premio al más aventajado, pero teniendo presentes las notas de conducta que se pedirán al Tribunal de censura. En el título que se le expidiere se expresará por sobresaliente, nota que les servirá a los premiados de mérito positivo y singular en todas sus solicitudes.

Art. 305. De dos en dos años se conferirá también gratis en cada Facultad un grado de doctor a los licenciados que a título de sobresaliente aspiren a conseguirle. Serán examinados media hora cada uno por todos los catedráticos de la Facultad, presidiendo el decano, y por votos secretos se adjudicará el premio al más sobresaliente, si no lo desmereciere por su conducta. La calidad de sobresaliente se expresará en el título, y será atendida en las provisiones de cátedras y en las solicitudes que hiciere el premiado.

Art. 306. Cuando las Universidades tuvieren fondos disponibles, abrirán certámenes públicos para adjudicar premios a uno o a dos cursantes, los más sobresalientes de cada curso. El premio será una obra clásica de la Facultad respectiva, bien encuadernada y con las armas de la Universidad.

Art. 307. Todavía para estímulo al estudio y magisterio de las ciencias, se destinará una plaza de togado en cada Chancillería y en cada Audiencia, la que se proveerá exclusivamente en los catedráticos seculares de ambos derechos que acreditaren haber enseñado diez años con puntualidad y esmero en las cátedras de su Facultad.

Art. 308. Igualmente se designará una Canonjía en cada Iglesia-Catedral de la península e islas adyacentes para los catedráticos teólogos y canonistas que acreditaren haber enseñado en sus cátedras diez años por lo menos con loable celo.

Art. 309. A los catedráticos de Clínicas concederá S.M., si lo tuviere a bien, los honores de su Real Cámara.

Art. 310. Al catedrático que tradujere en buen latín cualquiera obra de las que están en castellano y son de asignatura en este plan, se le conceden tres años para su jubilación, y diez al que compusiere una obra elemental que, a juicio del Gobierno, sea digna de estudiarse como texto en las Universidades del reino, sin perjuicio de otras gracias a que se le considere acreedor.

Art. 311. Además de los castigos académicos por faltas puramente literarias que van expresados en los títulos correspondientes, y de los que el rector y el claustro, respectivamente, en uso de la jurisdicción criminal que se les otorga, habrán de imponer a los delincuentes, tanto el rector por sí como el Tribunal de censura, castigarán las faltas o transgresiones de la policía escolástica relativa a las costumbres.

Art. 312. Estos castigos serán puramente correccionales, y quedarán al arbitrio y juicio prudente del Tribunal, según la naturaleza, calidad y grado de culpa, de malicia o de perversidad del culpado; procediendo para la imposición de los castigos más graves, como la prisión en la cárcel o la final expulsión de la Universidad, instructivamente o por un juicio meramente verbal.

Art. 313. Las amonestaciones y correcciones de los reincidentes hasta tercera vez se harán, cuando convenga, por el rector o un individuo del Tribunal en la cátedra respectiva, a presencia de los condiscípulos para enmienda y escarmiento.

Art. 314. La reclusión en la casa o posada del estudiante; los avisos dados a sus padres, tíos, tutores o amos; la asistencia a una parte o todo el cursillo, intimada como necesaria para ganar curso, serán juntamente con otros que la prudencia sugiera, los medios ordinarios de corrección de algunas faltas.

Art. 315. Las faltas más graves se corregirán con la reclusión en la sala correccional de la cárcel de la Universidad, graduando la detención según la mayor o menor culpabilidad y las seguras muestras de enmienda que diere el culpado.

Art. 316. A esta sala serán conducidos los que en días lectivos asistieren a los teatros y los que fueren sorprendidos en la calle a deshora de la noche.

Art. 317. Igualmente lo serán cuando se reúnan a las puertas de las iglesias bulliciosamente o con escándalo.

Art. 318. Cuando las faltas o culpas fueren de tal naturaleza, o tan repetidas que arguyan incorregibilidad o grande perversidad política o moral, aunque no haya delitos justificados, el rector, con el Tribunal, expelerán de la Universidad al culpado por incorregible, remitiéndole a su pueblo, dando aviso a sus padres o tutores, y a la justicia para que vele sobre su conducta.

Título XXXII. Disposiciones generales para la ejecución de este arreglo y plan de estudios

Art. 319. A imitación de las juntas de método que en 1772 se mandaron establecer en algunas Universidades, para plantear el que entonces se prescribió, se formará en cada una de las que subsisten la Junta de arreglo y plan de Estudios, encargada de la ejecución de éste en todas sus partes, bajo las siguientes reglas:

Art. 320. Primera. Compondrán esta Junta el rector, los decanos de las facultades mayores, el catedrático más antiguo de Filosofía y el más antiguo de Lenguas.

Art. 321. Segunda. La Junta resolverá por sí las dudas que vayan ocurriendo y consultará las más graves al Gobierno, a quien ha de responder de la ejecución de todo lo mandado en esta ley.

Art. 322. Tercera. Por principios de justicia, y según la analogía de las enseñanzas, reconocerá y dará el pase a los cursos que los estudiantes hayan ganado en los años anteriores, de modo que no se les irrogue ningún perjuicio ni pierdan los años académicos que estudiaron con diferente método autorizado por el legítimo Gobierno o enseñanzas privadas; pero en este caso precederá el examen. Esta regla se aplicará a las incorporaciones de cursos y de grados.

Art. 323. Cuarta. Distribuirá y adjudicará las cátedras establecidas en arreglo bajo los mismos principios de justicia y analogía de enseñanza, sin irrogar perjuicio a los actuales poseedores o propietarios de cátedras, pero con sujeción a la escala de clasificación establecida en este arreglo; de forma que el catedrático de ingreso no pase sin oposición a serlo de ascenso, ni a éste se le obligue a descender a las de ingreso.

Art. 324. Quinta. Conservará sus derechos a los jubilados, catedráticos de propiedad y jubilación, y a los que no eran y enseñaron con puntualidad y celo les declarará los años escolares que han de contárseles para ganar la jubilación.

Art. 325. Sexta. Para fijar los sueldos de los jubilados catedráticos de propiedad, donde los fondos de dotación ascendían o menguaban según el aumento o decrecimiento de las rentas, se formará el cálculo por un quinquenio, computando solamente los últimos cinco años del Gobierno legítimo de S.M., y no los del tiempo de la rebelión.

Art. 326. Séptima. Para resolver con acierto sobre los puntos económicos, se auxiliará y reunirá esta Junta con la de Hacienda.

Art. 327. Octava. Dispondrá que se establezcan y doten con preferencia las cátedras necesarias o para continuar la carrera o para recibir los grados de facultad mayor, y cuidará en seguida de que se establezcan y doten las de libre enseñanza o menos necesarias.

Art. 328. Novena. Declarará como de término en cada Facultad la cátedra que lo era de mayor dotación; donde hubiere dos de igual renta en las últimas enseñanzas, una sola será de término y la obtendrá el más antiguo, y donde verificada la oposición a la cátedra de prima, que era igualmente de término, se proveyere por S.M., a consulta del Consejo, en algún catedrático de ascenso, variarán de asignaturas los catedráticos que quedaren de esta última clase, sin que se les perjudique en sus derechos, ni se altere el orden establecido en este plan literario.

Art. 329. Décima. Activará la convocación a oposiciones a las cátedras vacantes para que se provean a la mayor brevedad y según el orden establecido en la regla octava.

Art. 330. Undécima. Tomará las medidas conducentes, proponiendo al Gobierno las que puedan adoptarse, a fin de que cuanto antes se provea lo que convenga para que no escaseen las obras designadas. Entretanto se enseñará por los libros señalados en el último método provisional, y que por reales órdenes se mandaron estudiar.

Art. 331. Si el Gobierno estimare conveniente el proporcionar fondos de dotación a las Universidades, concediendo, respectivamente, el privilegio de imprimir las obras de asignatura, la Junta de arreglo será la encargada de tomar las medidas conducentes para que las ediciones salgan correctas y esmeradas y se vendan a precios cómodos.

Art. 332. Duodécima. Respetando los derechos de patronato o cualquiera otro título legítimo y reconocido, hará que se conserven las cátedras de Regulares, pero disponiendo, en beneficio público y de las Universidades, que su enseñanza sea efectiva y con sujeción a este plan.

Art. 333. Decimatercia. En observancia de la precedente regla, enseñarán las Instituciones teológicas en la Universidad de Salamanca cuatro catedráticos de oposición y de real provisión y cuatro de los que se decían pro Religione, en esta forma: dos padres dominicos formarán un curso, y explicarán cuatro años a unos mismos discípulos, y un padre benedictino y otro observante explicarán por la tarde. En las dos cátedras restantes que pertenecen a estas dos órdenes regulares, explicarán los respectivos catedráticos a los escolares de su instituto los libros, doctrinas y horas prescritas.

Art. 334. En Valladolid, los cuatro catedráticos reguladores formarán los cursos del cuatrienio de Instituciones teológicas en unión con los cuatro de oposición y real provisión, y en forma que venía observándose antes del plan de 1807.

Art. 335. En Alcalá enseñarán un curso, mañana y tarde, dos padres dominicos, y continuarán en los cuatro con unos mismos discípulos; y los dos padres observantes explicarán por la tarde. Cuatro catedráticos de oposición llenarán con los cuatro regulares las asignaturas de las Instituciones teológicas.

Art. 336. Decimacuarta. Para que estos catedráticos regulares entren al goce de sus cátedras y demás derechos anejos a su título, se sujetarán a recibir antes los grados de licenciado y de doctor con las formalidades mandadas en este arreglo; pero podrán incorporarse aun en la de Alcalá los recibidos en cualquiera Universidad aprobada, con la condición precisa e indispensable de verificar antes el depósito de medias propinas, conforme a lo prevenido en el artículo 168, título XVIII.

Art. 337. En la Universidad de Valencia se conservarán las Pabordías, adjudicándose a los pabordes primarios las cátedras superiores, y las siguientes a los secundarios. Los dos primeros de Teología enseñarán, en el año de Sagrada Escritura, uno por la mañana y otro por la tarde, y los dos de Leyes cada uno un año de Novísima Recopilación. La cátedra de Lugares Teológicos se conservará a sus actuales poseedores, variando la asignatura en cátedras de Instituciones de primer año.

Art. 338. Las Juntas de arreglo, tomando conocimiento de la excelente institución de las Pabordías de Valencia, y ponderando sus ventajas o inconvenientes, informarán al Gobierno a la mayor brevedad si convendría adoptar en las demás Universidades esta o igual medida, obligando para en adelante a los canónigos de oficio al desempeño de algunas cátedras o vinculando algunas enseñanzas a otras prebendas de diversa denominación, las que se conferirán por oposición rigurosa.

Art. 339. Después de pasado el próximo año escolar de 1825 en 1826 no se dará curso ni admitirá solicitud alguna relativa a dispensas o conmutaciones de cursos, incorporación de éstos o de grados, o cualquiera otra que sea contraria a lo que en esta ley se previene.

Art. 340. Al fin del próximo curso, la Junta de arreglo y plan de estudios informará al Gobierno de todos sus trabajos y progresos en la ejecución del grave cargo que se le comete, de los obstáculos que hubiere observado y medios de removerlos, para uniformar y perfeccionar la enseñanza en las Universidades y demás establecimientos del reino.

Art. 341. Lo mandado en el artículo anterior será sin perjuicio de los avisos, instrucciones y notas que deben pasarse a los ministros del Consejo, directores de las Universidades, al tenor de la real cédula de 14 de marzo de 1769, cuya observancia se reencarga; y para asegurar su más puntual cumplimiento, los directores se reunirán en junta dos tardes cada mes, presidiendo el más antiguo, y conferenciando entre sí sobre el estado de cada Universidad, celo o negligencia en cumplir lo mandado y medidas que deben adoptarse para promover la buena enseñanza. Esta junta dará cuenta al Gobierno cada dos meses de lo que hubiere acordado y propondrá lo conducente a los expresados fines.

Art. 342. Se derogan todas y cualesquiera leyes, órdenes, providencias hasta lo de presente publicadas, y los estatutos de las Universidades en cuanto se opongan a este Plan y arreglo general de estudio, quedando en su vigor aquéllos por lo tocante a algunos loables usos y costumbres de cada Universidad.

De Real orden &c. San Lorenzo, 14 de octubre de 1824.

Francisco Tadeo de Calomarde.

PLAN GENERAL DE INSTRUCCIÓN PÚBLICA. REAL DECRETO DE 4 DE AGOSTO DE 1836

Persuadida de la necesidad de dar a las enseñanzas actuales la dirección que exigen las luces del siglo y la extensión que los medios permiten; convencida de que no puede diferirse por más tiempo esta reforma sin perjudicar al arraigo y progreso de las instituciones políticas y civiles, a la prosperidad de las artes útiles y a todos los demás elementos de civilización y bienestar; oído sobre el particular el parecer del Consejo Real de España e Indias y el de otras corporaciones celosas e ilustradas, he venido en decretar, en nombre de mi augusta hija, la reina Doña Isabel II, el siguiente

Plan general de Instrucción Pública

Título primero. De la instrucción primaria

Artículo 1° La instrucción primaria es pública y privada.

Sección primera. De la instrucción primaria pública

Capítulo I. División, materias de enseñanzas y clasificación de escuelas públicas.

Art. 2º Se reputará pública la enseñanza primaria cuando esté sostenida, en todo o en parte, por los fondos públicos de los pueblos, de las provincias o del Estado. También se considerará pública la gratuita pagada enteramente por legados, obras pías o fundaciones, y estará sujeta a lo dispuesto en esta resolución; reservando, sin embargo, a quien corresponda, el derecho de nombrar maestros con arreglo a la ley.

Art. 3º La instrucción primaria pública se dividirá en elemental y superior.

Art. 4º La instrucción primaria pública elemental ha de comprender necesariamente:

1º Principios de religión y de moral.

2º Lectura.

3º Escritura.

4º Principios de aritmética, o sea, las cuatro reglas de contar por números abstractos y denominados.

5º Gramática castellana.

Art. 5º La instrucción primaria superior comprenderá además:

1º Mayores nociones de aritmética.

2º Principios de geometría y sus aplicaciones más usuales.

3º Dibujo.

4º Nociones generales de física, química e historia natural, acomodadas a las necesidades más comunes de la vida.

5º Noticias de geografía y de historia, principalmente la geografía e historia de España.

Art. 6º No se considerarán completas ni la instrucción primaria elemental ni la superior si no comprenden los ramos de enseñanza determinados en los artículos anteriores.

Art. 7º En aquellos pueblos cuyos recursos lo permitan, podrá ampliarse la instrucción primaria, así elemental como superior, dándole la extensión que se juzgue conveniente.

Art. 8º En las poblaciones donde no fuese posible sostener escuela elemental completa, se procurará establecer una, aunque sea incompleta, donde se enseñen las partes más indispensables, como leer, escribir y doctrina cristiana, por la persona que, mediante la posible retribución, se preste a hacer este servicio, tenga o no título de maestro, si no desmerece por sus costumbres.

Art. 9º En las escuelas de aldeas y poblaciones rurales se cuidará de instruir a los niños en algún trabajo manual, cultivo de árboles u otras labores del campo, según las producciones de cada país.

Art. 10. En todos los pueblos que lleguen a cien vecinos se procurará establecer a lo menos una escuela primaria elemental completa.

Art. 11. Las poblaciones menores, que reunidas lleguen a componer el número de cien vecinos, y cuya localidad permita el establecimiento de una escuela a que puedan concurrir cómodamente los niños de todas ellas, tendrán escuela elemental completa. A este efecto se formarán distritos de escuela en los países donde la población estuviese diseminada por el campo o consistiese en pequeñas aldeas, barrios o en caseríos. Cuando no fuese dable formar distrito que reúna cien vecinos, cuyos niños asistan cómodamente a una misma escuela, se formará del mayor número de vecinos posible; y si reuniesen fondos para asegurar al maestro el sueldo mínimo que se designará, podrán establecer escuela completa; si no, una incompleta.

Art. 12. Las ciudades y villas cuyo número de vecinos llegue a mil doscientos, procurarán establecer una escuela primaria superior. Los pueblos cabezas de partido que tengan o puedan proporcionarse los medios de sostener una escuela de esta clase, procurarán igualmente establecerla, aunque no lleguen al número de vecinos determinado.

Art. 13. Habrá en la capital del reino una Escuela Normal central de instrucción primaria, destinada principalmente a formar maestros para las escuelas normales subalternas y pueblos de la provincia de Madrid, quedando refundida en este establecimiento la Escuela Normal de enseñanza mutua, instituida por Real orden de 8 de septiembre de 1834.

Art. 14. Cada provincia podrá sostener por sí sola, o reunida a otra u otras inmediatas, a juicio de las Diputaciones provinciales, una escuela normal primaria para la correspondiente provisión de maestros. Las mismas Diputaciones propondrán, en su caso, por el Ministerio de la Gobernación del Reino, los medios de sostener las escuelas normales. También acordarán entre sí la reunión de varias provincias, cuando así conviniese, para sostener una escuela normal. Esta reunión se someterá a la aprobación soberana por el mismo Ministerio. Un reglamento especial determinará la organización de las escuelas normales.

Capítulo II. Calidades y dotación de los maestros, y gastos de las escuelas públicas.

Art. 15. Ningún individuo podrá ser nombrado maestro de escuela primaria pública, elemental, completa o superior, sin acreditar: 1° Tener cumplidos veinte años de edad. 2° Haber obtenido el correspondiente título, previo examen. 3° Ser de buena conducta, presentando certificación de la autoridad municipal de su domicilio.

Art. 16. No pueden obtener el honorífico cargo de maestros de escuela pública: 1° Los que hayan sido condenados a penas aflictivas o infamatorias, sin haber obtenido rehabilitación. 2° Los que se hallen procesados criminalmente.

Art. 17. Los gobernadores civiles y comisiones de que se hablará después cuidarán de que los Ayuntamientos de los pueblos proporcionen a todo maestro de escuela pública primaria: 1° Casa o habitación suficiente para sí y su familia. 2° Sala o pieza a propósito para escuela, y menaje preciso para la enseñanza. 3° Un sueldo fijo que (pudiendo ser) no baje en ningún lugar de ochocientos reales anuales para una escuela primaria elemental, y dos mil quinientos reales para una escuela superior, además de las retribuciones de los niños. Los pueblos podrán aumentar este sueldo fijo, según sus recursos, para proporcionarse maestros más instruidos, en atención a que el mínimo sueldo indicado sólo debe tener lugar en las poblaciones más cortas y pobres.

Art. 18. Para proveer de habitación, pieza para la escuela y sueldo del maestro servirán: 1° Las fundaciones, donaciones y mandas de toda especie consagradas a este objeto o que se destinaren en lo sucesivo. Podrán aumentarse, sea agregando con la autorización correspondiente toda otra fundación piadosa que no esté destinada a un objeto conocidamente útil. o aceptando legados y donaciones con arreglo a lo que prescriban las leyes para los establecimientos de utilidad pública. 2° Las consignaciones hechas sobre propios y arbitrios u otros cualesquiera fondos públicos con destino a escuelas primarias, así como los repartimientos vecinales, donde estuvieren legalmente autorizados, y toda especie de arbitrios que pudieren adoptar los Ayuntamientos y Diputaciones provinciales.

Art. 19. Además del sueldo fijo, deberán percibir los maestros de las escuelas públicas elementales y superiores una retribución semanal, mensual o anual de los niños que no sean verdaderamente pobres. Las comisiones de escuelas de pueblo determinarán la cantidad proporcionada de estas retribuciones hasta completar una dotación decente a los maestros. Los niños pobres, a juicio de la comisión del pueblo, serán en todas partes admitidos gratuitamente en la escuela elemental. En las escuelas superiores, donde la enseñanza debe ser retribuida por los que la reciban, se reservará un número de plazas gratuitas, determinado por la comisión de escuelas de pueblo, para los niños pobres que, a juicio de la misma, hubiesen sobresalido en los exámenes de las escuelas elementales y anunciaren talento y aptitud para el estudio.

Art. 20. Por cuanto no es posible señalar las jubilaciones ni viudedades efectivas sobre los fondos públicos de propios y arbitrios de los pueblos, se establecerá en cada provincia, o en dos o más reunidas, una caja de socorros mutuos en favor de los maestros, sus viudas y huérfanos, sin perjuicio de los derechos anteriormente adquiridos por estos individuos. El Gobierno promoverá el establecimiento y organización de estas cajas, cuyos estatutos han de obtener la real aprobación. Los fondos del Estado no contribuirán con cantidad alguna a las cajas de socorros mutuos; mas podrán éstas recibir donaciones y legados en los términos prevenidos en el artículo 18.

Capítulo III. De las escuelas de niñas.

Art. 21. Se establecerán escuelas separadas para las niñas donde quiera que los recursos lo permitan, acomodando la enseñanza en estas escuelas a las correspondientes elementales y superiores de niños, pero con las modificaciones y en la forma conveniente al sexo. El establecimiento de estas escuelas, su régimen y gobierno, provisión de maestras, &c., serán objeto de un decreto especial.

Capítulo IV. Administración y gobierno de las escuelas primarias.

Art. 22. La dirección y régimen legal de la instrucción primaria de ambos sexos corresponden al Ministerio de la Gobernación del Reino, y a las comisiones de provincia, partido y pueblo de que tratan los artículos desde el 113 hasta 125 inclusive.

Art. 23. Las escuelas públicas conocidas con el nombre de reales escuelas gratuitas de Madrid, continuarán bajo la inmediata inspección de la Junta Superior de Caridad, como se hallan en el día, y sin perjuicio de las atribuciones de la comisión de provincia, hasta tanto que el Gobierno de S. M. pueda darles la organización conveniente.

Sección segunda. Escuelas privadas o particulares.

Art. 24. Todo individuo español de veinte años cumplidos que no se encuentre en alguno de los casos prevenidos en el artículo 16 puede establecer de su cuenta y dirigir escuela, casa o colegio de pensión para la instrucción primaria, con las condiciones siguientes: 1° Presentar a la autoridad civil local una certificación de buena conducta en los términos prevenidos en el artículo 15. 2ª Participar por escrito a la misma autoridad el ramo o ramos que se proponga enseñar y casa de su residencia.

Título II. De la instrucción secundaria.

Art. 25. La instrucción secundaria comprende aquellos estudios a que no alcanza la primaria superior, pero que son necesarios para completar la educación general de las clases acomodadas, y seguir con fruto las facultades mayores y escuelas especiales.

Art. 26. La instrucción secundaria será pública o privada.

Sección primera. De la instrucción secundaria pública.

Art. 27. La instrucción pública secundaria se dividirá en elemental y superior.

Art. 28. La elemental comprenderá: Gramática española y latina. Lenguas vivas más usuales. Elementos de Matemáticas; Geografía, cronología e historia, especialmente la nacional; Historia natural; Física y química; Mecánica y astronomía física; Literatura, principalmente la española; Ideología; Religión, de moral y de política; Dibujo natural y lineal.

Art. 29. La instrucción secundaria elemental se dará en establecimientos públicos que llevarán el nombre de Institutos elementales.

Art. 30. Se creará un Instituto elemental en los pueblos donde, a juicio del Gobierno, atendida su situación, necesidades y medios, convenga establecerlo, pudiendo haber uno o más en cada provincia, o uno para dos o más de éstas, según las circunstancias lo exigieren.

Art. 31. Los Institutos elementales se considerarán como establecimientos provinciales, y sus rentas consistirán: 1° en las de las enseñanzas que para componerlos convenga suprimir; 2° en los fondos que en el presupuesto de la provincia o provincias, en cuyo inmediato beneficio sean establecidos, se les asignen, y 3° en las retribuciones de matrículas.

Art. 32. La instrucción secundaria superior comprenderá las mismas materias que la elemental, pero con mayor extensión, y además la economía política, derecho natural, administración y cuantas preparan de un modo especial para las facultades mayores. En estos establecimientos se enseñará el griego, árabe y hebreo, según fuese más conveniente.

Art. 33. La instrucción secundaria superior se dará en establecimientos públicos que llevarán el nombre de Institutos superiores.

Art. 34. Todo Instituto superior tendrá anejo un Instituto elemental.

Art. 35. En todo pueblo donde haya una o más facultades mayores se establecerá precisamente un Instituto superior, quedando, a juicio del Gobierno, el sujetar éste y aquéllas a un régimen y administración común o mantenerlos separados según las circunstancias y la economía lo exigieren.

Art. 36. La reunión en un mismo pueblo del Instituto elemental, del superior y de una o más facultades mayores, formará la Universidad.

Art. 37. Los Institutos superiores se consideran como establecimientos nacionales, y sus rentas consistirán: 1° en las que tengan los establecimientos de Instrucción Pública que para crear aquéllos convenga suprimir, 2° en los fondos que se les asignen en el presupuesto general del Estado, y 3° en las retribuciones de matrículas y grados académicos.

Art. 38. Para ser admitido de alumno en los Institutos superiores habrá de someterse el interesado a un examen severo sobre las asignaturas obligatorias del Instituto elemental. En el caso de que los estudios hubiesen sido privados o hechos en un seminario conciliar, abonará además el alumno el importe de las matrículas que se exigen en el Instituto elemental para las mismas materias.

Art. 39. En Madrid y si, el Gobierno lo cree conveniente en algún otro punto, el Instituto superior comprenderá en la mayor extensión posible el estudio de las materias asignadas a estos establecimientos.

Sección segunda. De la instrucción secundaria privada.

Art. 40. Todo español de veinticinco años cumplidos puede formar y dirigir un establecimiento privado de instrucción secundaria, previos los requisitos siguientes: 1° Ser licenciado en Ciencias o en Letras. 2° Acreditar con certificación de la autoridad municipal que es de buena vida y costumbres. 3° No haber sido condenado a penas aflictivas o infamatorias sin haber obtenido rehabilitación. 4° Hacerse inscribir como tal director en el Instituto elemental o superior mas cercano. 5° Manifestar por escrito al rector del Instituto el método que piensa adoptar en la enseñanza, la extensión de esta, y acompañar un plano del local que destina a ella.

Art. 41. No se exigirá grado alguno académico al que solamente establezca casa de pupilaje o pensión para alumnos que hayan de concurrir a los establecimientos públicos.

Título III. De la tercera enseñanza.

Art. 42. La tercera enseñanza comprende: 1° Las facultades de Jurisprudencia, Teología, Medicina y cirugía, Farmacia y Veterinaria. 2°. Las escuelas especiales de Caminos y canales, Minas, Agricultura, Comercio, Bellas Artes, Artes y oficios, y las que el Gobierno juzgue conveniente establecer en lo sucesivo, según lo requieran las necesidades públicas. 3° Estudios de erudición: Antigüedades o arqueología, Numismática y Bibliografía.

Art. 43. El Gobierno designará los pueblos donde hayan de establecerse estos estudios, pudiendo haber en uno mismo dos o más facultades y Escuelas especiales.

Art. 44. Los que hayan de seguir las carreras de Jurisprudencia y Teología estarán graduados de bachilleres en Letras.

Art. 45. Los que hayan de emprender las carreras de Medicina y Cirugía, Farmacia y Veterinaria estarán graduados de bachilleres en Ciencias.

Art. 46. Para ser admitido en las Escuelas de Caminos, canales y de minas, deberá el alumno estar graduado de bachiller en Ciencias, y sufrir además un examen cuyas materias se determinarán por reglamento especial.

Art. 47. A los que se dediquen a la carrera de arquitectos se les exigirá el grado de bachiller en Ciencias.

Art. 48. Para entrar en las demás Escuelas especiales bastará haber terminado sus estudios en un Instituto elemental.

Título IV. Disposiciones comunes a la segunda y tercera enseñanza.

Sección primera. De los profesores.

Art. 49. Los profesores de los Institutos elementales, superiores y de las Facultades mayores se dividirán en las clases siguientes: Propietarios, Sustitutos y Supernumerarios.

Capítulo primero. De los propietarios.

Art. 50. Todos los profesores propietarios de un mismo establecimiento, excepto los de lenguas vivas y dibujo, son iguales en categoría y gozarán de las mismas preeminencias y consideraciones, aunque no de igual sueldo.

Art. 51. El nombramiento de profesores propietarios, excepto en los Institutos elementales, corresponde al Gobierno, a consulta del Consejo de Instrucción Pública.

Art. 52. Los profesores de lenguas vivas y dibujo serán nombrados por la Comisión de provincia, a propuesta en terna remitida por el rector, previos los ejercicios y exámenes que señalará el reglamento: pero no podrán ser removidos sino del modo establecido en el artículo 63 para los demás profesores.

Art. 53. Para optar a la propiedad de las cátedras se necesita: 1° Haber recibido el grado de licenciado en Ciencias o en Letras, según la asignatura de la cátedra, para los Institutos elementales, y el de doctor en las respectivas materias para los de los Institutos superiores y Facultades mayores. 2° Haber obtenido la plaza de profesor supernumerario en los términos que expresan los artículos 76 y 77. Estas circunstancias no serán necesarias para los profesores de lenguas vivas y dibujo.

Art. 54. Para ser profesor en los establecimientos privados se requiere estar graduado de bachiller en Ciencias o en Letras.

Art. 55. El sueldo de los catedráticos de establecimientos públicos será en parte fijo y en parte eventual, según el número de sus alumnos.

Art. 56. El cargo de catedrático no es incompatible por punto general con ningún destino del Estado, y el que lo obtenga podrá acumular ambos sueldos; pero la acumulación de funciones no le servirá nunca de pretexto para faltar al cumplimiento de sus deberes.

Art. 57. Todo profesor propietario, sustituto o supernumerario podrá tener en su compañía, en clase de pupilos, cierto número de alumnos, que no excederá de veinte.

Art. 58. Los propietarios que lleven doce años de enseñanza gozarán de un sobresueldo igual a la cuarta parte del sueldo fijo que les está asignado por reglamento, y de una tercera parte si llegasen a veinte.

Art. 59. Todo el que lleve treinta años de profesor propietario en establecimientos públicos tendrá derecho a la jubilación con todo el sueldo fijo. Aunque no la solicite, podrá dársela el Gobierno si lo juzgase conveniente.

Art. 60. Todo catedrático que, llevando diez años de enseñanza, se imposibilite en el ejercicio de su profesión, gozará de la tercera parte de su sueldo fijo, y de las dos terceras partes si llegase a veinte.

Art. 61. Los catedráticos que al cabo de cuatro años consecutivos de enseñanza quisieran viajar durante cuatro meses del curso siguiente, podrán hacerlo, dando aviso anticipado al rector y pagando de su cuenta el sustituto, que nombrará el claustro general.

Art. 62. Podrán viajar igualmente todos los años durante las vacaciones, notificándolo antes al rector.

Art. 63. Los catedráticos no podrán ser removidos sino a consulta del Consejo de Instrucción Pública, en virtud de expediente instructivo que le dirija el Ministerio de la Gobernación. En el caso de haber sido condenados por un tribunal de justicia a penas aflictivas o difamatorias, o haber abandonado voluntariamente la enseñanza por más tiempo que el permitido por los reglamentos, podrá privárseles de todo su sueldo; fuera de estos casos, conservarán la mitad del sueldo fijo cuando lleven seis años de enseñanza, y las dos terceras partes si llevaren doce.

Art. 64. Los catedráticos podrán ser suprimidos en el ejercicio de sus funciones por el claustro general, que deberá noticiarlo inmediatamente al Gobierno por conducto del Gobernador civil, como presidente de la Comisión provincial.

Capítulo II. De los sustitutos.

Art. 65. Los sustitutos se dividirán en: Principales, Suplentes y Auxiliares.

Art. 66. Los sustitutos principales son los encargados de regentar una cátedra vacante por muerte, remoción o suspensión del propietario.

Art. 67. Los suplentes reemplazarán a los propietarios en caso de ausencia o enfermedad de éstos.

Art. 68. Los auxiliares estarán encargados de dirigir una de las secciones en que se dividirán todas las clases de los Institutos elementales que pasen de cien alumnos. Sus funciones, relativamente a la sección que se les confíe, serán las mismas que las del propietario con respecto a la suya.

Art. 69. Los sustitutos serán nombrados por el claustro general de entre los supernumerarios de las respectivas asignaturas.

Art. 70. Los sustitutos percibirán un sueldo fijo igual a la mitad del asignado al propietario, y además todo el eventual.

Art. 71. El sueldo fijo será pagado de los fondos del establecimiento, excepto en el caso de ausencia voluntaria del propietario, que deberá pagarlo de su cuenta.

Art. 72. Los sustitutos podrán ser removidos por el claustro general, en virtud de expediente instructivo que le presentará el rector.

Art. 73. El exacto cumplimiento del cargo de sustituto servirá de mérito positivo para optar a la propiedad.

Capítulo III. De los supernumerarios.

Art. 74. Los profesores supernumerarios no tendrán a su cargo ninguna enseñanza determinada, pero su título les habilita para optar a la propiedad y sustitución de las cátedras.

Art. 75. Las plazas de profesores supernumerarios para todas las clases de enseñanza se proveerán por oposición. Su número y el lugar donde haya de verificarse la oposición se fijarán anualmente por el Gobierno.

Art. 76. Para ser admitido al concurso se exigirá de los aspirantes: 1° Los grados expresados en el artículo 53. 2° Un atestado de moralidad y buena conducta, dado por la autoridad municipal.

Art. 77. Los ejercicios de oposición consistirán: 1° En una disertación o memoria escrita (presentada sin nombre de autor, que constará en pliego separado y sellado) sobre el punto señalado por el claustro general en los edictos de convocación. 2° En un examen oral a cada aspirante sobre su propia memoria, siempre que ésta haya sido aprobada por los jueces antes de abrir el pliego que contenía el nombre del autor. Las memorias que no mereciesen aprobación permanecerán en la secretaría del Instituto o Facultad a disposición de las personas que las hubiesen presentado. 3° En una explicación pública de media hora a lo menos sobre el punto que, entre los de la ciencia o facultad, haya cabido en suerte al candidato una hora antes, durante cuyo tiempo permanecerá incomunicado en la biblioteca, donde se le suministrarán los libros y demás auxilios que necesite. Concluida la explicación, le harán los demás opositores, por tiempo que no baje de una hora ni exceda de tres, las reflexiones que juzguen oportunas sobre la materia que haya trazado. 4° En un examen privado sobre la ciencia o facultad, y sobre la pedagogía o métodos de enseñanza y educación.

Art. 78. Los jueces o censores serán tres, designados por la suerte entre seis nombrados por el claustro a mayoría absoluta de votos el día antes de empezarse los ejercicios de oposición.

Art. 79. Los profesores supernumerarios que sean doctores podrán explicar de extraordinario en los Institutos superiores o Facultades mayores cualquiera de las asignaturas para que hayan sido habilitados en virtud de su título, siempre que haya local desocupado, manifestándolo antes al rector.

Art. 80. La asistencia a estos cursos, aunque voluntaria, será válida para los alumnos, pagando la matrícula correspondiente a la respectiva asignatura, de cuya matrícula percibirá el profesor su sueldo eventual.

Art. 81. El Gobierno establecerá cuando sea ocasión oportuna una Escuela normal para formar profesores supernumerarios con destino a los establecimientos públicos.

Capítulo IV. De los bibliotecarios.

Art. 82. En los Institutos elementales y Facultades mayores, la biblioteca estará, por ahora, a cargo de un catedrático nombrado por el claustro general, al cual se le dará una gratificación proporcionada a su trabajo.

Art. 83. Será obligación de los catedráticos de arqueología, numismática, bibliografía, e idiomas griego, árabe y hebreo cuidar de la biblioteca en los Institutos superiores, donde se halle establecida alguna de estas cátedras, haciendo de jefe el más antiguo, si hubiere varios.

Sección segunda. Método de enseñanza, matrículas y prueba de curso.

Art. 84. La lengua nacional es la única de que se hará uso en las explicaciones y libros de texto.

Art. 85. En los Institutos superiores y Facultades mayores no tendrán obligación los profesores de seguir texto alguno en sus explicaciones ni podrán imponerla a sus discípulos.

Art. 86. Al principio de cada curso presentarán a la aprobación del claustro general el programa de sus lecciones distribuidas en días lectivos, el cual se imprimirá y fijará a la puerta de las aulas respectivas.

Art. 87. No podrán optar a las ventajas expresadas en los artículos 58, 59 y 60 los profesores que no hubieren publicado alguna obra o tratado sobre la asignatura de su cátedra.

Art. 88. Los alumnos de los Institutos elementales y los que se propongan ganar curso en los superiores o en las Facultades mayores se matricularán al principio de cada año, y renovarán la matrícula cada trimestre.

Art. 89. Los alumnos matriculados pagarán en cuatro plazos la cuota que asignará el Gobierno, según la clase de enseñanza.

Art. 90. Los concursantes de los Institutos elementales tendrán obligación de estudiar simultáneamente las asignaturas que prevenga el reglamento. Los alumnos de los Institutos superiores y de las Facultades mayores podrán seguir en un mismo curso dos o más asignaturas, que les serán válidas pagando las matrículas correspondientes.

Art. 91. Al fin de cada curso habrá exámenes generales para los alumnos de los Institutos elementales, y se adjudicarán premios de conducta, de aplicación y de aprovechamiento. Los nombres de los agraciados se inscribirán en un libro que se llevará al efecto en la secretaría.

Art. 92. Estos premios podrán consistir, para los alumnos pobres, en libros o en la exención de la cuota de matrícula por uno o más años.

Art. 93. El Gobierno se reserva hacer igual concesión, y aun señalar módicas ayudas de costa, a reducido número de huérfanos de militares o empleados beneméritos que no puedan costearse su carrera.

Art. 94. Estas ayudas de costa gravitarán sobre los fondos votados para la Instrucción Pública; en ningún caso podrán continuarse después de concluida la carrera, y los agraciados se someterán durante ésta a un examen público anual, cuya censura elevará el rector al Gobierno.

Art. 95. Los alumnos de los Institutos superiores y de las Facultades mayores no sufrirán más exámenes que los de los grados académicos necesarios para seguir sus carreras.

Sección tercera. De los grados académicos.

Art. 96. No podrán conferirse grados académicos de ninguna especie sino en los Institutos superiores o en las Facultades mayores.

Art. 97. Estos grados son los de bachiller, licenciado y doctor en Ciencias o en Letras y en Facultad mayor.

Art. 98. El grado de licenciado en Facultad mayor será indispensable para la habilitación del que hubiese de ejercer alguna de las profesiones a que conducen las mismas facultades.

Art. 99. Los estudios y exámenes necesarios para el grado de licenciado han de ser superiores a los que se exijan para el de bachiller, y los de doctor, superiores a los de licenciado.

Art. 100. El reglamento determinará la cuota con que han de contribuir los aspirantes, el método de los exámenes y el número necesario de matrículas para recibir dichos grados.

Sección cuarta. Del régimen de los establecimientos literarios de segunda y tercera enseñanza.

Art. 101. La dirección de los Institutos y Universidades estará a cargo de un rector, y de un vicerrector a falta de aquél, y la deliberación en los asuntos arduos, a la del claustro general o particular.

Art. 102. EL claustro general, donde hubiere Universidad, se compondrá de todos los profesores propietarios, excepto los de lenguas vivas y dibujo. En los Institutos superiores se compondrá de la reunión de todos los profesores propietarios, con exclusión de los de lenguas vivas y dibujo. El claustro particular lo formarán los profesores propietarios de una Facultad mayor, o los del Instituto superior o los del elemental en sus respectivos casos.

Art. 103. El rector y vicerrector en los Institutos, en las Facultades mayores y Universidades, serán nombrados por S.M. de entre los profesores propietarios, a propuesta en terna del claustro general, remitida por conducto del gobernador civil, como presidente de la comisión de provincia. El nombramiento de rector y vicerrector se hará cada tres años, pero ambos podrán ser reelegidos indefinidamente, y gozarán mientras desempeñen su encargo de una gratificación.

Art. 104. En los Institutos, en las Facultades mayores y en las Universidades habrá un secretario, bachiller en Ciencias o en Letras, pero no catedrático, nombrado por el claustro general a pluralidad absoluta de votos.

Art. 105. El claustro general nombrará cada dos años, por mitad, una junta de disciplina, compuesta de cuatro catedráticos y el rector, que la presidirá. El claustro podrá reelegir estos individuos, que no tendrán obligación de admitir el encargo sino pasado un intermedio de dos años.

Art. 106. El rector tendrá obligación de consultar con esta junta todo lo relativo a puntos generales de disciplina, a la expulsión de los alumnos, a la imposición de multas a los profesores y a su remoción.

Art. 107. La administración del establecimiento estará a cargo del rector y de los dependientes necesarios.

Art. 108. Habrá además una junta de hacienda, que se compondrá del rector y cuatro catedráticos, nombrados por el claustro general y renovados por mitad cada dos años en los términos del artículo 105.

Art. 109. Será obligación de esta junta: 1º Vigilar el estado de los fondos y la formalidad de los asientos. 2º Ilustrar al rector en las dudas que le ocurran sobre puntos de administración. 3º Formar anualmente los presupuestos. 4º Examinar las cuentas generales que presentará el rector, después de revisadas, a la aprobación del claustro general. 5º Formar y mejorar los reglamentos de contabilidad.

Sección quinta. De la jurisdicción del rector y penas disciplinarias.

Art. 110. Los estudiantes no gozarán de fuero activo ni pasivo en los delitos o contratos sujetos al derecho común. El rector, sin embargo, deberá detenerlos preventivamente cuando los delitos fuesen cometidos dentro del establecimiento, instruir el sumario y pasarlo, con el reo, al juez competente en el término de veinticuatro horas.

Art. 111. Las faltas graves de subordinación a los profesores, al claustro o al rector podrá castigarlas éste, oído el dictamen de la junta de disciplina, con una corrección pública, con la anulación de una a tres matriculas, con la exclusión temporal o perpetua del establecimiento y finalmente, con la prohibición de continuar la carrera en cualquiera de los del reino. Estas dos últimas penas no podrá decretarlas sino el claustro general, oído el dictamen de la junta de disciplina; los que en estos dos casos se crean agraviados, podrán recurrir al Gobierno, por medio del gobernador civil, que oirá al efecto a la comisión provincial.

Art. 112. En los Institutos elementales podrán los profesores imponer a los desaplicados la pena de reclusión durante el día, a cuyo fin se destinará una sala, que estará bajo la inspección inmediata de un supernumerario encargado de mantener el orden y hacer que los alumnos se ocupen en el estudio de la tarea impuesta por el catedrático.

Título V. Disposiciones generales

Sección primera. De las comisiones de Instrucción Pública de provincia, partido y pueblo.

Art. 113. En la capital de cada provincia se establecerá una Comisión de Instrucción Pública, compuesta del gobernador civil, presidente de dos individuos de la Diputación provincial, nombrados por ella, que tengan residencia fija en la capital, a lo menos uno; del rector o rectores de la Universidad o Institutos que estuviesen establecidos en las mismas, y de un eclesiástico y otros cuatro profesores o personas instruidas y celosas. Estos cinco últimos serán nombrados por el Gobierno a propuesta de los primeros.

Art. 114. Esta Comisión elegirá un individuo de su seno para secretario, cuyo servicio será gratuito como el de los demás vocales; pero su exacto desempeño servirá de mérito positivo para ser atendido por el Gobierno.

Art. 115. El eclesiástico y los cuatro individuos últimos serán renovados cada dos años, pero podrán ser reelegidos indefinidamente.

Art. 116. Estará a cargo de esta Comisión: 1º Cuidar de la observancia de los reglamentos literarios y vigilar la conducta de los profesores, rectores y jefes de los establecimientos de Instrucción Pública y privada. 2º Proponer al Gobierno los medios de extender y mejorar la educación en la provincia, y las reformas que convenga hacer en los reglamentos de sus establecimientos literarios, incluidas las escuelas primarias. 3º Visitar anualmente, por medio de uno o dos individuos de dentro o fuera de su seno, a quienes se les señalarán las dietas correspondientes sobre los fondos provinciales, todos los establecimientos de Instrucción pública y privada; con respecto a los últimos, sus atribuciones se limitarán a verificar los adelantamientos de los discípulos y los métodos seguidos con mejor éxito. 4º Suspender y remover, previo expediente instructivo, a los jefes de establecimientos privados que por su conducta no mereciesen continuar en la enseñanza, o que se obstinasen en no admitir los visitadores de la Comisión en los términos arriba expresados. 5º Nombrar comisionados que presencien los exámenes y distribución de premios en los Institutos elementales, o presenciarlos ella misma. 6º Proponer al Gobierno las ayudas de costa de que habla el artículo 93. 7º Nombrar los individuos que hayan de componer la comisión de examen para acreditar la aptitud de los maestros de escuelas primarias públicas, y expedir a éstos los correspondientes títulos, excepto a los de las escuelas superiores, que deberán obtenerlos del Gobierno, a propuesta de la misma comisión. 8º Nombrar entre los supernumerarios, a propuesta en terna del rector o del patrono, los catedráticos de los Institutos elementales. 9º Cuidar de que no se distraigan de la enseñanza los fondos que la piedad de los testadores haya consagrado a ella; y proponer al Gobierno la misma aplicación respecto de las obras pías, cuyo objeto primitivo haya caducado o no sea de una utilidad conocida. 10. Proporcionar al Gobierno todos los datos que le pida sobre la enseñanza, y formar la estadística anual, así del número de alumnos que asistan a las escuelas primarias, Institutos o Universidades, como de los fondos de estos establecimientos.

Art. 117. En cada cabeza de partido habrá una Comisión de Instrucción Pública, subordinada a la de provincia, compuesta del presidente del Ayuntamiento, de dos regidores elegidos por esta corporación, del rector del Instituto, si lo hubiese; de un párroco y tres padres de familia nombrados por el gobernador civil a propuesta del Ayuntamiento.

Art. 118. Uno de sus individuos, nombrado por la Comisión, hará de secretario, y su cargo será gratuito, como el de los demás vocales; pero su buen desempeño será tomado en consideración por el Gobierno.

Art. 119. El párroco y los tres padres de familia serán nombrados cada dos años, pero podrán ser reelegidos indefinidamente.

Art. 120. Las atribuciones de estas Comisiones serán, dentro del partido, las señaladas para las de provincia en los números 1º, 2º, 9º y 10 del artículo 116, entendiéndose con el Gobierno por medio de aquélla.

Art. 121. En todo pueblo donde haya Ayuntamiento habrá una Comisión de Instrucción Pública, subordinada a la del partido, por cuyo conducto se entenderá con la de provincia y el Gobierno. Esta Comisión se compondrá del alcalde, de un regidor, de un párroco y tres padres de familia, nombrados por el gobernador civil a propuesta del Ayuntamiento.

Art. 122. Hará de secretario uno de sus individuos; este cargo será gratuito, como el de todos los demás vocales, cuyo celo recompensará el Gobierno.

Art. 123. La Comisión se renovará según lo prevenido en el artículo 119.

Art. 124. Sus atribuciones serán: 1º Vigilar la conducta de los maestros de las escuelas primarias públicas y privadas. 2º Designar los niños pobres que no hayan de pagar retribución. 3º Formar la estadística de las escuelas de su distrito. 4º Proponer a la de provincia los puntos donde convenga establecer nuevas escuelas. 5º Proporcionar a la de provincia todas las noticias que le pida sobre Instrucción primaria. 6º Cuidar de que no se distraigan los fondos asignados a las escuelas y excitar a los Ayuntamientos a que exijan las cuentas a los administradores de las obras pías destinadas a sostenerlas.

Art. 125. En las capitales y cabezas de partido no habrá comisiones de pueblo, cuyas atribuciones reasumirán las de partido.

Sección segunda. Del Consejo de Instrucción Pública.

Art. 126. Se establecerá un Consejo de Instrucción Pública, que se compondrá de un presidente, de doce a veinte consejeros y un secretario del real nombramiento. En el caso de que asista al Consejo el ministro de la Gobernación, ocupará la silla de la presidencia.

Art. 127. El secretario tendrá voz, pero no voto, en las deliberaciones.

Art. 128. Los consejeros serán nombrados por el Gobierno entre los individuos más distinguidos por su saber en las diferentes carreras científicas y literarias, estén o no anualmente ocupados en cualquiera magistratura o destino público, debiendo recaer una mitad a lo menos de los nombramientos en personas que hayan pertenecido o pertenezcan a la clase de profesores. Por este encargo, que se considerará como una comisión, recibirá anualmente cada consejero la gratificación de seis mil reales, la cual, sin embargo, no empezarán a disfrutar hasta que haya sido aprobada en Cortes.

Art. 129. El secretario del Consejo disfrutará el sueldo de veinticuatro mil reales, que está asignado al de la actual Dirección General de Estudios, este destino será incompatible con otro cualquiera.

Art. 130. El Consejo se dividirá en varias secciones encargadas de preparar los trabajos especiales que se han de discutir en junta general.

Art. 131. El Consejo examinará y dará su dictamen: 1º Sobre todos los reglamentos o estatutos parciales que hayan de regir en cualesquiera establecimientos públicos, científicos o literarios. 2º Sobre la planta de cualesquiera de estos establecimientos que se trate de formar de nuevo. 3º Sobre la conservación o supresión de los que existan en el día. 4º Sobre las modificaciones que admitan los métodos de estudios; la especie, número y serie sucesiva de cursos en cada carrera.

Art. 132. También será oído el Consejo en la provisión de los rectorados y de las cátedras de los Institutos superiores, de las Facultades mayores u otros destinos puramente científicos o literarios de real nombramiento.

Art. 133. El Consejo propondrá al Ministerio de la Gobernación los inspectores o visitadores extraordinarios que en cada caso juzgue necesarios para inspeccionar los establecimientos de Instrucción Pública costeados por el Estado o por particulares.

Art. 134. El Conseja informará: 1° Sobre la remoción de catedráticos propietarios en los establecimientos públicos. 2° Sobre las reclamaciones de los profesores acerca de la suspensión u otras penas disciplinarias que las juntas de disciplina les hubiesen impuesto. 3° Sobre las quejas dadas por los alumnos en los casos del artículo 111.

Título VI. Disposiciones especiales para la ejecución de este plan.

1ª El ministro de la Gobernación del reino, partiendo de las bases establecidas en este real decreto, procederá sin dilación a formar los reglamentos necesarios para llevarlo a efecto según lo permitan las circunstancias.

2ª Por ahora, mientras no se vayan planteando las nuevas enseñanzas, subsistirán las actuales Universidades y demás establecimientos, con las modificaciones que el Gobierno determine.

3ª El Gobierno cuidará, en cuanto lo permita la conveniencia pública, de que se observe religiosamente la voluntad de los testadores, así con respecto al derecho de patronato como a no agregar las fundaciones sino a establecimientos situados en el mismo distrito en que lo estén aquéllas.

4ª La cuota de matrícula con que han de contribuir por ahora los alumnos de los Institutos elementales serán de 100 a 160 reales por año, cualquiera que sea el número de asignaturas. Los alumnos de los Institutos superiores y Facultades mayores pagarán por cada asignatura o matrícula igual cantidad.

5ª El sueldo fijo de los profesores será por ahora de 4 a 8 reales para los Institutos elementales, y de 6 a 10 para los Institutos superiores y Facultades mayores. En Madrid y otros puntos que estime el Gobierno podrá ser más elevado.

6ª Por ahora, y hasta que no haya el número suficiente de supernumerarios, podrán ser catedráticos de los Institutos elementales y superiores todos los que se sujeten a un ejercicio de oposición en los términos prevenidos en el artículo 77, aun cuando carezcan de los grados académicos.

7ª El Gobierno podrá emplear a los catedráticos actuales sin necesidad de nueva oposición.

8ª Para ser jefe de un establecimiento privado no se exigirá, por ahora, el grado de licenciado en Ciencias o en Letras, pero habrá de someterse el interesado a un examen ante los jueces que designe la comisión de provincia. Tampoco se necesitará para ser profesor en los mismos, haber recibido el grado de bachiller en Ciencias o en Letras, que podrá suplirse por un examen en los términos indicados.

9ª Se procederá inmediatamente al establecimiento del Consejo de Instrucción Pública y comisiones de provincia, partido y pueblo, dando la extensión conveniente a las que hoy existen para la instrucción primaria.

10ª Establecido el Consejo de Instrucción Pública, quedará extinguida la Dirección General de Estudios y la Comisión Central de Instrucción Primaria, cuyos papeles y efectos se pasarán al Ministerio de la Gobernación del reino.

11ª Quedará extinguido igualmente el Colegio Científico, que se reemplazará, cuando las circunstancias lo permitan, por una escuela general preparatoria para ingenieros, bastando por ahora que los alumnos de las escuelas especiales se sujeten a su entrada a lo que previene el artículo 46.

12ª Quedan derogados todos los planes, reglamentos, reales cédulas, órdenes y decretos que se opongan a lo dispuesto por el presente.

Tendréislo entendido, y dispondréis lo necesario a su cumplimiento. Está rubricado de la real mano. En San Ildefonso, a 4 de agosto de 1836. Al duque de Rivas.

REAL ORDEN DISPONIENDO QUE SE PUBLIQUE Y LLEVE Á EFECTO EN TODAS SUS PARTES EL ARREGLO PROVISIONAL DE LOS ESTUDIOS PARA EL PRÓXIMO AÑO ACADÉMICO. 26 DE OCTUBRE DE 1836

MINISTERIO DE LA GOBERNACION DE LA PENINSULA

Real Orden

Excmo. Sr.: S.M. la Reina Gobernadora ha tenido a bien aprobar el arreglo provisional de estudios para el próximo año académico, que en cumplimiento de lo prevenido en el Real decreto de 9 de este mes ha propuesto esta dirección general; y es la voluntad de S.M. se publique inmediatamente; debiendo la misma dirección cuidar de que se lleve a efecto en todas sus partes, para lo cual queda autorizada a tomar por sí las medidas que juzgue oportunas, con el fin de remover entorpecimientos y evitar tardanzas perjudiciales. De Real orden lo comunico a V.E. para su inteligencia y efectos correspondientes. Dios guarde á V.E. muchos años. Madrid 29 de octubre de 1836. Joaquín María López. Sr. Presidente de la dirección general de estudios.

Exposición de la dirección general de estudios

Excmo. Sr.:

La dirección general de estudios nombrada por Real decreto de 8 de este mes, se dedicó desde el día mismo de su instalación a examinar el estado de la enseñanza pública, con el objeto de meditar y proponer al ilustrado Gobierno de S.M. las mejoras que reclama el interés nacional en tan importante ramo, y que V.E. tuvo a bien encargar a esta magistratura como el objeto preferente de sus tareas.

Conocía bien que el medio más seguro de cimentar la instrucción pública sobre bases sólidas, y difundir generosamente las luces, era el de establecer un plan general que abrazase metódicamente la enseñanza en sus tres grados de primaria, secundaria y superior: empero hubo de renunciar a este pensamiento, porque además de faltar ya tiempo para plantear tantas y tan diversas enseñanzas, eran necesarios cuantiosos fondos para proporcionar anfiteatros anatómicos, laboratorios químicos, instrumentos de física y otros objetos de grande costo, a que se agregan las dotaciones de mayor número de catedráticos, suponiendo que hubiese los suficientes para tantos ramos, lo cual en concepto de la dirección será casi imposible mientras en Madrid no se establezca una escuela normal para formarlos.

No quedaba pues otro arbitrio que el de rectificar provisionalmente el sistema actual de enseñanza, hasta que el poder legislativo determine el plan que le parezca más conforme a las necesidades y recursos de la nación: y este era justamente el pensamiento de V.E. indicado en la exposición que precede al citado Real decreto de 8 del corriente.

Los dos ramos que necesitaban más pronta reforma eran la enseñanza secundaria y la superior, por cuanto la apertura de estos estudios está pendiente del arreglo que ha de hacerse en ellos, y la juventud pierde entre tanto un tiempo precioso: por lo mismo se ha dedicado la dirección exclusivamente a estas dos clases, dejando para más adelante todo lo relativo a enseñanza primaria.

La secundaria, que se daba en las universidades y en los colegios agregados a ellas con el nombre de filosofía, se hallaba en el estado más deplorable: desacertada elección y distribución de materias; vicioso método; libros de texto latinos, atrasados en conocimientos, impropios de este siglo; escasez de maestros; falta de instrumentos y toda especie de medios necesarios para dar a los jóvenes una instrucción correspondiente. Con estos elementos ¿qué progresos podrían hacer los alumnos, ni qué preparación científica pudieran llevar a las clases de la enseñanza superior?

La dirección no se detendrá más en especificar los males que deberían necesariamente seguirse de tan desatinado sistema; pero no ha podido me- nos de indicarlos con el objeto de hacer palpables los escasos recursos que le quedan para remediar de pronto tan graves males. Primeramente, no puede contar con otros maestros más que los tres destinados por el plan actual de estudios para desempeñar las diferentes asignaturas o todo el programa de enseñanza secundaria en las universidades. Tiene que valerse de estos maestros tales cuales sean; y atendida la escasez de sus dotaciones, no le parece justo ocuparles más tiempo del que emplean ahora, ni imponerles cargos que aumenten demasiado su trabajo. Como quiera, es absolutamente preciso servirse de ellos, pues no hay otro recurso, para ejecutar las modificaciones que parecen necesarias desde luego.

Reduciranse estas por ahora a proporcionar algunos estudios de que carece el plan actual, y cuya falta es conocidamente perjudicial e inexcusable en los que se dedican a la carrera de las ciencias. Al mismo tiempo se suprimirá alguno menos necesario para que tengan lugar otros que se consideren indispensables. En el primer caso se halla la metafísica, que puede hasta cierto punto suplirse con la lógica, la gramática general y los conocimientos que acerca de la naturaleza de Dios y el espíritu del hombre se adquirirán en la moral fundada en la religión, según por el presente arreglo se establece.

Y a la verdad, ¿tienen los jóvenes dedicados a la segunda enseñanza la capacidad y profunda investigación necesarias para engolfarse en las cuestiones abstractas, que con los peregrinos nombres de ontología y psicología, son más a propósito para disgustar que para inspirarles afición al estudio?. Además, los estudios metafísicos han recibido ya otro método en las naciones más cultas de Europa, y cuando se establezca un plan general, se les hará el lugar correspondiente con el nombre de ideología; entre tanto será mejor suprimir una enseñanza que, no estando bien planteada, servirá más bien para ofuscar que para ilustrar a los jóvenes.

Al estudio de la lógica se agrega el de la gramática general o filosófica con el objeto de hermanar unos conocimientos análogos entre sí, y proporcionar a los alumnos la ocasión de ejercitarse en el análisis.

Al mismo tiempo que se hace este estudio en el primer año o curso académico, deberá empezar el de las matemáticas, con el fin principal de disponer a los discípulos para el de la física, y acostumbrarlos a raciocinar con exactitud. Se encarga también al catedrático de matemáticas la aplicación de la geometría al dibujo lineal en el mismo año con el doble objeto de evitar que estos profesores pospongan absolutamente, como suele hacerse, las nociones más triviales de geometría a los cálculos más difíciles del álgebra, y facilitar la adquisición de los rudimentos de un arte eminentemente útil.

La continuación de las matemáticas en el segundo año proporciona un estudio más extenso y metódico, al paso que evitará la desagradable pesadez consiguiente á lecciones prolongadas por más tiempo que el de una hora en esta materia.

Se dispensa al catedrático de física de otras enseñanzas, que si no son incompatibles por lo menos no suelen hermanarse, y se le agrega la enseñanza de la geografía, matemática y física, como preliminar a un estudio más completo que la dirección hubiera deseado poder encargar con el de la historia exclusivamente a un solo profesor. Hasta que esto pueda verificarse habrá de cuidar otro de la enseñanza de la historia.

Se ha destinado el estudio de la filosofía moral para el tercer año, porque además de tener ya los alumnos mayor reflexión y conocimientos, se trata de prepararlos con esta enseñanza para estudios más serios y profundos. Se agrega a ella por ahora la de religión, y se le encomienda al mismo profesor, porque la sanción religiosa es la base de la buena moral; y como en los primeros años se aprende superficialmente esta doctrina por imperfectos catecismos, el catedrático podrá instruir a los discípulos en los verdaderos fundamentos de la religión y de la moral cristiana, al paso que les enseñe la moral filosófica.

En el día se da grande importancia al estudio de la religión en los países más cultos de Europa; y la España, esencialmente católica, no debe descuidar tan importante estudio. Por último, con el de la moral se combina en este tercer año el de la literatura, particularmente la española, para que los jóvenes adquieran principios de buen gusto, puedan leer con aprovechamiento nuestros autores clásicos, é imbuidos de buena doctrina se ejerciten en el difícil arte de escribir.

No era menos triste el cuadro que presentaban las universidades en la tercera enseñanza regida por el plan de estudios de 1824, si se exceptúan la medicina, que por no rozarse con las ideas políticas quedó menos mal parada que las otras ciencias.

La malhadada jurisprudencia en especial sufrió todo el rigor del despotismo. Nada quedó á par de ella que pudiese recordar a los pueblos sus perdidos derechos. Volvió á entronizar la fuerza opresora, a sumirse la razón en el caos de las leyes antiguas, y no quedó de la ciencia más que el nombre. En la jurisprudencia canónica reinaron las opiniones ultramontanas con mengua y desdoro de la prerrogativa Real. Todo era una verdadera anarquía.

Tiempo es ya de restablecer las enseñanzas que tanto pavor infundieron al poder absoluto, y sin las cuales la jurisprudencia viene a reducirse a una despreciable charlatanería. ¿Qué ideas sanas podrá tener en esta materia el que ignore los principios del derecho natural y de gentes, del derecho público, del político y de la ciencia económica? No es esto decir que en los siete años de carrera se formen profundos jurisconsultos adornados de extensos conocimientos en tan diversos ramos: no. Esta es ocupación de toda la vida, como sucede en las demás ciencias. Lo único que puede hacerse en las universidades es dar buena dirección a la enseñanza, facilitar los mayores conocimientos posibles en el ramo que forma el objeto principal de cada carrera, y combinar los estudios auxiliares de modo que el estudiante pueda adquirir una mediana instrucción en ellos, la cual ampliará después con los años y en el retiro de su casa. Así se han formado los sabios en todos tiempos.

Viniendo a la jurisprudencia civil; se hará el estudio de esta ciencia en siete años para el que se gradúe de licenciado, y en ocho para el que no reciba este grado. En el primero se enseñarán los elementos del derecho natural y de gentes con algunas nociones de legislación universal. No ignora la dirección que en opinión de algunos al estudio del derecho natural debe preceder el del positivo, por cuanto este versa sobre hechos y relaciones individuales, y aquel sobre principios generales y abstractos de más difícil comprensión; pero también es cierto que el derecho natural en la parte que trata de los deberes tiene grande relación con la moral, y explicándose esta en el último año de la segunda enseñanza, pareció conveniente no separar tanto estos estudios; a más de que las leyes positivas, no siendo injustas y tiránicas, deben considerarse como emanaciones o consecuencias del derecho natural. En el segundo y tercer año se explicarán los elementos del derecho romano y los principios del derecho público general. En el cuarto y quinto elementos del derecho público, civil y criminal de España; y a diferentes horas los elementos del derecho eclesiástico. En el sexto se continuará el estudio del derecho patrio; y en lecciones de hora los principios de economía política. El séptimo año se destina al estudio de la práctica forense, a que se agrega cierto número de lecciones de jurisprudencia mercantil y de elocuencia forense en diferentes horas.

Como en las universidades faltan las cátedras del derecho natural y de economía política, será forzoso establecerlas de nuevo; más por ahora podrá suplirse esta falta sin gravamen del tesoro público, destinando para desempeñar la enseñanza del derecho natural y de los principios de legislación al profesor que tenía a su cargo la cátedra del Digesto, la cual queda suprimida por el presente arreglo. Las lecciones de economía política podrán darse por el profesor de esta ciencia que existe ya en Madrid: en los pueblos de universidad por el que allí tenga nombrado la sociedad económica, y en su defecto podrá darse esta ocupación al catedrático o sustituto de la universidad que posea conocimientos económico-políticos con una corta retribución. Los demás estudios auxiliares se distribuyen entre los catedráticos de las asignaturas existentes por no aumentar gastos, y porque deben tener estos conocimientos.

Considerando la dirección que los cánones no pueden formar por sí una carrera separada, porque o bien se enlaza estrechamente esta enseñanza con la jurisprudencia civil, o es el complemento de la carrera de teología, se ha señalado a cada una de ellas la parte que le corresponde en este estudio; no pudiendo darse al teólogo todos los conocimientos canónicos por no alargar demasiado su carrera. Bien dirigida esta enseñanza hará conocer los verdaderos límites de la potestad eclesiástica en materias de disciplina, y las antiguas prerrogativas de la corona, tan menoscabadas por las doctrinas ultramontanas.

La teología, que por el plan de 1824 retrocedió al siglo XIII, se pondrá ahora en armonía con los demás estudios reformados, despojada del escolasticismo, pertrechada de puras doctrinas, y asistida de los estudios auxiliares correspondientes, sin los cuales no podrá haber jamás párrocos ilustrados.

En cuanto a la medicina, no siendo posible a la dirección discutir y acordar en tan corto tiempo las reformas sustanciales que pueden ser precisas en el estudio de esta ciencia, se limita a proponer que no se comience el estudio de la medicina por el presente año en las universidades donde no pueda darse esta enseñanza con todos los medios necesarios, cuales son, el competente número de catedráticos, director, anfiteatro anatómico y surtido de cadáveres. Así se evitará el inconveniente de que los jóvenes emprendan esta carrera donde por falta de dichos medios no pueden hacer en ella los adelantamientos precisos, quedándoles el arbitrio de trasladarse á otra universidad o a los colegios provistos de todo lo necesario para proporcionar una sólida enseñanza.

Hechas estas breves observaciones, la dirección tiene la honra de proponer a V.E. el siguiente:

Arreglo provisional de los estudios para el próximo año académico.

SECCIÓN 1ª.- De la segunda enseñanza

Artículo 1º. La enseñanza que se conoce con el nombre de filosofía en las universidades, se completará en tres años o cursos académicos.

2º. Los tres catedráticos destinados actualmente a la enseñanza de la filosofía se encargarán por este año individualmente y con separación de enseñar las materias que a continuación se expresan, a saber: uno matemáticas y aplicación de la geometría al dibujo lineal; otro física experimental con nociones elementales de química y geografía físico matemática; y el tercero lógica y principios de gramática general, filosofía moral y fundamentos de religión.

3º. En el primer año de la segunda enseñanza se dará una lección diaria de elementos de matemáticas, otra también diaria de lógica y principios de gramática general, y tres lecciones semanales de geometría aplicada al dibujo lineal.

4º. En el segundo año continuará la enseñanza de matemáticas en una lección diaria; se dará otra también diaria de física experimental, con algunas nociones de química, de hora y media cada una; y además tres lecciones semanales de geografía, matemática y física.

5º. En el tercer curso se darán una lección diaria de filosofía moral y fundamentos de religión, que durará hora y media; tres lecciones semanales de historia, particularmente de España; y otras tres, también semanales, de principios generales de literatura, y en especial de la española.

6º. La enseñanza de la literatura e historia estará por ahora a cargo de los catedráticos de humanidades o profesores de elocuencia que actualmente existen en las universidades.

7º. El rector de las mismas, de acuerdo con el claustro general, cuidará de proporcionar, como enseñanza necesaria, y a horas extraordinarias, la de lenguas vivas, especialmente la inglesa y francesa, y también el dibujo natural. Esta enseñanza deberá ser pagada por los que la reciban.

8º. Los colegios y seminarios incorporados a las universidades en que se da la enseñanza de filosofía con arreglo al plan de estudios de 1824, se atendrán a las disposiciones anteriores en la parte literaria.

9º. Los demás colegios o establecimientos públicos en que no pueda darse el curso completo de estudios determinado para las universidades, se limitarán, por ahora, a la enseñanza de las clases inferiores de instrucción secundaria; disponiendo que el maestro o maestros de latinidad enseñen simultáneamente el idioma castellano, y proporcionando al mismo tiempo la enseñanza de matemáticas, dibujo, geografía e historia, por lo menos de España.

10. No obstante, si en alguno de estos establecimientos se diere la enseñanza prevenida para cada uno de los cursos de filosofía en las universidades, tendrá lugar la incorporación de este curso en cualquiera universidad, previo un riguroso examen.

SECCIÓN 2ª.- De la enseñanza de tercera clase.

11. La enseñanza de las ciencias que son objeto de esta tercera clase se dará en dos lecciones diarias, una de hora y media, y otra de hora, excepto los días festivos.

CAPITULO I.- De la jurisprudencia.

12. La enseñanza de la jurisprudencia civil se hará en el tiempo y formas siguientes.

13. Año primero. Un solo catedrático enseñará los elementos del derecho natural y de gentes y los principios de legislación universal en dos lecciones diarias; las 80 destinadas a este segundo estudio serán de hora; las demás de hora y media.

14. Año segundo. Se explicarán los elementos del derecho romano en dos lecciones diarias, una de hora y media, y otra de hora, destinando 60 de estas para la historia del mismo derecho.

15. Año tercero. Continuará la explicación de los elementos de aquel derecho en otras dos lecciones de hora y media y de hora; y en 80 de estas se explicarán los principios del derecho público general.

16. Para la enseñanza de las materias comprendidas en los dos cursos anteriores, habrá dos catedráticos que alternarán en ella, continuando cada uno con sus discípulos.

17. Años cuarto y quinto. Las lecciones de hora y media de estos dos años, se emplearán en enseñar los elementos del derecho público y del civil y criminal de España; las lecciones de hora se destinarán al estudio de las instituciones canónicas, precediendo a éste 60 lecciones sobre el derecho público eclesiástico con observaciones oportunas sobre los concilios nacionales y disciplina de la Iglesia de España.

18. Para explicar los elementos del derecho español en dichos años cuarto y quinto habrá dos catedráticos; y la enseñanza de

materias canónicas se dará por los dos catedráticos de esta asignatura: alternarán unos y otros entre sí, y seguirá cada uno con sus discípulos.

19. Año sexto. En las lecciones de hora y media de este año se continuará el estudio del derecho patrio, explicando el catedrático los títulos de las Partidas y de la Novísima Recopilación que juzgue más a propósito para dar a los discípulos mayor conocimiento de las doctrinas que aprendieron en las instituciones. Las lecciones de hora de este año se emplearán en el estudio de la economía política.

20. Año séptimo. Las lecciones de hora y media de este año se destinarán al estudio de la práctica forense; las de hora se distribuirán del modo siguiente: 60 de elocuencia forense; las demás de jurisprudencia mercantil.

21. Los catedráticos de instituciones del derecho español alternarán en la enseñanza de la jurisprudencia mercantil.

22. En los siete años expresados podrá recibirse el grado de licenciado, cuyo título exhibido ante el tribunal supremo de Justicia bastará para abogar en todos los tribunales del reino.

23. El que no reciba el grado de licenciado habrá de estudiar otro año más, que será el octavo. Este se destina a ejercicios de práctica forense, que durarán una hora diaria, y al estudio del derecho político, en el que se empleará otra hora diaria. El catedrático del sexto año explicará el derecho político, y el de séptimo dirigirá los ejercicios forenses.

24. El profesor a cuyo cargo estaba la cátedra de Digesto, que a consecuencia de este arreglo queda extinguida, enseñará por este año el derecho natural y los principios de legislación.

25. El estudio de los cánones no forma por sí solo una facultad o carrera separada, debiendo ser común a juristas y teólogos. Sin embargo, continuarán por ahora los grados en cánones con arreglo a las disposiciones siguientes:

26. El legista que, habiendo recibido el grado de bachiller en leyes, quiera más bien completar el estudio de la jurisprudencia canónica, que seguir estudiando el derecho civil patrio, necesita para recibir el grado de bachiller en cánones, estudiar otro año de instituciones canónicas y de historia eclesiástica, empelando en el estudio de aquellas las lecciones de hora y media, y en el de esta las de hora.

27. Recibido el grado de bachiller en cánones, habrá de estudiar otro año más, que será el séptimo para graduarse de licenciado en jurisprudencia canónica. Las lecciones de este año se

distribuirán de modo que las de hora y media se empleen en el estudio de la disciplina general y la nacional de España, y las de hora se repartirán de este modo: 80 para enseñar los principios de la elocuencia sagrada, y las restantes para el estudio de práctica de juicios eclesiásticos.

28. Los catedráticos de instituciones canónicas alternarán en la enseñanza del sexto año y en la de práctica de juicios eclesiásticos correspondiente al séptimo. El catedrático que era de decretales tendrá ahora a su cargo la cátedra de historia eclesiástica, y la disciplina particular de España se reunirá con la general, que desempeñará el catedrático de esta.

29. Si el licenciado en cánones quisiere también recibir este mismo grado en leyes, deberá estudiar, además, el sexto y séptimo año de esta facultad.

CAPITULO II.- De la teología.

30. La enseñanza de la teología se hará en siete cursos académicos del modo siguiente:

31. Año 1º. Las lecciones de hora y media se emplearán en el estudio de los lugares teológicos, y las de hora en el de la historia eclesiástica.

32. Año 2º. Instituciones teológicas en las lecciones de hora y media: historia eclesiástica en las de hora.

33. Años 3º y 4º. Instituciones teológicas en las lecciones de hora y media: sagrada escritura en las de hora.

34. Años 5º y 6º. Teología moral en las lecciones de hora y media. Las de hora se emplearán en el estudio de la teología pastoral.

35. Año 7º. Las lecciones de hora y media se destinarán al estudio de la disciplina eclesiástica, y las de hora al de la oratoria sagrada.

36. Cada uno de los tres catedráticos de instituciones teológicas comenzará curso, y seguirá enseñando en el trienio á unos mismos discípulos

37. El catedrático de cuarto año de instituciones, que ahora queda sin ocupación, enseñará la teología pastoral.

38. El grado de bachiller en teología se recibirá al fin del quinto año, y el de licenciado concluido el séptimo.

CAPÍTULO III.- De la medicina.

39. Los que principien el estudio de la medicina en las universidades en el año próximo escolar, deberán presentar las certificaciones de cursos preliminares exigidos hasta el día.

40. En el primer año de esta carrera se enseñará anatomía descriptiva y general, con nociones generales de fisiología.

41. En las universidades donde no pueda darse esta enseñanza con todos los medios necesarios, cuales son el competente número de catedráticos, director, anfiteatro y surtido de cadáveres, no se comenzará el estudio de la medicina por el presente año: bien entendido que en los exámenes del curso próximo se exigirá como calidad precisa para la aprobación de aquel, al aprovechamiento y suficiencia en los conocimientos expresados.

42. En el año segundo y siguientes de esta carrera, hasta la conclusión de ella, seguirán las mismas asignaturas establecidas en el plan general que ha regido hasta ahora.

43. Lo dicho respecto de la enseñanza del primer año en el artículo 40, se entiende con los establecimientos de clínica en que no haya el competente número de enfermos de toda clase, edad y sexo.

44. Los colegios de medicina y cirugía, y los de farmacia, continuarán en el próximo año académico, sin alteración alguna.

SECCIÓN 3ª.- De los libros de texto, de los exámenes, y otras disposiciones generales.

45. Los catedráticos podrán elegir el libro o libros de textos que les pareciere mas conveniente. También se les da facultad para no adoptar libro alguno de texto, excepto en las facultades de jurisprudencia civil y canónica, y teología, pudiendo hacer sus explicaciones por medio de cuadernos, o simplemente orales. En todo caso permitirán, y aun excitarán á los oyentes a que tomen las apuntaciones que les convenga, cuidando de cerciorarse en cada lección si los discípulos han entendido y aprendido la anterior.

46. Los catedráticos tendrán obligación de pasar al rector y claustro respectivo de la facultad, antes de la apertura del curso, una breve noticia del libro o libros que eligieren para texto; y no eligiendo ninguno, del medio que intentan emplear para sus explicaciones, de las materias que se proponen recorrer o explicar en el curso, y la obra u obras que piensan tener á la vista y consultar, cualquiera que sea el idioma en que estén escritas.

47. Los rectores cuidarán de que se fijen estos anuncios en los sitios oportunos de la universidad, pasando una copia de ellos a la dirección general de estudios para los usos convenientes, y otra al jefe político de la provincia, a fin de que mande insertarla en el Boletín oficial.

48. Los exámenes para la próxima matrícula del primer año de filosofía se harán por esta vez en la forma acostumbrada, cuidando

de que sean públicos, y que en ellos se observe el rigor debido, bajo la responsabilidad de los que en este punto se hagan culpables de una condescendencia reprensible y perjudicial a la enseñanza pública.

49. Los exámenes sucesivos cuidará la dirección de proponer en breve el arreglo indispensable. Esta medida tan importante, base de las principales reformas en la enseñanza, y condición necesaria para los progresos de la instrucción pública, será objeto de una disposición particular.

50. En las universidades seguirán por ahora sin alteración los estudios de griego, hebreo y árabe, hasta que por el nuevo plan general de estudios se determine lo conveniente para sacar toda la utilidad posible de estas enseñanzas.

51. La duración del próximo curso para todas las asignaturas de las universidades y colegios incorporados á ellas, será hasta 30 de junio inclusive; y no habrá más asuetos que los domingos y días de fiesta entera.

52. El claustro, compuesto exclusivamente de catedráticos, presidido por el rector, arreglará la distribución de horas de enseñanza prescritas anteriormente como lo juzgue oportuno para la más exacta asistencia de maestros y discípulos, y sobre todo el mayor aprovechamiento de estos.

53. Las demás dificultades ó dudas que puedan ocurrir en la ejecución del presente arreglo, se determinarán por el claustro general, dando cuenta a la dirección general de estudios.

Madrid 26 de octubre de 1836. Manuel José Quintana. Eugenio de Tapia. Gregorio Sanz de Villavieja. Antonio Gutiérrez. Pablo Montesino. Celestino de Olózaga. Antonio Sandalio de Arias.

Ley de Instrucción Pública de 9 de septiembre de 1857,

Doña Isabel II, por la gracia de Dios y la Constitución de la Monarquía española, Reina de las Españas: A todos los que las presentes vieren y entendieren, sabed: que, en uso de la autorización concedida al Gobierno por la ley de 17 de Julio de este año, he venido en resolver, conformándome con el parecer de mi Consejo de Ministros, que rija desde su publicación en la Península é Islas adyacentes, la siguiente:

LEY DE INSTRUCCION PÚBLICA

SECCION PRIMERA: De los estudios

TITULO PRIMERO: De la primera enseñanza.

Art 1° La primera enseñanza se divide en elemental y superior

Art. 2° La primera enseñanza elemental comprende:

Primero. Doctrina cristiana y nociones de Historia sagrada, acomodadas a los niños.

Segundo. Lectura. Tercero. Escritura.

Cuarto. Principios de Gramática castellana, con ejercicios de Ortografía.

Quinto. Principios de Aritmética, con el sistema legal de medidas, pesas y monedas.

Sexto. Breves nociones de Agricultura, Industria y Comercio, según las localidades.

Art. 3° La enseñanza que no abrace todas las materias expresadas, se considerará como incompleta para los efectos de los artículos 100, 102, 103, 181 y 189.

Art. 4° La primera enseñanza superior abraza, además de una prudente ampliación de las materias comprendidas en el artículo 2°:

Primero. Principios de Geometría, de Dibujo lineal y de Agrimensura. Segundo. Rudimentos de Historia y Geografía, especialmente de España.

Tercero. Nociones generales de Física y de Historia natural acomodadas a las necesidades más comunes de la vida.

Art. 5. En las enseñanzas elemental y superior de las niñas se omitirán los estudios de que tratan el párrafo sexto del art. 2° y los párrafos primero y tercero del art. 4°, reemplazándose con:

Primero. Labores propias del sexo.

Segundo. Elementos de Dibujo aplicado a las mismas labores. Tercero. Ligeras nociones de Higiene doméstica.

Art. 6° La primera enseñanza se dará, con las modificaciones convenientes, a los sordomudos y ciegos en los establecimientos especiales que hoy existen y en los demás que se crearan con este objeto: sin perjuicio de lo que se dispone en el artículo 108 de esta ley.

Art. 7° La primera enseñanza elemental es obligatoria para todos los españoles. Los padres o tutores ó encargados enviarán a las escuelas públicas a sus hijos y pupilos desde la edad de seis años hasta la de nueve; a no ser que les proporcionen suficientemente esta clase de instrucción en sus casas ó en establecimiento particular.

Art. 8º Los que no cumplieren con este deber, habiendo escuela en el pueblo ó a distancia tal que puedan los niños concurrir a ella cómodamente, serán amonestados y compelidos por la Autoridad y castigados en su caso con la multa de 2 hasta 20 reales.

Art. 9.º La primera enseñanza elemental se dará gratuitamente en las escuelas públicas a los niños cuyos padres, tutores ó encargados no puedan pagarla, mediante certificación expedida al efecto por el respectivo Cura párroco y visada por el Alcalde del pueblo.

Art. 10º. Los estudios de la primera enseñanza no están sujetos a determinado número de cursos: las lecciones durarán todo el año, disminuyéndose en la canícula el número de horas de clase.

Art. 11º. El Gobierno procurará que los respectivos Curas párrocos tengan repasos de Doctrina y Moral cristiana para los niños de las Escuelas elementales, lo menos una vez cada semana.

TITULO II: De la segunda enseñanza.

Art. 12. La segunda enseñanza comprende:

Primero. Estudios generales.

Segundo. Estudios de aplicación a las profesiones industriales.

Art. 13. Los estudios generales de segunda enseñanza se harán en dos períodos: el primero durará dos años, y el segundo cuatro.

Art. 14. Los estudios generales del primer periodo de la segunda enseñanza son: Doctrina cristiana a Historia sagrada.

Gramática castellana y latina. Elementos de Geografía.

Ejercicios de Lectura, Escritura, Aritmética y Dibujo.

Art. 15. Los estudios generales del segundo período son: Religión y Moral cristiana.

Ejercicios de análisis, traducción y composición latina y castellana. Rudimentos de lengua griega.

Retórica y Poética.

Elementos de Historia universal y de la particular de España. Ampliación de los elementos de Geografía.

Elementos de Aritmética, Álgebra y Geometría. Elementos de Física y Química.

Elementos de Historia natural. Elementos de Psicología y Lógica. Lenguas vivas.

Los reglamentos determinarán cuáles se han de enseñar y estudiar en este periodo.

Art. 16. Son estudios de aplicación: Dibujo lineal y de figura.

Nociones de Agricultura. Aritmética mercantil.

Y cualesquiera otros conocimientos de inmediata aplicación a la Agricultura, Artes, Industria, Comercio y Náutica, que puedan adquirirse sin más preparación científica que a que expresa el art. 8

Art. 17. Para principiar los estudios generales de la segunda enseñanza se necesita haber cumplido nueve años de edad y ser aprobado en un examen general de las materias que abraza la primera enseñanza elemental completa.

Art. 18. Para pasar a los estudios de aplicación correspondientes a la segunda enseñanza se requiere haber cumplido diez años y ser aprobado en un examen general de las materias que comprende la primera enseñanza superior.

Art. 19. En el primer período de la segunda enseñanza las lecciones durarán todo el año, disminuyéndose en la canícula el número de horas de clase.

Art. 20. Para pasar al segundo período de la segunda enseñanza se requiere haber sido aprobado en un examen general de las materias que contiene el primero.

Art. 21. En el segundo periodo empezarán las lecciones el día 1° de Setiembre y terminarán el 15 de Junio.

Art. 22. Los reglamentos fijarán la duración del curso en cada una de las enseñanzas de aplicación, y el número de cursos de que ha de constar cada una de ellas.

Art. 23. Terminados los estudios generales de segunda enseñanza, y probados los seis cursos, podrán los alumnos ser admitidos al examen del grado de Bachiller en Artes.

Art. 24. Terminados los estudios de aplicación correspondientes a la segunda enseñanza, los alumnos podrán recibir un certificado de peritos en la carrera a que especialmente se hayan dedicado.

Art. 25. Pertenecen a estas tres clases las enseñanzas que habilitan para el ejercicio de determinadas profesiones.

Art. 26. Para matricularse en las facultades se requiere haber obtenido título de Bachiller en Artes.

Art. 27. Para ingresar en las Escuelas superiores, los reglamentos determinarán si ha de exigirse el mismo grado, o en su lugar una preparación equivalente de estudios generales o de aplicación de la segunda enseñanza. Estos estudios no durarán menos de los seis años que se requieren para el bachillerato en Artes.

Art. 28. Igualmente determinarán los reglamentos qué parte de los estudios generales o de aplicación de la segunda enseñanza se ha de exigir a los alumnos que hayan de matricularse en las escuelas profesionales: entendiéndose que la duración de aquellos estudios previos ha de ser menor que la señalada en el artículo precedente.

Art. 29. Después del grado de Bachiller en Artes o de los estudios preparatorios prescritos en los artículos 27 y 28, se exigirán uno ó más años de ampliación, según la índole de las facultades o carreras a que hayan de dedicarse los alumnos, y en la forma que determinen los reglamentos.

Art. 30. Ninguna facultad ni carrera superior o profesional podrá exceder de siete años en la duración de sus estudios, inclusos los de ampliación. En las facultades se exigirán uno ó dos más para el grado de Doctor.

TITULO III: De las facultades y de las enseñanzas superior y profesional

CAPITULO PRIMERO: De las facultades

Art. 31. Habrá seis facultades, a saber: De Filosofía y Letras.

De Ciencias Exactas, Físicas y Naturales De Farmacia.

De Medicina. De Derecho. De Teología.

Art. 32. Los estudios de facultad se harán en tres periodos, que habilitarán respectivamente para los tres grados académicos de Bachiller, Licenciado y Doctor. No podrán los alumnos pasar de un periodo a otro sin haber recibido el grado correspondiente.

Art. 33. Los estudios propios de la facultad de Filosofía y Letras son: Literatura general.

Lengua y Literatura griega. Literatura latina.

Literatura de las lenguas neolatinas. Literatura de las lenguas de origen teutónico. Literatura española.

Historia universal. Historia de España. Filosofía.

Historia de la Filosofía.

A la facultad de Filosofía y Letras corresponden también los estudios de Hebreo y Caldeo, Árabe y demás lenguas orientales, cuya enseñanza tenga por conveniente establecer el Gobierno.

Art. 34. La facultad de Ciencia Exactas, Físicas y Naturales comprende los estudios siguientes:

Álgebra, Geometría y Trigonometría. Geometría analítica.

Cálculo diferencial o integral.

Geometría descriptiva. Geodesia.

Mecánica. Física.

Astronomía.

Geografía física y matemática. Química.

Análisis químico. Mineralogía.

Botánica. Zoología. Geología.

Ejercicios gráficos y trabajos prácticos.

Art. 35. La facultad de Ciencias Exactas, Físicas y Naturales se dividirá en tres secciones, a saber: De Ciencias Físico-Matemáticas, de Ciencias Químicas y de Ciencias Naturales.

Los reglamentos determinarán los estudios que ha de comprender cada una de ellas.

Art. 36. Los estudios de la facultad de Farmacia son: Química.

Anáisis química. Mineralogía.

Botánica. Zoología.

Historia natural aplicada a la Farmacia, con su materia farmacéutica. Farmacia químico-inorgánica.

Farmacia químico-orgánica.

Análisis químico aplicada a la Farmacia. Práctica de las operaciones farmacéuticas. Historia critico-literaria de la facultad.

Art. 37. Los estudios de la facultad de Farmacia se organizarán de modo que, recibido el grado de Bachiller y probada la práctica suficiente, pueda obtenerse, previos los ejercicios que determine el reglamento, título de Farmacéutico habilitado. Este título sólo dará derecho para ejercer la profesión en pueblos que no pasen de 5.000 almas.

Art. 38. Los estudios de la facultad de Medicina son: Lengua y literatura griega.

Física experimental. Química.

Mineralogía. Botánica.

Zoología. Geología.

Aplicación de la Física, Química e Historia natural a la Medicina. Anatomía.

Fisiología. Higiene. Patología.

Terapéutica. Materia médica. Obstetricia.

Operaciones quirúrgicas. Clínica.

Medicina legal. Toxicología.

Historia critico-literaria de la Medicina.

Art. 39. Los estudios de la facultad de Medicina se organizarán de modo que, recibido el grado de Bachiller, pueda obtenerse, previos los ejercicios que el reglamento prescriba, titulo de Médico-cirujano habilitado. Este título sólo dará derecho para ejercer a profesión en pueblos que no pasen de 5.000 almas.

Art. 40. Queda suprimida la enseñanza de la Cirugía menor o ministrante.

El reglamento determinará los conocimientos prácticos que se han de exigir a los que aspiren al título de practicantes.

Art .41. Igualmente determinará el reglamento las condiciones necesarias para obtener el titulo de Matrona ó Partera.

Art. 42. El Gobierno dictará las disposiciones necesarias para que, por medio de estudios suficientes, puedan pasar de una clase a otra los actuales Profesores del arte de curar, tomando en cuenta los estudios, el tiempo y los gastos de las respectivas carreras.

Art. 43. Los estudios de la facultad de Derecho son: Literatura latina.

Literatura española. Filosofía.

Historia de España.

Prolegómenos de Derecho Historia é Instituciones del Derecho romano. Instituciones del Derecho civil, penal, mercantil, político, y administrativo de España.

Economía política.

Historia y ampliación del Derecho civil, penal y mercantil de España con el estudio de los Códigos y Fueros provinciales.

Instituciones de Derecho canónico.

Historia de la iglesia, de sus Concilios y colecciones canónicas. Disciplina general de la iglesia, y particular de la de España.

Teoría y práctica de los procedimientos judiciales. Oratoria forense.

Ampliación del Derecho administrativo en sus diversos ramos. Estadística.

Derecho internacional común y particular de España. Legislación comparada.

Art. 44. La facultad de Derecho se dividirá en tres secciones: de Leyes, de Cánones y de Administración.

Art. 45. El grado de Bachiller en Derecho será común para las tres secciones.

Los reglamentos determinarán qué estudios deban hacerse para obtener los grados de Licenciado y Doctor en cada una de ellas; disponiendo las enseñanzas de suerte que, con un año más de estudios, los Licenciados en Cánones puedan recibir este mismo grado en Leyes, y los de Leyes en Cánones.

El grado de Doctor en Derecho lo es juntamente en Leyes y Cánones, y los que a él aspiren completarán los estudios de ambas secciones en la forma que prescriban los reglamentos.

Los Licenciados en Administración ascenderán al Doctorado en la sección respectiva con los estudios que en los mismos reglamentos se determinen.

Art. 46. No se hará novedad por ahora en los estudios de la Teología que hoy se dan en las universidades.

Se reserva al Gobierno la facultad de hacer uso, con respecto a ellos, de la autorización que le concede la ley de 17 de Julio último, cuando se verifique el arreglo definitivo de los mismos estudios en los Seminarios conciliares, o antes, si pareciese conveniente.

CAPITULO II: De las enseñanzas superiores.

Art. 47. Son enseñanzas superiores.

La de Ingenieros de Caminos. Canales y Puertos. La de Ingenieros de Minas.

La de Ingenieros de Montes. La de Ingenieros Agrónomos. La de Ingenieros Industriales. La de Bellas Artes.

La de Diplomática. La del Notariado.

Art. 48. La carrera de Ingenieros de Caminos, Canales y Puertos comprende los estudios siguientes:

Álgebra, Geometría y Trigonometría. Geometría analítica.

Física. Química. Mineralogía. Geología.

Cálculo diferencial a integral.

Geometría descriptiva y sus aplicaciones. Geodesia.

Mecánica.

Estudio de máquinas. Estereotomía.

Construcción general.

Principios generales de Arquitectura. Carreteras y ferrocarriles.

Ríos y Canales, abastecimiento de aguas y saneamiento de terrenos. Puertos y faros.

Telegrafía.

Derecho administrativo y Economía política, con aplicación a las obras públicas. Dibujo topográfico y de paisaje.

Ejercicios gráficos.

Estudios prácticos y formación de proyectos.

Art. 49. La carrera de ingenieros de Minas comprende los estudios siguientes: Álgebra, Geometría y Trigonometría.

Geometría analítica.

Cálculo diferencial é integral. Geometría descriptiva.

Estereotomía. Geometría subterránea. Geodesia.

Mecánica. Física.

Química. Análisis . Mineralogía.

Botánica. Zoología. Geología. Metalurgia. Docimasia. Construcción Laboreo.

Legislación de minas y Derecho administrativo aplicado a la minería. Dibujo topográfico y de paisaje.

Ejercicios gráficos.

Estudios prácticos, y redacción y formación de proyectos. Art. 50. Los estudios de la carrera de ingenieros de Montes son:

Álgebra, Geometría y Trigonometría. Geometría analítica.

Geometría descriptiva. Geodesia.

Física. Química. Mineralogía. Botánica.

Zoología. Geología.

Principios generales de Dasonomía. Dasografa.

Fisiografía forestal. Dasótica.

Dasotecnia. Dasocresia. Construcción forestal.

Derecho administrativo aplicado a los montes. Historia de la Dasonomia.

Ejercicios gráficos. Trabajos prácticos.

Art. 51. La carrera de ingenieros agrónomos comprende: Álgebra, Geometría y Trigonometría.

Geometría analítica. Geometría descriptiva. Geodesia.

Mecánica. Física.

Química. Análisis química. Mineralogía.

Botánica. Zoología. Geología.

Principios generales de Agronomía. Fisiografía agrícola.

Fitotecnia y Zootecnia. Industria rural.

Economía rural.

Historia crítica de la Agronomía. Ejercicios gráficos.

Trabajos prácticos.

Art. 52. La carrera de ingenieros industriales comprende: Álgebra, Geometría y Trigonometría.

Geometría analítica.

Cálculo diferencial é integral. Mecánica analítica.

Geometría descriptiva y sus aplicaciones. Estereotomía.

Física experimental. Física industrial.

Mecánica industrial. Química general.

Química industrial. Análisis química. Mineralogía y Geología. Construcción de máquinas.

Construcciones Industriales. Metalurgia y Docimasia.

Economía política con aplicación a la industria y Legislación Industrial. Dibujo y ejercicios gráficos.

Trabajos prácticos y formación de proyectos.

Art. 53. La carrera de ingenieros industriales se dividirá en dos secciones; de ingenieros mecánicos y de ingenieros químicos.

En los reglamentos se especificará qué estudios han de exigirse para obtener cada uno de estos títulos.

Art. 54. Los reglamentos determinarán los estudios y trabajos prácticos que deben hacer los Ayudantes y demás subalternos de los Cuerpos de ingenieros, así como los aspirantes a Ingenieros industriales y los Peritos agrícolas.

Art. 55. En la carrera de Bellas Artes se comprenden las de Pintura, Escultura, Arquitectura y Música.

Art. 56. Los estudios de Pintura y Escultura son: Anatomía pictórica.

Perspectiva.

Estudio del Antiguo.

Estudio del natural y ropajes. Colorido.

Paisaje.

Composición aplicada a la Pintura y a la Escultura. Modelado.

Teoría é historia de las Bellas Artes.

Se agregarán a los estudios de Pintura y Escultura las clases de Grabado que determine el reglamento.

El mismo expresará los estudios que han de exigirse para obtener el título de Profesor de cada una de estas partes.

Art. 57. La carrera de Arquitectura abraza: Álgebra, Geometría y Trigonometría. Geometría analítica.

Cálculo diferencial a integral. Topografía.

Geometría descriptiva. Estereotomía.

Mecánica aplicada. Mineralogía.

Geología.

Construcciones civiles é hidráulicas.

Historia do la Arquitectura; análisis de los monumentos de todas las épocas. Composición

Arquitectura legal.

Dibujo y trabajos prácticos.

Art. 58. Los estudios de Maestro compositor de Música son los siguientes: Estudio de la Melodía.

Contrapunto. Fuga.

Estudio de la Instrumentación Composición religiosa.

Composición dramática. Composición instrumental. Historia crítica del Arte musical. Composición libre.

Un reglamento especial determinará todo lo relativo a las enseñanzas de Música vocal é instrumental y Declamación, establecidas en el Real Conservatorio de Madrid, como asimismo a los estudios preparatorios, matrículas, exámenes, concursos públicos y expedición de los títulos propios de estas profesiones.

Art. 59. La carrera de Diplomática abraza los estudios de:

Paleografía general. Paleografía crítica.

Latín de los tiempos medios, y conocimientos del Romance, del Lemosin y Gallego.

Aljamia.

Arqueología y Numismática.

Bibliografía: clasificación y arreglo de archivos y bibliotecas. Historia de España en los tiempos medios.

Ejercicios prácticos.

Art. 60. Los estudios de la carrera del Notariado son: Prolegómenos de Derecho.

Derecho civil español.

Nociones de Derecho mercantil, administrativo y penal, en lo concerniente al ejercicio de la fé pública.

Otorgamiento de instrumentos públicos.

Teoría y práctica de los procedimientos judiciales. Paleografía.

CAPITULO III: De las enseñanzas profesionales.

Art. 61. Son enseñanzas profesionales: La de Veterinaria.

La de Profesores mercantiles. La de Náutica.

La de Maestros de Obras, Aparejadores y Agrimensores. La de Maestros de primera enseñanza.

Art. 62. La carrera de Veterinaria comprende: Elementos de Química y Física.

Nociones de Historia natural.

Anatomía general y descriptiva de todos los animales domésticos,

Fisiología, Higiene, Patología, Terapéutica, Farmacología y Arte de recetar, Obstetricia, Medicina operatoria y clínica, con aplicación a las mismas especies de animales.

Elementos de Agricultura aplicada. Zootecnia.

Arte de forjar y herrar Veterinaria legal.

Policía sanitaria. Historia crítica de estos ramos.

Art. 63. El reglamento determinará qué parte de estos estudios y qué práctica habrán de exigirse para obtener el titulo de Veterinario de segunda clase y demás títulos de auxiliares subalternos.

Art. 64. Los estudios correspondientes a la enseñanza de los Profesores mercantiles abrazarán las materias que siguen:

Aritmética y Álgebra mercantil. Metrología universal.

Sistemas monetarios.

Teneduría de libros con aplicación al comercio, fábricas, talleres y oficinas públicas y particulares.

Cálculo mercantil aplicado a toda clase de negociaciones. Práctica de comercio.

Geografía y Estadística industrial y comercial.

Elementos del Derecho mercantil español y Legislación de Aduanas. Economía política, con sus aplicaciones al comercio.

Historia general del comercio, Elementos de Derecho internacional mercantil. Conocimiento de las primeras materias y de las manufacturas y objetos comerciales que con ellas se fabrican; y nociones de Física y Química indispensables para este estudio.

Art. 65. Los estudios de la enseñanza Náutica son: Aritmética, Álgebra, Geometría y Trigonometría. Geografía física y política.

Física experimental. Cosmografía.

Pilotaje y maniobras, Dibujo lineal, topográfico, geográfico é hidrográfico. Estudios prácticos en los buques.

Geometría descriptiva con aplicación a los buques.

Elementos de mecánica aplicada y resistencia de materiales, Construcción y Arquitectura naval.

Art. 66. La carrera de Náutica se dividirá en dos secciones: la de Pilotos y la de constructores navales.

El reglamento determinará qué parte de los estudios arriba expresados han de probar los que aspiren a obtener uno u otro de aquellos títulos.

Art. 67. La carrera de Maestros de obras, Aparejadores y Agrimensores comprende: Aritmética y Geometría, Topografía y Agrimensura.

Principios generales de Construcción y Montes. Dibujo lineal, topográfico y de edificios.

Trabajos prácticos y formación de proyectos.

El reglamento determinará qué parte de estos estudios habrá de exigirse para obtener el titulo correspondiente a cada uno de los ramos de esta carrera.

Art. 68. Los estudios necesarios para obtener el titulo de Maestro de primera enseñanza elemental son:

Catecismo explicado de la doctrina cristiana. Elementos de Historia sagrada.

Lectura. Caligrafía.

Gramática castellana con ejercicios prácticos de composición Aritmética.

Nociones de Geometría, Dibujo lineal y Agrimensura. Elementos de Geografía.

Compendio de la Historia de España. Nociones de Agricultura.

Principios de Educación y métodos de enseñanza.

Práctica de la enseñanza.

Art. 69. Para ser Maestro de primera enseñanza superior, se requiere: Primero. Haber estudiado las materias expresadas en el artículo anterior

Segundo haber adquirido nociones de Álgebra, de Historia universal y de los fenómenos comunes de la naturaleza.

Art. 70. Para ser Profesor de Escuela normal, se necesita además haber estudiado: Primero. Elementos de Retórica y Poética.

Segundo. Un curso completo de Pedagogía, en lo relativo a la primera enseñanza, con aplicación también a la de sordomudos y ciegos.

Tercero. Derecho administrativo, en cuanto concierne a la primera enseñanza.

Art. 71. Para ser Maestra de primera enseñanza, se requiere:

Primero. Haber estudiado con la debida extensión en Escuela normal las materias que abraza la primera enseñanza de niñas, elemental o superior, según el título a que se aspire.

Segundo. Estar instruida en principios de Educación y método de enseñanza. También se admitirán a las Maestras los estudios privados, siempre que acrediten dos años de práctica en alguna Escuela modelo.

Art. 72. Los reglamentos determinarán los conocimientos que se hayan de adquirir para ejercer las profesiones no expresadas en este título.

Art. 73. En todas las carreras de la enseñanza superior y profesional principiarán las lecciones el 15 de Setiembre, y concluirán el 15 de Junio.

En las Escuelas superiores, cuyos estudios teóricos y prácticos pasen de diez meses, se hará la distribución de las enseñanzas y ejercicios del modo que determinen los reglamentos, para aprovechar las ventajas de cada estación del año.

Podrá, sin embargo, obligarse a los alumnos en ciertos casos a dedicarse, durante las vacaciones, a estudios prácticos, bajo la dirección de los profesores, o en cualquiera otra forma que determinen los reglamentos.

SECCION PRIMERA: De los estudios

TITULO IV: Del modo de hacer los estudios.

Art. 74. Los reglamentos determinarán el orden en que han de estudiarse las asignaturas, el tiempo que ha de emplearse en cada una de ellas, y el número de Profesores que ha de haber para enseñarlas en cada establecimiento. El Gobierno, oído el Real Consejo de Instrucción pública, podrá modificar, disminuir ó aumentar las materias que quedan asignadas a cada enseñanza, siempre que así lo exija el mayor lustre de los estudios, o lo aconsejen los progresos de los conocimientos humanos.

Art. 75. Desde que se principie la segunda enseñanza, así en ella como en los ulteriores estudios que se exijan académicamente, nadie se podrá matricular sin haber sido aprobado en el curso anterior, según el orden establecido, y haber satisfecho los derechos de matrícula que se señalan en la tarifa adjunta a esta Ley.

Sin embargo, cualquiera podrá matricularse en las asignaturas que le convenga, pagando los correspondientes derechos de matrícula, y obtener previo examen, certificación de

asistencia y aprovechamiento; pero los estudios hechos de esta suerte no producirán efectos académicos sino para las carreras cuyos reglamentos lo permitan.

Art. 76. Se estudiarán en las facultades de Filosofía y Letras y en la de Ciencias exactas, físicas y naturales, las materias pertenecientes a ellas que forman parte de otras facultades o carreras: y los estudios comunes a varias enseñanzas se harán en una misma cátedra, a no impedirlo la situación del establecimiento o el excesivo número de alumnos.

Art. 77. Los estudios hechos académicamente en una carrera, serán de abono para todas las demás en que se exijan.

Art. 78. Se prohíbe la simultaneidad de los cursos académicos exigidos para cada carrera, así como los abonos, permutas y dispensas de estudios.

Art. 79. Para obtener los grados académicos y títulos de las carreras superiores y profesionales será preciso sujetarse a exámenes y ejercicios generales sobre las materias que cada grado o título suponga, y satisfacer los derechos que para cada caso se señalan en la tarifa adjunta a esta Ley.

Los reglamentos de las Escuelas superiores y profesionales determinarán las materias de segunda enseñanza y de la facultad de Ciencias que deben probar por medio de examen verificado en las mismas Escuelas, los que aspiren a ingresar en ellas.

Art. 80. Los alumnos tendrán por punto general en todas las carreras dos lecciones diarias a lo menos y en la segunda enseñanza, tres.

Art. 81. Habrá academias o ejercicios semanales en aquellos estudios en que se juzgue conveniente para el mayor aprovechamiento de los alumnos.

Art. 82. En cada establecimiento de enseñanza se conferirán los grados correspondientes a los estudios que en él se hagan, y se verificarán los exámenes y ejercicios necesarios para obtener los títulos profesionales a que den derecho las carreras que en él se sigan.

Art. 83. Los exámenes y ejercicios para obtener grados y títulos serán públicos en todas las enseñanzas.

Art. 84. El Gobierno publicará programas generales para todas las asignaturas correspondientes a las diversas enseñanzas, debiendo los Profesores sujetarse a ellos en sus explicaciones: se exceptúan en las facultades los estudios posteriores a la licenciatura.

Art. 85. A los alumnos que sobresalieren en aplicación, progresos y conducta, se les distribuirán anualmente premios que podrán consistir en diplomas especiales, medallas, obras o Instrumentos, y en la relevación del pago de derechos de matrícula, grados y titulos.

TITULO V: De los libros de texto.

Art. 88. Todas las asignaturas de la primera y segunda enseñanza, las de las carreras profesionales y superiores y las de las facultades hasta el grado de Licenciado, se estudiarán por libros de texto: estos libros serán señalados en listas que el Gobierno publicará cada tres años.

Art. 87. La Doctrina cristiana se estudiará por el Catecismo que señale el Prelado de la diócesis.

Art. 88. La Gramática y Ortografía de la Academia Española serán texto obligatorio y único para estas materias en la enseñanza pública.

Art. 89. Se señalarán libros de texto para ejercicios de lectura en la primera enseñanza. El Gobierno cuidará de que en las Escuelas se adopten, además de aquellos que sean propios para formar el corazón de los niños, inspirándoles sanas máximas religiosas y morales, otros que los familiaricen con los conocimientos científicos e industriales más sencillos y de más general aplicación a los usos de la vida; teniendo en cuenta las circunstancias particulares de cada localidad.

Art. 90. En las demás materias de la primera enseñanza no pasará de seis el número de obras de texto que se señalen para cada asignatura, ni de tres el de las que se aprueben para las asignaturas de segunda enseñanza o Instrucción superior y profesional.

Art, 91. Para proveer de obras de texto aquellas asignaturas en que no las haya a propósito, el Gobierno abrirá concursos, o atenderá por otro medio a las necesidades de la enseñanza, oyendo siempre al Real Consejo de Instrucción pública.

Art .92. Las obras que traten de Religión y Moral no podrán señalarse de texto sin previa declaración de la Autoridad eclesiástica, de que nada contienen contra la pureza de la Doctrina ortodoxa.

Art. 93. De los libros que el Gobierno se propusiere señalar para ejercicios de lectura en la primera enseñanza, se dará conocimiento a la Autoridad eclesiástica con la anticipación conveniente.

TITULO VI: De los estudios hechos en país extranjero

Art. 94. Serán admitidos a incorporación, en los establecimientos literarios, los años académicos cursados en país extranjero; siempre que se acrediten hechos con buena nota los estudios al efecto requeridos en nuestras Escuelas, y en igualdad de extensión y tiempo; completándose en caso contrario las materias o el tiempo que faltaren.

Art. 95. Para cada incorporación será necesaria una autorización especial del Gobierno, que podrá concederla, oído el Real Consejo de Instrucción pública. Los agraciados pagarán los derechos de matrícula que habrían satisfecho si hubieran estudiado en España.

Art. 96. El Gobierno podrá, por justas causas y oído el Real Consejo de Instrucción pública, conceder habilitación temporal para ejercer sus respectivas profesiones en los dominios españoles a los graduados extranjeros que lo solicitaren; siempre que acrediten la validez de sus títulos, haber ejercido su profesión por seis años, y pagado la cantidad que se les señale, la cual no podrá exceder de los derechos que se exijan por el mismo título en nuestros establecimientos.

SECCION SEGUNDA: De los establecimientos de enseñanza

TITULO PRIMERO: De los establecimientos públicos. Capítulo primero: De las Escuelas de primera enseñanza.

Art. 97. Son Escuelas públicas de primera enseñanza las que se sostienen en todo o en parte con fondos públicos, obras pías ú otras fundaciones destinadas al efecto.

Estas Escuelas estarán a cargo de los respectivos pueblos, que incluirán en sus presupuestos municipales, como gasto obligatorio, la cantidad necesaria para atender a ellas: teniendo en su abono los productos de las referidas fundaciones.

Todos los años, sin embargo, se consignará en el presupuesto general del Estado la cantidad de un millón de reales, por lo menos, para auxiliar a los pueblos que no puedan costear por sí solos los gastos de le primera enseñanza. El Gobierno dictará, oído el Real Consejo de Instrucción pública, las disposiciones convenientes para la equitativa distribución de estos fondos.

Art. 98. Los derechos de patronato serán respetados por esta Ley, salvo siempre el de la suprema inspección y dirección que al Gobierno corresponde.

Art. 99. Las Escuelas son elementales o superiores, según que abracen las materias señaladas a cada uno de estos dos grados de la enseñanza.

Art. 100. En todo pueblo de 500 almas habrá necesariamente una Escuela pública elemental de niños, y otra, aunque sea incompleta, de niñas.

Las incompletas de niños sólo se consentirán en pueblos de menor vecindario.

Art. 101. En los pueblos que lleguen a 2.000 almas habrá dos Escuelas completas de niños y otras dos de niñas.

En los que tengan 4.000 almas habrá tres; y así sucesivamente, aumentándose una Escuela de cada sexo por cada 2.000 habitantes, y contándose en este número las Escuelas privadas; pero la tercera parte, a lo menos, será siempre de Escuelas públicas.

Art. 102. Los pueblos que no lleguen a 500 habitantes deberán reunirse a otros inmediatos para formar juntos un distrito donde se establezca Escuela elemental completa, siempre que la naturaleza del terreno permita a los niños concurrir a ella cómodamente; en otro caso cada pueblo establecerá una Escuela incompleta, y si aún esto no fuera posible, la tendrá por temporada.

Las Escuelas incompletas y las de temporadas se desempeñarán por adjuntos o pasantes, bajo la dirección y vigilancia del Maestro de la Escuela completa más próxima.

Art. 103. Únicamente en las Escuelas Incompletas se permitirá la concurrencia de los niños de ambos sexos, en un mismo local, y aun así con la separación debida.

Art. 104. En las capitales de provincia y poblaciones que lleguen a 10.000 almas, una de las Escuelas públicas deberá ser superior.

Los Ayuntamientos podrán establecerla también en los pueblos de menor vecindario cuando lo crean conveniente, sin perjuicio de sostener la elemental.

Art. 105. El Gobierno cuidará de que, por lo menos en las capitales de provincia y pueblos que lleguen a 10.000 almas, se establezcan además Escuelas de párvulos.

Art. 106. Igualmente fomentará el establecimiento de lecciones de noche o de domingo para los adultos cuya instrucción haya sido descuidada, o que quieran adelantar en conocimientos.

Art. 107. En los pueblos que lleguen a 10.000 almas habrá precisamente una de estas enseñanzas, y además una clase de Dibujo lineal y de adorno, con aplicación a las Artes mecánicas.

Art. 108. Promoverá asimismo el Gobierno las enseñanzas para los sordo-mudos y ciegos, procurando que haya por lo menos una Escuela de esta clase en cada Distrito universitario, y que en las públicas de niños se atienda, en cuanto sea posible, a la educación de aquellos desgraciados.

CAPITULO II: De las Escuelas normales de primera enseñanza.

Art. 109. Para que los que intenten dedicarse al magisterio de primera enseñanza puedan adquirir la instrucción necesaria, habrá una Escuela normal en la capital de cada provincia y otra central en Madrid.

Art. 110. Toda Escuela normal tendré agregada una Escuela práctica, que será la superior correspondiente a la localidad, para que los aspirantes a Maestros puedan ejercitarse en ella.

Art. 111. Los gastos de las Escuelas normales provinciales se satisfarán por las respectivas provincias, quedando a beneficio de éstas el importe do las matrículas que paguen los aspirantes a Maestros.

Art. 112. La Escuela práctica será sostenida por el Ayuntamiento del pueblo como Escuela superior, y también estará a cargo de la Corporación municipal la conservación del edificio.

Art. 113. Los gastos de la Escuela normal central se satisfarán por el Estado, salvos los que correspondan respectivamente a la Diputación y al Ayuntamiento de Madrid: a éste, por la Escuela práctica y a aquella, por la parte de Escuela normal provincial.

Art. 114. El Gobierno procurará que se establezcan Escuelas normales de Maestras para mejorar la instrucción de las niñas; y declarará Escuelas-modelos, para los efectos del artículo 71, las que estime conveniente, previos los requisitos que determinará el reglamento.

CAPITULO III: De los establecimientos públicos de segunda enseñanza.

Art. 115. Para el estudio de la segunda enseñanza habrá institutos públicos que, por razón de la importancia de las poblaciones donde estuvieren establecidos, se dividirán en tres clases, siendo de primera los de Madrid; de segunda los de capitales de provincia de primera o segunda clase, o pueblos donde exista Universidad, y de tercera las de las demás poblaciones.

Art. 116. Los Institutos serán además provinciales o locales, según que estén a cargo de las provincias ó de los pueblos.

Art. 117. Cada provincia tendrá un Instituto que comprenda todos los estudios generales de la segunda enseñanza y los de aplicación que el Gobierno estime conveniente establecer, oída la Junta provincial de Instrucción pública. En Madrid habrá por lo menos dos.

Art. 118. Las provincias están obligadas a incluir en sus presupuestos la cantidad a que asciendan los sueldos de entrada de todos los Catedráticos y los demás gastos del establecimiento; teniendo en su abono las rentas que posea el Instituto y los derechos académicos que satisfagan los alumnos.

Art. 119. El Gobierno podrá hacerse cargo de sostener los Institutos de las provincias que tengan por conveniente, mediante una cantidad alzada que la provincia ha de entregar anual mente al Estado.

Art. 120. No habrá Instituto local sino donde el Gobierno lo permita, previo expediente en que se justifique su conveniencia y se acredite la posibilidad de sostenerlo, después de cubiertas las demás obligaciones municipales.

Art. 121. Los Institutos locales se sostendrán:

Primero. Con las rentas que posean

Segundo. Con el producto de las matriculas y demás derechos académicos.

Tercero. Con lo que para cubrir sus gastos, si no bastaren los expresados ingresos, habrá de incluirse en el presupuesto municipal.

Art. 122. En los Institutos locales se dará, por lo menos, todo el primer período de la segunda enseñanza, y se establecerán además los estudios de aplicación que sean más convenientes, atendidas las circunstancias de la localidad.

Art. 123. No podrá suprimirse ni reformarse un Instituto local sin autorización del Gobierno, previo expediente gubernativo, hasta cuya resolución continuará el pueblo obligado a satisfacer los gastos del establecimiento en la forma prescrita al autorizar su creación.

Art. 124. En las poblaciones donde haya Instituto, se refundirán en él las Escuelas elementales que existieren de industria, Agricultura, Comercio, Náutica u otras de estudios de aplicación de segunda enseñanza.

Art. 125. En los pueblos donde existan Escuelas de esta clase y no Instituto, se procurará establecerlo, y en tal caso se estará a lo dispuesto en el artículo anterior

Capítulo IV: De los Establecimientos públicos de enseñanza superior y profesional.

Art. 126. Las universidades y Escuelas superiores y profesionales serán sostenidas por el Estado; el cual percibirá las rentas de establecimientos, así como los derechos de matrícula, grados y títulos científicos.

Exceptúanse las Escuelas normales de primera enseñanza, con respecto a las cuales se estará a lo dispuesto en los artículos 111, 112 y 113.

Art. 127. Para la enseñanza de las facultades habrá diez Universidades: una central y nueve de distrito.

Art. 128. La Universidad central estará en Madrid; las de distrito en Barcelona, Granada, Oviedo, Salamanca, Santiago, Sevilla, Valencia, Valladolid y Zaragoza.

Art. 129. En la universidad central se enseñarán las materias correspondientes a todas las Facultades en su mayor extensión hasta el grado de Doctor.

Art. 130. La facultad de Filosofía y Letras se estudiará en todas las universidades de distrito hasta el grado de Bachiller por lo menos. El Gobierno determinará los estudios de lenguas sabias que han de establecerse en cada universidad.

Art. 131. Los reglamentos determinarán los estudios de la facultad de Ciencias exactas, físicas y naturales que ha de haber en cada universidad de distrito.

Art. 132. La facultad de Derecho existirá en todas las Universidades hasta el grado de Licenciado inclusive en la sección de leyes; en la sección de Cánones, en Oviedo, Salamanca y Sevilla; y en la de Administración, en Barcelona, Sevilla y Valladolid.

Art. 133. Habrá Facultad de Teología, hasta el mismo grado de Licenciado, en Oviedo. Salamanca. Santiago, Sevilla y Zaragoza.

Art. 134. Habrá facultad de Medicina, hasta el grado también de Licenciado, en Barcelona, Granada, Santiago, Sevilla, Valencia y Valladolid.

Art. 135. Habrá facultad de Farmacia, hasta el grado también de Licenciado, en Barcelona, Granada y Santiago.

Art. 136. Para el estudio y enseñanza de las Ciencias exactas, físicas y naturales, en su mayor extensión, habrá en Madrid una Escuela superior de Ciencias Exactas, Física y Química, un Museo de Historia natural y un Observatorio astronómico. Estas tres Escuelas reunidas constituyen la facultad de Ciencias.

Cada uno de estos establecimientos tendrá un local independiente y un reglamento particular en que se dispondrán los estudios de modo que los alumnos hagan frecuentes ejercicios prácticos de las asignaturas que cursaren.

Art. 137. Habrá en Madrid una Escuela de Bellas Artes para los estudios superiores de Pintura, Escultura y Grabado además de los elementales; otra de Arquitectura, y un Conservatorio de Música y Declamación.

Las Academias de Bellas Artes establecidas en las provincias se conservarán en su actual estado.

Art. 138. Las enseñanzas superiores de Ingenieros de Caminos, Canales y Puertos, y de Minas, se darán en las Escuelas de estos ramos establecidas en Madrid; la de ingenieros de Montes, en la Escuela de Villaviciosa; la de ingenieros agrónomos, en las de Madrid y Aranjuez; la de ingenieros industriales, en el Real Instituto Industrial de Madrid y en las Escuelas superiores de Barcelona, Gijón, Sevilla, Valencia y Vergara; la de Diplomática, en la Escuela de Madrid, y la del Notariado, en las de Madrid, Barcelona. Granada, Oviedo y Valladolid.

Art. 139. Las enseñanzas de los Ayudantes y demás subalternos, de que trata el art. 54, se darán en los puntos que el Gobierno determine.

Art. 140. La enseñanza profesional de Veterinaria de primera clase se daré en la Escuela de Madrid; y la de segunda, en las de Córdoba, León y Zaragoza.

La enseñanza profesional de Comercio se dará en la Escuela de Madrid agregada al Real instituto Industrial.

La profesional de Náutica para Pilotos se dará en las Escuelas de Barcelona, Bilbao, Cádiz, Cartagena, La Coruña, Gijón, Málaga, San Sebastián, Santander y Santa Cruz de Tenerife; y para Constructores navales en las Escuelas de Barcelona, Cádiz, Cartagena, La Coruña y Santander.

La de Maestros de obras, Aparejadores y Agrimensores se dará en la Escuela de este ramo, agregada a la de Arquitectura en Madrid: y en provincias, en las Escuelas agregadas a las respectivas Academias provinciales.

Capítulo V: De los Colegios.

Art. 141. En los mismos edificios que ocupan los Institutos de segunda enseñanza, o a sus inmediaciones, se establecerán Colegios donde, por una módica retribución, se reciban alumnos internos.

Art. 142. Estos establecimientos podrán estar a cargo del Estado o de las mismas provincias o pueblos que sostengan los Institutos, aunque siempre sujetos a los reglamentos que expida el Gobierno.

Art. 143. Se aplicarán a los Colegios, salvo los derechos de familia, todas las prebendas o becas que por cualquier titulo correspondan a estudios de Gramática, Filosofía u otros de los que comprende ahora la segunda enseñanza; pero respetándose siempre el derecho de patronato, y siguiéndose en el orden de llamamiento la voluntad de los fundadores.

Art. 144. El Gobierno establecerá donde lo tenga por conveniente, Colegios de internos para la enseñanza superior

Art. 145. La mitad de los productos líquidos de los Colegios se aplicará al sostenimiento de las Escuelas a que estén adjuntos. y el resto se invertirá en becas gratuitas.

Art. 146. Las becas de gracia de que se habla en el articulo anterior se proveerán, parte en alumnos pensionistas del mismo Colegio que se hayan hecho acreedores a este premio por su conducta y aprovechamiento, parte en jóvenes pobres y sobresalientes.

Art. 147. Los agraciados perderán el derecho a la pensión si dejaren de matricularse, si no fuere aprobados en algún curso; a no ser por causa involuntaria y legítima.

TITULO II: De los establecimientos privados.

Art. 148. Son establecimientos privados los costeados y dirigidos por personas particulares, Sociedades ó Corporaciones.

Art. 149. Todo el que tenga veinte años cumplidos de edad, y título para ejercer el Magisterio de primera enseñanza, puede establecer y dirigir una Escuela particular de esta clase según lo que determinen los reglamentos.

Art. 150. Para establecer un Colegio privado de segunda enseñanza se requiere autorización del Gobierno, que la concederá, oído el Real Consejo de Instrucción pública, y previa justificación de los extremos siguientes:

Primera. Que el empresario es persona de buena vida y costumbres, y tiene veinticinco años de edad; que se halla en el ejercicio de los derechos civiles y políticos, y que está dispuesto a prestar la fianza pecuniaria que prescribiere el reglamento.

Segundo. Que el Director tiene título de Licenciado en cualquier facultad, o su equivalente en carrera superior.

Tercero. Que el local reúne las convenientes condiciones higiénicas, atendido el número de alumnos internos y externos que ha de haber en él.

Cuarto. Que el reglamento interior no contiene disposiciones contrarias a las generales dictadas por el Gobierno, ó perjudiciales a la educación física, moral o intelectual de los alumnos.

Quinto. Que el Colegio tiene los Profesores necesarios, autorizados con el correspondiente título académico.

Sexto. Que hay en el Colegio los medios materiales que requiere la enseñanza.

Art. 151. Los estudios hechos en Colegios privados tendrán validez académica, mediante los requisitos siguientes:

Primero. Que los Profesores tengan la edad y el titulo universitario que exige esta ley para ser Catedrático de Instituto.

Segundo. Que se remitan anualmente al Instituto de la provincia las listas de la matrícula, satisfaciendo la mitad de los derechos.

Tercero, Que los estudios se hagan por los libros de texto designados por el Gobierno, y en el mismo órden y con sujeción a los mismos programas que en los establecimientos públicos.

Cuarto. Que los exámenes anuales se celebren en el Instituto a que esté incorporado el Colegio, y si estuviese en distinta población y a la distancia que los reglamentos señalen, bajo la presidencia de un Catedrático de aquella Escuela.

Art. 152. Las Sociedades y Corporaciones, debidamente autorizadas por las leyes, podrán establecer Escuelas o Colegios privados para la primera y segunda enseñanza; pero tanto en un caso como en otro necesitan la autorización del Gobierno, que la concederá con sujeción a lo dispuesto en el articulo 150, pudiendo relevarlas de la obligación de prestar fianza.

Art. 153. Podrá el Gobierno conceder autorización para abrir Escuelas y Colegios de primera y segunda enseñanza, a los institutos religiosos de ambos sexos legalmente establecidos en España, cuyo objeto sea la enseñanza publica, dispensando a sus jefes y Profesores del titulo y fianza que exige el articulo 150.

Art, 154. Los reglamentos de las Escuelas superiores y profesionales señalarán los casos en que pueden servir para las respectivas carreras los estudios hechos en establecimientos privados.

Art. 155. Los estudios de facultad hechos privadamente no tienen valor ninguno académicamente; sin embargo, los Catedráticos de Instituto podrán optar a los grados de Licenciado y Doctor que necesiten para ascender en el Profesorado, estudiando privadamente las materias que les falten para aspirar a ellos, y computándoseles cada tres años de enseñanza por un año académico de los que aquellos grados requieran.

Los comprendidos en esta excepción deberán sufrir los exámenes de curso y hacer los ejercicios que para cada grado estuvieren establecidos, satisfaciendo los correspondientes derechos de matrícula y títulos.

TITULO III: De la enseñanza doméstica.

Art. 156. Serán admitidos a los exámenes de ingreso para la segunda enseñanza los que hayan adquirido la primera en casa de sus padres, tutores o encargados de su educación, aun cuando no la hubieren recibido de Maestro con titulo.

Art. 157. También podrán estudiar los alumnos el primer periodo de la segunda enseñanza en casa de sus padres, tutores o encargados de su educación, bajo las condiciones siguientes:

Primera. Que tengan la edad señalada en el art. 17

Segunda. Que se matriculen en el Instituto local o provincial respectivo, para lo cual deberán ser aprobados en un examen general de primera enseñanza y satisfacer la mitad de los derechos de matrícula.

Tercera. Que estudien bajo la dirección de Profesor debidamente autorizado. Cuarta. Que sufran los exámenes anuales de curso en el Instituto donde estuvieren matriculados.

TITULO IV: De las Academias, Bibliotecas, Archivos y Museos

Art. 158. Las Academias, Bibliotecas, Archivos y Museos se consideran, para los efectos de esta Ley, dependencias del ramo de Instrucción pública.

Art. 159. El Gobierno cuidará de que las Reales Academias Española, de la Historia, de San Fernando y de Ciencias exactas, físicas y naturales, tengan a su disposición los medios de llenar, tan cumplidamente como sea posible, el objeto de su instituto.

Art. 160. Se creará en Madrid otra Real Academia, igual en categoría a las cuatro existentes, denominada de Ciencias morales y políticas.

Art. 161. Se pondrá al cuidado de la Real Academia de San Fernando la conservación de los instrumentos artísticos del Reino y la inspección superior del Museo nacional de Pintura y Escultura, así como la de los que debe haber en las provincias; para lo cual estarán bajo su dependencia las Comisiones provinciales de Monumentos, suprimiéndose la central.

Art. 162. Para establecer Academias u otras cualesquiera corporaciones que tengan por objeto discutir ó estudiar cuestiones relativas a cualquier ramo del saber humano, se necesita autorización especial del Gobierno, que podrá concederla, oído el Real Consejo de instrucción pública.

Art. 163. El Gobierno promoverá los aumentos y mejoras de las Bibliotecas existentes: cuidará de que en ninguna provincia deje de haber, lo menos una Biblioteca pública y dictará las disposiciones convenientes para que en cada una haya aquellas obras cuya lectura pueda ser más útil, atendidas las circunstancias especiales de la localidad y del establecimiento a que corresponda.

Art. 164. Igualmente cuidará el Gobierno de que se establezca en cada capital de provincia un Museo de Pintura y Escultura, el cual correrá al inmediato cargo de la respectiva Comisión de Monumentos.

Art. 165. Se organizará el servicio de Archivos, determinando cuáles han de ser tenidos como generales é históricos, y cuáles como de provincia; la clase de documentos que han de conservarse en ellos; las épocas en que habrán de remitírseles, y la inspección que al Gobierno corresponde sobre los de las localidades y corporaciones.

Art. 166. Se creará un Cuerpo de empleados en los Archivos y Bibliotecas, exigiendo a los que aspiren a entrar en él especiales condiciones de idoneidad señalándoles digna remuneración, y asegurándoles la estabilidad que exige el buen servicio de estos ramos.

SECCION TERCERA: Del profesorado público

TITULO PRIMERO: Del Profesorado en general

Art. 167. Para ejercer el Profesorado en todas las enseñanzas se requiere:

Primero. Ser español, circunstancia que puede dispensarse a los Profesores de Lenguas vivas y a los de Música vocal a instrumental.

Segundo. Justificar buena conducta religiosa y moral.

Art. 168. No podrán ejercer el Profesorado:

Primero. Los que padezcan enfermedad o defecto físico que imposibilite para la enseñanza.

Segundo. Los que hubieren sido condenados a penas aflictivas o que lleven consigo la inhabilitación absoluta para cargos públicos y derechos políticos, o no obtener una rehabilitación suficiente y especial para la enseñanza.

Art. 169. El nombramiento de Profesores de los Establecimientos públicos corresponde al Gobierno ó a sus delegados, que lo harán, previas las formalidades que se dirán en los títulos respectivos.

Art. 170. Ningún Profesor podrá ser separado sino en virtud de sentencia Judicial que le inhabilite para ejercer su cargo, ó de expediente gubernativo, formado con audiencia del interesado y consulta del Real Consejo de Instrucción pública, en el cual se declare que no cumple con los deberes de su cargo, que infunde en sus discípulos doctrinas perniciosas, o que es indigno por su conducta moral de pertenecer al Profesorado.

Art. 171. Los Profesores que no se presenten a servir sus cargos en el término que prescriban os reglamentos, o permanezcan ausentes del punto de su residencia sin la debida autorización, se entenderá que renuncian sus destinos: si alegaren no haberse presentado por justa causa, se formará expediente en los términos prescritos en el artículo anterior.

Art. 172. Tampoco podrá ningún Profesor ser trasladado a otro establecimiento o asignatura sin previa consulta del Real Consejo de Instrucción pública.

Art. 173. Cuando el Gobierno lo estime conveniente para mayor economía o provecho de la enseñanza, podrá encargar a un Profesor, además de la asignatura de que sea titular, otra, mediante la gratificación que para el caso se establezca .

Art. 174. El ejercicio del Profesorado es compatible con el de cualquier profesión honrosa que no perjudique el cumplido desempeño de la enseñanza, é incompatible con todo otro empleo o destino público.

Art. 175. Ningún Profesor de establecimiento público podré enseñar en establecimiento privado ni dar lecciones particulares, sin expresa licencia del Gobierno.

Art. 176. Los que disfruten prebenda eclesiástica percibirán sólo la mitad del sueldo que les corresponda como Profesores.

Art. 177. Los Profesores que después de haber servido en propiedad sus plazas por espacio de diez años dejen la enseñanza para pasar a otros destinos públicos, podrán ser nombrados de nuevo para cargos del Profesorado de igual clase que los que hubieren servido, contándoseles los años de antigüedad que llevaban al salir de la carrera de la enseñanza, y recobrando la categoría que antes hubieren obtenido.

Art. 178. Los Profesores que por supresión o reforma quedaren sin colocación, percibirán las dos terceras partes del sueldo que disfrutaban hasta tanto que vuelvan a ser colocados.

Art. 179. Los Catedráticos de los establecimientos sostenidos por el Estado, tendrán derecho a jubilación, y transmitirán a sus viudas y huérfanos el derecho a pensión conforme a las disposiciones generales vigentes para clases pasivas respetándose los derechos adquiridos.

CAPITULO PRIMERO: De los Maestros de primera enseñanza

Art. 180. Además de los requisitos generales, se necesita para aspirar al Magisterio en las Escuelas públicas:

Primero. Tener veinte años cumplidos. Segundo. Tener el título correspondiente.

Art. 181. Quedan exceptuados de este último requisito los que regenten Escuelas elementales incompletas; los cuales, como igualmente los Maestros de párvulos, podrán ejercer mediante un certificado de aptitud y moralidad, expedido por la respectiva Junta local y visado por el Gobernador de la provincia, en la forma y términos que determine el reglamento.

Art. 182. Serán nombrados por el Rector del distrito los Maestros de Escuelas públicas cuyo sueldo no llegue a 4.000 reales, y las Maestras dotadas con menos de 3.000. Corresponde a la Dirección general de Instrucción pública proveer las plazas de Maestros cuyo haber sea menor de 6.000, y las de Maestras cuyo sueldo no llegue a

5.000. Serán de nombramiento Real los cargos de la primera enseñanza que tengan mayor remuneración.

Art. 183. Se exceptúan de esta regla las Escuelas sujetas a derecho de patronato; cuya provisión se hará, conforme a lo dispuesto por el fundador, en personas que tengan los requisitos que exige la presente ley, y con la aprobación de la Autoridad, a quien a no mediar el derecho de patronato, corresponderla hacer el nombramiento.

Art. 184. Cuando los Patronos no hagan la provisión en los plazos que los reglamentos señalaren, perderán por aquella vez el derecho de elegir, que se trasladará a la Administración.

Art. 185. Las plazas de Maestros cuya dotación no llegue a 3.000 reales, y las de Maestras cuyo sueldo sea menor de 2.000, se proveerán sin necesidad de oposición: pero se anunciará la vacante señalándose un término para presentar solicitudes; y se hará el nombramiento a propuesta de la Junta provincial de instrucción pública, teniendo en cuenta los méritos de los aspirantes.

Art. 186. Las Escuelas cuya dotación exceda de las cantidades expresadas en el artículo anterior, se proveerán por oposición.

Art. 187. Los Maestros y Maestras que hubieran obtenido Escuela por oposición, podrán ser nombrados, si lo solicitaren pare otra de la misma clase, aunque tenga mayor dotación, sin necesidad de nuevos ejercicios.

Art. 188. Los reglamentos determinarán la forma en que han de hacerse las oposiciones y el orden que ha de observarse en las traslaciones y ascensos.

Art. 189. En las Escuelas elementales incompletas podrán agregarse las funciones de Maestro a las de Cura párroco, Secretario de Ayuntamiento ú otras compatibilidades con la enseñanza. Pero en las Escuelas completas no se consentirá semejante agregación sin especial permiso del Rector, que tan sólo podrá darlo para pueblos que no lleguen a 700 almas.

Art. 190. Cuando en los casos previstos por el artículo anterior, el cargo de Maestro recaiga en persona eclesiástica, el certificado de que trata el art. 181 será expedido por el respectivo Diocesano, dando conocimiento al Rector del Distrito.

Art. 191. Los Maestros de Escuelas públicas elementales completas disfrutarán: Primero. Habitación decente y capaz para si y su familia.

Segundo. Un sueldo fijo de 2.500 reales anuales, por lo menos en los pueblos que tengan de 500 a 1.000 almas: de 3.300 reales en los pueblos de 1.000 a 3.000; de 4.400 reales en los de 3.000 a 10.000; de 5.500 reales en los de 10 a

20.00: de 6.600 reales en los de 20.000 a 40.000: de 8.000 reales en los de

40.000 en adelante; y de 9.000 reales en Madrid.

Art. 192. Los maestros y Maestras de las Escuelas percibirán además de su sueldo fijo, el producto de las retribuciones de los niños que puedan pagarlas. Estas retribuciones se fijarán por la respectiva Junta local, con aprobación de la de provincia.

Art. 193. En los pueblos que tengan menos de 500 almas el Gobernador fijará oyendo al Ayuntamiento la dotación que éste ha de dar al Maestro, ó la cantidad con que ha de contribuir para dotar al del distrito que se forme, según lo prevenido en el art. 102.

Art. 194. Las Maestras tendrán de dotación respectivamente una tercera parte menos de lo señalado a los Maestros en la escala del art. 191.

Art. 195. Los Maestros y Maestras de Escuela superior disfrutarán 1.000 rs. más de sueldo que los de Escuela elemental de los pueblos respectivos.

Art. 196. Los Maestros y Maestras de Escuela pública disfrutarán un aumento gradual de sueldo, con cargo al presupuesto do la provincia respectiva.

A este fin se dividirán en cuatro clases, y pasarán de una a otra, según su antigüedad, méritos y servicios en la enseñanza, en la forma que determinen los reglamentos.

De cada cien Maestros y Maestras, cuatro pertenecerán a la primera clase; seis a la segunda; veinte a la tercera, y los demás a la cuarta.

La clasificación se hará en cada provincia, y los Maestros o Maestras que pasen de una provincia a otra, dejarán de percibir el aumento do sueldo correspondiente a su clase, hasta que ocurran vacantes, para las cuales serán nombrados.

Art. 197. Los Maestros y Maestras de las tres primeras clases disfrutarán un aumento de sueldo sobre el que corresponda a sus Escuelas, que consistirá:

Para los de tercera, en 200 rs. Para los de segunda, en 300 Para los de primera, en 500

El sueldo de los Maestros y Maestras de cuarta clase será el que corresponda a la Escuela que desempeñen.

Art. 198. El Gobierno adoptará cuantos medios estén a su alcance para asegurar a los Maestros el puntual pago de sus dotaciones; pudiendo, cuando fuere necesario, establecer en las capitales de provincia la recaudación y distribución de los fondos consignados para este objeto, y para el material de Escuelas, a fin de que los pagos se hagan con la debida regularidad y exactitud.

Art 199 Las condiciones que han de exigirse a los profesores de las Escuelas de sordo- mudos y ciegos, y los sueldos que han de disfrutar serán objeto de disposiciones especiales.

CAPITULO II: De los Maestros de Escuelas normales de primera enseñanza

Art. 200. Para ser Maestro de Escuela normal de provincia, se requiere haber aprobado los estudios necesarios para obtener el título de Maestro superior, y estudiado posteriormente en la Escuela normal central el curso propio de los Maestros normales.

Este último requisito se dispensará a los que con buena nota lleven consagrados ocho años a la enseñanza en Escuela superior.

Art. 204. De cada cinco plazas vacantes de Maestro de Escuela normal, se proveerá una por concurso entre los Regentes de las Escuelas prácticas normales que hayan servido su cargo con buena nota por espacio de diez años.

Art. 202. El sueldo de los Directores de Escuela normal de provincia será de 12.000 rs. en las de primera clase; y de 10.000 en las de segunda y tercera.

El número, clase y sueldo de los Profesores de estas Escuelas y de la central se determinará en el reglamento.

Art. 203. Los Profesores del curso superior para Maestros de Escuela normal é Inspectores de primera enseñanza, establecido en la central de Madrid, tendrán el sueldo y categoría de Directores de Escuela normal provincial de primera clase, con opción en la forma que determine el reglamento, a una mejora gradual de dotación que no podrá pasar de 15.000 .

Art. 204. En el Magisterio de las Escuelas normales se entrará por oposición y se ascenderá por concurso, con sujeción a los trámites que establezcan los reglamentos, y sin perjuicio de lo dispuesto en el art. 201

Art. 205. No podrán ascender a Profesor del curso superior para Maestro de Escuela normal establecido en la central de Madrid los que no tengan el título de Bachiller en Artes.

CAPITULO III: De los Catedráticos de Instituto

Art. 206. Se consideran Catedráticos de Instituto para los efectos de esta Ley: Primero. Los de los Estudios generales de la segunda enseñanza.

Segundo. Los de los Estudios de aplicación de que trata el articulo 16

Art. 207. Para aspirar a cátedras de instituto se requiere: Primero. Tener veinticuatro años cumplidos.

Segundo. Tener título correspondiente.

Este será, en los Estudios generales de segunda enseñanza, el grado de Bachiller en la facultad a que corresponda la asignatura.

En las enseñanzas de aplicación los reglamentos determinarán para qué asignaturas se ha de exigir el mismo grado de Bachiller, y para qué otras el título superior o profesional de la carrera a que correspondan los respectivos estudios.

Los Profesores de Lenguas vivas y Dibujo, y los de Música vocal é instrumental y Declamación no necesitan titulo.

Art. 208. Las cátedras de los Institutos de tercera clase y las de las Escuelas elementales de que se habla en los artículos 124 y 125, se proveerán por oposición; las de los Institutos de segunda clase, por concurso entre los Catedráticos de Instituto de tercera; y las vacantes de los de primera, por concurso entre los Catedráticos de Institutos de segunda.

El reglamento determinará la forma en que ha de hacerse las oposiciones, y la tramitación de los expedientes de concurso. En estos últimos será atribución del Real Consejo de Instrucción pública hacer la propuesta en terna para la vacante.

Art. 209. El sueldo de entrada de los Catedráticos de Instituto será: en los de primera clase 12.000 rs. anuales: en los de segunda 10.000; y en los de tercera, 8.000.

Continuarán además disfrutando los derechos de examen.

Art. 210. Se formará un escalafón general de todos los Catedráticos de Instituto del Reino, en el que ascenderán por antigüedad y mérito. Para ello se dividirán en cuatro secciones, de las cuales tres gozarán un aumento de sueldo en esta forma:

De 6.000 rs. la primera. De 4.000, la segunda. Y de 2.000, la tercera.

En ningún caso podrá exceder de 30 el número de los comprendidos en la primera sección; de 60, el de los que ingresen en la segunda; ni de 120, el de los que compongan la tercera.

En la provisión de estos premios se seguirán las reglas señaladas en los artículos 232 y 233.

Art. 211. No se incluirán en el escalafón los Catedráticos de los Institutos locales, ni los de las Escuelas elementales de aplicación no agregadas a instituto pero los que hubieren obtenido por oposición cátedras en estos Establecimientos, podrán ser nombrados para otras de la misma asignatura en los Institutos provinciales de tercera clase, sin necesidad de nuevos ejercicios.

Art. 212. Los Catedráticos de instituto se auxiliarán unos a otros en vacantes, ausencias y enfermedades. Cuando esto no fuere posible, nombrará el Jefe del Establecimiento un sustituto con la gratificación que prevengan los reglamentos.

CAPITULO IV: De los Catedráticos de Enseñanza profesional

Art. 213. Se consideran, para los efectos de esta Ley, Catedráticos de enseñanza profesional, los de aquellas para cuyo estudio se exija a los alumnos la preparación de que trata el artículo 28.

Art. 214. Para aspirar a cátedras de Escuelas profesionales, se requiere: Primero. Tener veinticinco años cumplidos.

Segundo. Tener el grado de Licenciado en la facultad a que corresponda la asignatura. o el título profesional, término de la respectiva carrera.

Art. 215. Las cátedras de las Escuelas profesionales se proveerán, según los casos, por oposición o concurso, en la forma que determinen los reglamentos.

Art. 216. El sueldo de entrada de los Catedráticos de que trata este capitulo, será de 14.000 rs. en Madrid, 12.000 en las provincias de primera y segunda clase, y 10.000 en las restantes. Percibirán además derechos de examen.

Art. 217. Los Catedráticos de enseñanza profesional formarán un escalafón, en el que se ascenderá por antigüedad y mérito, en los términos que previene el art. 210 guardándose en el número de los ascensos la misma proporción allí establecida respecto al total de Catedráticos: y siendo los aumentos sucesivos de cuatro, seis y ocho mil reales.

Art. 218. Son aplicables a estos Catedráticos las disposiciones del art. 212

CAPITULO V: De los Catedráticos de facultad

Art. 219. Se consideran Catedráticos de facultad para los efectos de esta Ley: Primero. Los de las Universidades.

Segundo. Los de las enseñanzas superiores que no pueden comenzarse sin haber obtenido el título de Bachiller en Artes o la preparación equivalente de que trata el art. 27

Art. 220. Para ser Catedrático de facultad se necesita: Primero. Tener veinticinco años de edad.

Segundo. Tener el título correspondiente.

Este será en las enseñanzas superiores el que se obtenga al terminar los estudios en la facultad de Ciencias, el de Doctor en ella o los de ingeniero o Arquitecto en las demás facultades, el de Doctor. Cuando la facultad tenga varias secciones, el título de Doctor ha de ser en aquella a que pertenezca la asignatura.

Art. 221. Los Catedráticos de facultad se dividen en numerarios y supernumerarios.

Art. 222. Las plazas de Catedráticos supernumerarios se proveerán por oposición y no excederán de una tercera parte de la de Catedráticos de número. Los reglamentos determinarán la forma en que han de verificarse las oposiciones. Exceptúanse las de la Universidad Central y las de las enseñanzas superiores establecidas en Madrid, que se proveerán alternando una por oposición y otra por concurso, entre los Catedráticos supernumerarios de las Universidades y Escuelas de distrito, y a propuesta del Real Consejo de Instrucción pública.

Art. 223. Se exceptúan de las reglas señaladas en los dos artículos anteriores las enseñanzas de Pintura. Escultura y Música, a cuyo desempeño podrá proveer el Gobierno en la forma que determinen los reglamentos.

Art. 224. El sueldo de los Catedráticos supernumerarios será el de 8.000 rs. vn. en Madrid y 6.000 en las provincias.

Art. 225. Es obligación de los Catedráticos supernumerarios:

Primero. Sustituir a los numerarios en ausencias, enfermedades y vacantes. Segundo. Enseñar las asignaturas que los reglamentos pongan a cargo de esta clase de Profesores.

Tercero. Desempeñar las demás funciones facultativas que los reglamentos les prescriban

Art. 226. De cada tres plazas vacantes de Catedráticos numerarios se proveerán dos en supernumerarios, mediante concurso y a propuesta del Real Consejo de Instrucción pública; y una por oposición.

Art. 227. En las vacantes que ocurran en la Universidad Central y en las Escuelas superiores establecidas en Madrid, serán llamados a concurso, además de los supernumerarios de las mismas, los Catedráticos de número de las Universidades y Escuelas de distrito, y los de Instituto de Madrid. Y a las que ocurran en las Universidades y Escuelas de distrito podrán aspirar, en concurrencia con los Catedráticos supernumerarios, los de Instituto que tengan la edad y título científico competente y desempeñen cátedra de la facultad y sección, ó bien de la enseñanza superior a que corresponda la asignatura vacante, y lleven tres años de antigüedad en ella.

Art. 228. Los Catedráticos numerarios de las Universidades formarán escala general, en la que se ascenderá por antigüedad rigurosa.

Esta escala será compuesta del modo siguiente: treinta Catedráticos a 18.000 rs.: sesenta a 16.000, y ciento veinte a 14.000; los demás a 12.000.

Art. 229. Los Catedráticos de las enseñanzas superiores formarán otro escalafón, en el que se obtendrán ascensos iguales a los señalados en el artículo anterior, proporcionalmente al número total de Individuos que lo compongan.

Art. 230. Los Catedráticos de facultad estarán además constituidos en tres categorías: de entrada, de ascenso y de término. Corresponden a la de entrada las tres sextas partes de los Catedráticos de facultad; podrán optar a la de ascenso las dos sextas partes, y a la de término, la otra sexta parte.

Art. 231. Para la distribución de categorías se dividirán las cátedras de facultad en secciones, comprendiendo en cada una las enseñanzas para cuyo desempeño se requiera el mismo título científico, y señalándose el número de categorías que puedan proveerse en cada sección con arreglo al número de cátedras que comprenda.

Art. 232. Las categorías de ascenso y término se concederán por el Gobierno a propuesta en terna del Real Consejo de Instrucción pública, con presencia de los méritos y servicios que cada Catedrático haya contraído en la enseñanza, señaladamente con la publicación de obras y otros trabajos literarios ó científicos, calificados por el mismo Consejo, con anterioridad a la vacante, como títulos para ascender en categoría atendiéndose, en igualdad de circunstancias, a la mayor antigüedad de cada uno.

Art. 233. Ningún Catedrático podrá ascender en categoría sin llevar cinco años de antigüedad en la inmediata inferior

Art. 234. El sueldo de los Catedráticos de facultad será el que les corresponda por su antigüedad y categoría acumuladas.

Continuarán además disfrutando los derechos de examen.

Art. 235. La categoría de ascenso aumenta en 4000 rs. el sueldo de antigüedad: y la de término en 8.000.

Art. 236. Los Catedráticos de facultad en Madrid disfrutarán de 4.000 rs. de aumento sobre el sueldo que les corresponda por su antigüedad y categoría.

Art. 237. Los reglamentos determinarán las circunstancias que han de tener y las condiciones a que habrán de sujetarse los Profesores de las Escuelas superiores y de las Ciencias, que sean individuos de los Cuerpos facultativos sostenidos por el Estado así como los de las Escuelas dependientes de las mismas, de que trata el art. 54. Pero estos Profesores no figurarán en la escala general, ni disfrutarán otro haber que el que les corresponda por los reglamentos del Cuerpo a que pertenezcan.

Art. 238. Las Cátedras de la universidad Central, correspondientes a estudios posteriores al grado de Licenciado que determine el reglamento, podrán proveerse en personas de elevada reputación científica, aunque no pertenezcan al Profesorado.

Art. 239. En los casos de que trata el artículo anterior presentará un candidato, para obtener la cátedra, el Real Consejo de Instrucción pública; otro la facultad de la universidad Central a que pertenezca la vacante; y otro la Real Academia a cuyo instituto corresponda la ciencia objeto de la asignatura.

Si la vacante no correspondiere a ninguno de los ramos del saber que se cultivan en las Reales Academias, propondrá dos candidatos al Real Consejo de Instrucción pública.

El Gobierno proveerá la cátedra en uno de los candidatos presentados por la expresada corporación.

Art. 240. Los Catedráticos así nombrados no figuraran en la escala de Profesores, y gozarán desde luego el sueldo anual de

30.000 rs. que será compatible con el goce del haber que les corresponda por cesantía.

Art. 241. Los Catedráticos de otras asignaturas que fueren nombrados para estas cátedras, serán borrados del escalafón general; conservando por lo demás todos sus derechos adquiridos.

Art. 242. El Gobierno podrá nombrar Profesores encargados de auxiliar a los Catedráticos en las operaciones prácticas ó de desempeñar los cargos de las facultades y

Escuelas superiores y profesionales que señale el reglamento proveyéndose estas plazas por oposición cuando tengan carácter facultativo.

Los reglamentos determinarán los sueldos, derechos y obligaciones de los que desempeñaren aquellas plazas.

SECCION CUARTA: Del gobierno y administración de la instrucción pública

TITULO PRIMERO: De la Administración general

CAPITULO PRIMERO: Del Ministro de Fomento, y del Director general de Instrucción pública.

Art. 243. El gobierno superior de la Instrucción pública en todos sus ramos, dentro del orden civil, corresponde al Ministro de Fomento.

En este concepto le incumbe:

Primero. Aconsejar al Rey en todos los asuntos relativos a esta parte de Administración Pública, y refrendar las Reales disposiciones.

Segundo. Presidir las secciones del Real Consejo de Instrucción pública y de las demás Corporaciones del ramo, siempre que asista a ellas.

Tercero. Conferir el grado de Doctor Cuarto. Expedir los títulos profesionales.

Art. 244. Al Director general corresponde la administración central de la Instrucción pública, bajo las órdenes del Ministro de Fomento.

CAPITULO II: Del Real Consejo de Instrucción pública

Art. 245. El Real Consejo de Instrucción pública se compondrá de 30 individuos y un Presidente, nombrados por el Rey.

Art..246. El nombramiento de Consejero podrá recaer:

Primero. En los que hayan sido Ministros de instrucción pública, Directores generales del ramo, Consejeros del mismo, o por espacio de seis años, a lo menos, Rectores de la Universidad.

Segundo. En dignidades de las Iglesias metropolitanas o Catedrales que tengan el grado de Doctor.

Tercero. En individuos de las Reales Academias; no pudiendo haber a la vez más de uno en concepto de representante de cada una de ellas.

Cuarto. En inspectores generales de los Cuerpos facultativos del Estado en el orden civil.

Quinto. En Catedráticos numerarios de facultad o enseñanza superior, que hayan ejercido este cargo en propiedad por espacio de doce años, y salido de la carrera del Profesorado con buena reputación científica.

Art. 247. El Gobierno podrá proveer hasta cinco plazas de Consejeros en personas que, aunque no pertenezcan a las categorías expresadas, hayan dado por sus escritos o trabajos científicos o literarios, positivas pruebas de eminente saber en cualquiera de los ramos que comprende la instrucción pública.

Art. 248. Habrá cinco plazas de Consejeros dotadas, con el sueldo anual de 40.000 rs. Estas habrán de recaer precisamente en Catedráticos de facultad o enseñanza superior, que hayan llegado a la categoría de término, o sido Rectores por espacio de tres años, y cuentan además en uno y otro caso quince años de antigüedad en el Profesorado.

Art. 249. No podrá haber a un mismo tiempo dos Consejeros retribuidos que procedan de la misma facultad o enseñanza superior

Art. 250. El Director general de Instrucción pública, el Rector de la Universidad Central, el Fiscal del Tribunal de la flota y el Vicario eclesiástico de Madrid son Consejeros natos.

Art. 251. El cargo de Consejero es incompatible con el de Catedrático en activo servicio. Art. 252. El cargo de Consejero retribuido es incompatible con todo otro cargo público. Art. 253. El Real Consejo de Instrucción pública se dividirá en cinco secciones:

Primera. De primera enseñanza.

Segunda. De segunda enseñanza, de Bellas Artes y de Filosofía y Letras. Tercera. De enseñanzas superiores y profesionales, de Ciencias exactas, Físicas y naturales.

Cuarta. De Ciencias médicas.

Quinta. De Ciencias eclesiásticas y Derecho.

Los Consejeros podrán pertenecer a más de una sección

Art. 254. El Rey nombrará de entre los Consejeros el Presidente de cada una de las secciones.

Art. 255. Los Consejeros retribuidos desempeñarán en las secciones el cargo de ponentes.

Art. 256. El Gobierno oirá al Consejo:

Primero. En la formación de los reglamentos generales y especiales que deberán expedirse para el cumplimiento de esta ley, y en toda modificación que haya de hacerse en ellos.

Segundo. En la creación o supresión de cualquier establecimiento público de enseñanza, y en las autorizaciones que exige esta ley para los establecimientos privados. Exceptúase la creación de Escuelas de primera enseñanza.

Tercero. En la creación ó supresión de cátedras.

Cuarto. En los expedientes de provisión de cátedras y en los de clasificación, antigüedad, categorías, jubilación y separación de los Profesores.

Quinto. En la revisión de programas de enseñanza, y en las modificaciones que en ellos se hicieren

Sexto. En la designación de libros de texto.

Séptimo. En los demás casos que previene esta Ley ó expresen los reglamentos.

Art. 257. Consultará también el Gobierno al Consejo, haciéndolo en pleno ó por secciones, siempre que lo estime conveniente en los casos de duda y de importancia.

Art. 258. Será Secretario general del Real Consejo de Instrucción pública un Oficial de Secretaria del Ministerio de Fomento, nombrado por el Gobierno.

TITULO II: De la administración local

CAPITULO PRIMERO: División territorial.

Art. 259. Para los efectos de la enseñanza pública se divide el territorio español en tantos distritos cuantas son las Universidades, del modo siguiente:

Distrito de Madrid. Comprenderá las provincias de Madrid, Ciudad-Real, Cuenca, Guadalajara, Segovia y Toledo.

Distrito de Barcelona. Comprenderá las provincias de Barcelona, Gerona, Lérida, Tarragona é Islas Baleares.

Distrito de Granada. Comprenderá las provincias de Granada, Almería, Jaén y Málaga.

Distrito de Oviedo. Comprenderá las provincias de Oviedo y León

Distrito de Salamanca. Comprenderá las provincias de Salamanca, Ávila, Cáceres y Zamora.

Distrito de Santiago. Comprenderá las provincias de La Coruña, Lugo, Orense y Pontevedra.

Distrito de Sevilla. Comprenderá las provincias de Sevilla, Badajoz, Cádiz, Islas Canarias, Córdoba y Huelva.

Distrito de Valencia. Comprenderá las provincias de Valencia, Albacete, Alicante, Castellón y Murcia.

Distrito de Valladolid. Comprenderá las provincias de Valladolid, Alava, Burgos, Guipúzcoa, Palencia. Santander y Vizcaya.

Distrito de Zaragoza. Comprenderá las provincias de Zaragoza, Huesca, Logroño, Navarra, Soria y Teruel.

CAPITULO II: De la administración de los Distritos universitarios

Art. 260. En cada distrito universitario habrá un Rector, Jefe inmediato de la Universidad respectiva, y superior de todos los Establecimientos de Instrucción pública que haya en él.

Art. 261. Los Rectores serán nombrados por el Rey.

Art. 262. El cargo de Rector recaerá precisamente en personas comprendidas en alguna de las siguientes categorías:

Primera. Los que hayan sido Ministros de la Corona.

Segunda. Los Directores generales de Instrucción pública ó Consejeros del ramo. Tercera. Los Consejeros Reales.

Cuarta. Los Magistrados de los Tribunales Supremos, Regentes de las Audiencias territoriales o Presidentes de Sala de las mismas.

Quinta. Los Canónigos de oficio y Dignidades de las iglesias metropolitanas y catedrales.

Sexta. Los Catedráticos de Facultad y de enseñanza superior que tengan la categoría de ascenso o de término, y lleven diez años de antigüedad en el desempeño de su cargo.

Art. 263. Cuando un Catedrático sea nombrado Rector, conservará su lugar en el escalafón, sin número; y si fuere de ascenso, podrá aspirar a la categoría de término, del mismo modo que si continuara ejerciendo la enseñanza: pero se proveerán (por los medios que el Reglamento determine) la cátedra, la categoría y el premio de antigüedad que disfrute: sin perjuicio de que al cesar en el referido cargo vuelva a percibir el haber integro que le corresponda hasta ingresar de nuevo en el ejercicio del profesorado.

Art. 264. El Rector de la Universidad Central tendrá el sueldo anual de 40.000 rs., y los de las Universidades de distrito, el de 30.000.

Art. 265. Para suplir al Rector en vacantes, ausencias y enfermedades, habrá un Vicerrector nombrado por el Rey de entre los Catedráticos de término o ascenso. El Vicerrector percibirá la tercera parte del sueldo señalado al Rector, cuando esté vacante este cargo, y además el haber integro que por Catedrático le corresponda; en las demás circunstancias, su destino será meramente honorífico.

Art. 266. En cada distrito universitario habrá, a las inmediatas órdenes del Rector, un Secretario general nombrado por el Gobierno, a cuyo cargo estarán las oficinas de la Universidad. Para obtener este destino se requiere ser Licenciado, o haber recibido título equivalente en la enseñanza superior.

Art. 267. El Secretario general disfrutará el mismo sueldo que los Catedráticos numerarios de entrada de la Universidad a que pertenezca y percibirá cada cinco años una sexta parte de aumento hasta llegar en Madrid a 24.000 rs. y en las provincias a 20.000.

Art. 268. Habrá también en las capitales de Distrito un Consejo universitario para aconsejar al Rector en los asuntos graves, y juzgar a los Profesores y alumnos en los casos que determinen los Reglamentos.

Art. 269. Los Consejos universitarios se compondrán:

• Del Rector, Presidente.

• De los Decanos de las facultades y Directores de las Escuelas superiores.

• De los Directores de las Escuelas profesionales y de los Institutos. Será Secretario del Consejo el del distrito.

CAPITULO III: Del régimen interior de los Establecimientos de enseñanza

Art. 270. Al frente de cada facultad habrá un Decano nombrado por el Gobierno, de entre los Catedráticos de la misma, a propuesta del Rector. Para ello se dividirán por antigüedad los Catedráticos en dos secciones iguales en número, y la propuesta deberá componerse de individuos pertenecientes a la sección de los más antiguos.

Art. 271. Cada Escuela superior, profesional é Instituto tendrá un Director nombrado por el Gobierno. Este cargo podrá recaer en un Profesor del Establecimiento.

Art. 272. A los Decanos y Directores corresponde gobernar bajo las órdenes del Rector, las facultades ó establecimientos que tenga a su cargo.

Art. 273. Podrán comunicarse directamente con el Ministerio de Fomento, en los casos que los Reglamentos determinen:

Primero. Los Jefes de las Escuelas superiores y profesionales establecidas en Madrid

Segundo. Los Jefes de las Escuelas é Institutos que no tengan su residencia en la misma población que la Universidad

Art. 274. En las facultades, Institutos y Escuelas profesionales desempeñará el cargo de Secretario un Catedrático nombrado por el Rector a propuesta del Decano ó Director respectivo.

Art. 275. Los Reglamentos señalarán la retribución de los cargos de Decanos, Directores y Secretarios de las facultades, Escuelas é Institutos, sin perjuicio de lo dispuesto en el artículo 202

Art. 276. Compondrán el claustro ordinario de cada Universidad los Catedráticos de la misma; y el extraordinario, además de los expresados Catedráticos, los Directores y Profesores de todos los establecimientos públicos de enseñanza que existan en la población, como también los Doctores residentes en ella. Este sólo se convocará para los actos públicos y solemnes

Art. 277. El Rector convocará y presidirá los Claustros ordinarios y extraordinarios.

Art. 278. Formarán la Junta de Profesores de cada facultad, Escuela superior, profesional e Instituto, los Catedráticos de los mismos establecimientos; la presidencia corresponde a los Decanos y Directores.

Art. 279. Los reglamentos determinarán los casos y forma en que se han de reunir los Claustros y las Juntas de Profesores, así como los asuntos que han de tratar en ellos.

Art. 280. Las Juntas de Profesores tendrán también el carácter de Consejos de disciplina para conocer de las faltas académicas de los alumnos, cuya represión encomienden los Reglamentos a esta clase de corporaciones.

CAPITULO IV: De las Juntas de Instrucción pública

Art. 281. En cada capital de provincia habrá una Junta de Instrucción pública, compuesta del Gobernador, Presidente: de un Diputado provincial, un Consejero provincial, un individuo de la Comisión provincial de Estadística, un Catedrático del instituto, un individuo del Ayuntamiento, el Inspector de Escuelas de la provincia, un Eclesiástico delegado del Diocesano, y dos ó más padres de familia.

Art. 282. Cada una de estas Juntas tendrá un Secretario retribuido, nombrado por el Gobierno, a propuesta en terna de la misma Junta; quien la hará entre Maestros con título de Escuela superior, y que lleven tres años de práctica en la enseñanza.

Art. 283. El sueldo de estos Secretarios será: de 9.000 reales en las provincias de primera clase 8.000 en las de segunda, y 7.000 en las de tercera. El Secretario de la de Madrid disfrutará 10.000.

Art. 284. El Gobierno nombrará los individuos de las Juntas provinciales de Instrucción pública a propuesta en terna del Gobernador.

Art .285. Cuando el todo o parte de las rentas del Instituto provincial consistiese en fundaciones piadosas, agregadas al mismo en virtud de convenio con los patronos, serán individuos de la Junta uno o más de éstos, si estuviere así establecido.

Art. 286. Corresponde a estas Juntas:

Primero. Informar al Gobierno en los casos previstos por esta ley y demás en que se les consulte.

Segundo. Promover las mejoras y adelantos de los Establecimientos de primera y segunda enseñanza.

Tercero. Vigilar sobre la buena administración de los fondos de los mismos Establecimientos.

Cuarto. Dar cuenta al Rector, y en su caso al Gobierno, de las faltas que adviertan en la enseñanza y régimen de los Institutos y Escuelas puestas a su cuidado.

Art. 287. Habrá además en cada Distrito municipal una Junta de primera enseñanza, compuesta:

Del Alcalde, Presidente. De un Regidor

De un Eclesiástico designado por el respectivo Diocesano. De tres o más padres de familia.

Art. 288. Los individuos de las Juntas locales de primera enseñanza serán nombrados por el Gobernador de la provincia.

Art. 289. Las Juntas locales tendrán, respecto de las Escuelas de primera enseñanza establecidas en el pueblo, las mismas atribuciones que el art. 286 señala a las Juntas provinciales respecto de los Establecimientos cuyo cuidado se les encomienda: con la diferencia de que las locales dirigirán sus comunicaciones a la provincial en lugar de hacerlo al Rector o al Gobierno.

Art. 290. En los pueblos que no siendo capital de provincia tengan instituto a Escuela de aplicación, las atribuciones de la Junta local se extenderán también a estos Establecimientos.

Art. 291. La Junta de primera enseñanza de Madrid tendrá la organización y atribuciones que el Gobierno considere convenientes, según el estado de las Escuelas y las necesidades de la población.

Art. 292. Cuando los Presidentes de las Juntas de Instrucción Pública asistan a los actos académicos de los Establecimientos que les están encomendados, ocuparán la presidencia, a no estar el Rector del distrito o algún inspector general de instrucción pública.

TITULO III. De la intervención de las Autoridades civiles en el gobierno de la enseñanza

Art. 293. Los Gobernadores y los Alcaldes, como delegados del Gobierno de las provincias y pueblos, tienen, además de las atribuciones de que trata el capitulo anterior, las facultades que les señalarán los reglamentos; y deberán vigilar sobre el cumplimiento de las leyes en todos los ramos de la Instrucción pública, pero sin mezclarse en el régimen interior, ni en la parte literaria, ni en la administrativa de los Establecimientos, y limitándose en todo caso a dar cuenta a los Rectores y al Gobierno de cuanto adviertan que a su juicio sea digno de corrección o reforma.

TITULO IV. De la Inspección

Art. 294. El Gobierno ejercerá su inspección y vigilancia sobre los Establecimientos de instrucción, así públicos como privados.

Art. 295. Las Autoridades civiles y académicas cuidarán bajo su más estrecha responsabilidad, de que ni en los Establecimientos públicos de enseñanza ni en los privados se ponga impedimento alguno a los RR. Obispos y demás Prelados diocesanos, encargados por su ministerio de velar sobre la pureza de la doctrina, de la Fé y de las costumbres. y sobre la educación religiosa de la juventud, en el ejercicio de este cargo.

Art. 296. Cuando un Prelado diocesano advierta que en los libros de texto o en las explicaciones de los Profesores se emitan doctrinas perjudiciales a la buena educación religiosa de la juventud, dará cuenta si Gobierno: quien instruirá el oportuno expediente, oyendo al Real Consejo de Instrucción pública, y consultando, si lo creyere necesario, a otros Prelados y al Consejo Real.

Art. 297. En la primera enseñanza, el Gobierno vigilará, por medio de sus Inspectores especiales, en todos los ramos, sin distinción por medio de inspectores generales de Instrucción pública. Los Rectores de las Universidades, por si o por medio de Catedráticos a quienes para ello designen, visitarán todos los Establecimientos de su distrito, y ejercerán en ellos la más constante inspección.

Art. 298. Los inspectores serán nombrados por el Rey

Art. 299. En cada provincia habrá un inspector de Escuelas de primera enseñanza; las tres Provincias Vascongadas tendrán un sólo Inspector.

En casos de necesidad reconocida, previa consulta del Real Consejo de Instrucción pública, podrán nombrarse hasta dos inspectores en cada provincia, y en la de Madrid tres.

Art. 300. Para optar a este cargo se necesita haber terminado los estudios de Escuela normal central, y haber ejercido la primera enseñanza por espacio de cinco años de Escuela pública, o de diez en Escuela privada.

Art. 301. Los Inspectores provinciales de primera enseñanza tendrán de sueldo 10.000 rs. anuales en las provincias de primera clase; 9.000 en las de segunda y 8.000 en las de tercera, con cargo al presupuesto provincial respectivo.

Art. 302. Para los ascensos en la carrera, según los méritos y años de servicio, se dividirán los inspectores en tres secciones, prescindiendo de las provincias donde sirvieren. Una quinta parte pertenecerán a la primera sección; dos quintas partes a la segunda y otras dos a la tercera. Los de las dos primeras tendrán un aumento de sueldo sobre el que les corresponda por la clase de la provincia en que sirvan; cuyo aumento consistirá en 1.000 rs. para los de segunda sección, y en 3.000 reales para los de la primera.

Art. 303. Los Inspectores provinciales visitarán las Escuelas de primera enseñanza de todas clases establecidas en su provincia, a excepción de las Normales de Maestros y Maestras; y se ocuparán en los demás servicios del ramo que determinen los reglamentos.

Art. 304. Además habrá tres Inspectores generales de primera enseñanza que serán nombrados de entre los inspectores de provincia de primera clase, Directores de Escuela normal de igual categoría o Maestros del curso superior de la Escuela normal central; todos deberán llevar cinco años de ejercicio en su último destino y tener el título de Bachiller en artes.

Los inspectores generales de primera enseñanza disfrutarán 16.000 rs. de sueldo anual.

Art. 305. Los Inspectores generales de primera enseñanza visitarán las Escuelas normales de Maestros y Maestras; vigilarán los trabajos de los provinciales, y prestarán los demás servicios que les encomiende el Gobierno.

Art. 306. Serán inspectores generales de Instrucción pública los retribuidos del Real Consejo del ramo.

Art. 307. El Gobierno publicará, oyendo al Real Consejo de Instrucción pública, un reglamento que determine las obligaciones y facultades de los inspectores generales, y señale las cantidades que han de percibir por vía de indemnización cuando salgan del lugar de su residencia en desempeño de su destino.

DISPOSICIONES TRANSITORIAS

1ª. El Gobierno dictará las disposiciones provisionales que estime necesarias, para acomodar a las prescripciones de esta ley lo vigente, en la actualidad, así en cuanto al orden de los estudios como en punto a la organización del Profesorado público; respetando siempre los derechos adquiridos.

2ª. Podrán ser declarados catedráticos supernumerarios los Regentes, Agregados o Sustitutos permanentes con diez años de antigüedad y cinco de desempeño de su cargo; o con sólo tres años de servicio en su plaza, si la hubiesen ganado por oposición.

3ª. Podrán ser declarados Catedráticos supernumerarios los Regentes, Agregados o Sustitutos permanentes con diez años de antigüedad y cinco de desempeño de su cargo; o con sólo tres años de servicio en su plaza, si la hubiesen ganado por oposición.

4ª. Los Catedráticos interinos que tengan siete años de antigüedad podrán ser declarados numerarios. Lo serán también todos aquellos a quienes con anterioridad a esta Ley les estuviere declarado a la propiedad de las Cátedras que sirven.

5ª. Los Maestros y Catedráticos propietarios, a cuyos cargos corresponda, según esta Ley o los reglamentos que se den para su ejecución, menor sueldo que el que ahora les está señalado, continuarán percibiendo el que en la actualidad disfruten.

6ª. Una ley especial determinará los derechos pasivos de los Maestros y Profesores que no perciban sus haberes con cargo al presupuesto general del Estado.

7ª. Los Directores de Colegios privados de segunda enseñanza que a la publicación de esta Ley llevaren diez años de ejercicio al frente de un Establecimiento de aquella clase, con buena nota, podrán ser facultados para continuar al frente de los mismos con dispensa del título de Licenciado, previa consulta del Real Consejo de Instrucción pública.

8ª. El Gobierno podrá aumentar, disminuir o suprimir derechos de matrícula señalados en la tarifa que acompaña a esta Ley, teniendo para ello en cuenta la conveniencia del servicio público, y oyendo al Real Consejo de instrucción pública.

Por tanto, mandamos a todos los Tribunales. Justicias, Jefes, Gobernantes y demás Autoridades, así civiles como militares y eclesiásticas, de cualquiera clase y dignidad, que guarden y hagan guardar, cumplir y ejecutar la presente ley en todas sus partes.

Dado en Palacio a 9 de Setiembre de 1857.-YO LA REINA El Ministro de Fomento, Claudio Moyano Samaniego.

Decretos y circulares de Orovio

REAL DECRETO QUE REFORMA EL EJERCICIO DEL PROFESORADO 22 DE ENERO DE 1867

Ministerio de Fomento

Exposición a S. M.

Señora:

Las reformas que V. M., siempre anhelosa del mayor bien de sus súbditos, se ha servido decretar en el importante ramo de la Instrucción pública, quedarían incompletas si a la organización de las enseñanzas no siguiese la del Profesorado en sus distintas esferas; que a la verdad, de poco serviría ordenar los estudios de una manera razonable y lógica, ni darles aquella amplitud que determinan los adelantos modernos, si no se hiciese lo posible por ennoblecer el Magisterio, a fin de que siempre el brillo de la ciencia se refleje en las personas oficialmente encargadas de difundirla.

En todo tiempo y por todas las gentes se ha considerado la misión del Maestro como la más próxima al Sacerdocio. La sabia antigüedad la honró; santificóla el Redentor del mundo; fue objeto de veneración aun en los siglos de tinieblas: hoy las naciones cultas le reconocen y rinden el tributo de que es digna. Dirigir y enseñar a la juventud es disponer de los destinos de los pueblos; el impulso moral de lo presente decide sin remedio de lo porvenir. Hay, pues, Señora, en el régimen y conservación del Estado pocos puntos de tan visible y vital trascendencia como el de la Enseñanza pública; la cual, si en todas las épocas ha merecido atención de parte de los Gobiernos, ahora la merece especial y preferente por lo mismo que son maravillosos los vuelos de la ciencia, eficaz y aun decisivo el influjo del saber, y por lo mismo que el error, hoy como siempre, y más que siempre, redobla sus esfuerzos por apoderarse de los baluartes construidos para la verdad.

Las naciones que pasan por más prósperas y adelantadas dan una importancia suprema a la cuestión de Maestros; que no es lo mismo sentar y aplaudir teorías que halaguen tal vez a la irreflexiva multitud, que consentir en la propia casa la acción destructora, aunque lenta y paulatina, de una enseñanza que pueda en mal hora torcer los cauces seculares de la tradición, y hasta borrar los más ingenuos y distintivos rasgos del carácter nacional. El genio funesto de las revoluciones, que todo lo subvierte y desfigura, ensalza como libertad de la ciencia y soberanía de la razón lo que es tan solo enfermedad de la mente y esclavitud de la soberbia, que no por antigua desechan los enemigos de todo reposo la calumnia de que el verdadero espíritu conservador de las sociedades se opone al progreso de las ciencias y entorpece la marcha augusta del entendimiento. Nada hay más contrario y dañoso a los legítimos fueros de la ciencia, nada más depresivo del entendimiento humano que la tiranía del error ejercida a nombre de la emancipación del saber: buen testimonio son de esta verdad aquellos pueblos a donde la propia índole de su constitución social ha traído como triste corolario la libertad absoluta de enseñanza.

En España, Señora, la instrucción pública se ha sujetado siempre a prescripciones fijas, sin lastimar en lo más leve los intereses científicos; antes bien favoreciendo su desarrollo y dando con famosas Universidades y estudios, aun en remotos siglos, modelos que imitar a las naciones de Europa. Sería absurdo imaginar siquiera que empiece en un pueblo regido por determinadas instituciones un sistema de enseñanza que en todo o en parte las contrariase; un sistema que convirtiese a la ciencia, que solo debe ser mensajera de luz y de paz, en elemento de perturbación y de ruina; un sistema, en fin, que a traición y sobre seguro hiriese el corazón de la patria, desviando de su cariño y de su respeto a los hijos en quienes funda esperanzas y alegrías.

Nadie podrá sostener con sana lógica que sea lícito en España a los encargados de la pública instrucción, desde la escuela más humilde de aldea hasta la cátedra de Facultad más elevada, propagar doctrinas que directa ni indirectamente ataquen u ofendan lo que en el orden religioso y social es por forma, principio y fundamento de nuestra constitución, esencia de nuestra vida nacional. El Estado regula y ordena las esferas todas de la enseñanza, sin poner otros límites que los límites que marca su propia conservación, aquellos a que no podrían renunciar sin incurrir en el crimen de suicidio. Quien se dedique en España a la enseñanza sabe que se obliga a cooperar lealmente a los fines del Estado. El Estado, que sabe a su vez que los Profesores en su diversa escala corresponden en aquellos términos al fin común del legítimo progreso, los remunera, si no con la esplendidez que deseara, con la que le permiten sus recursos; y los rodea de una consideración y de un prestigio que valen más que la recompensa material. El Estado educa y enseña a los españoles por medio de Maestros que elige: los padres, descansando en esta gran curatela del Estado, entregan sus hijos a la enseñanza oficial, indispensable para las carreras y profesiones de la vida; de donde fácilmente se infiere cuán delicado y estrecho deber incumbe a los Gobiernos de velar por la pública instrucción, y cuán identificados deben estar los que a darla se consagran con el espíritu de la nación que así les confía su más preciado tesoro, que es la juventud.

Los planes y reglamentos de Instrucción pública dictados en España en el presente siglo han tendido progresivamente a mejorar y garantir la condición de los Profesores en todas las esferas de la enseñanza, habiéndose dado en este camino un paso verdaderamente notable por virtud de la ley de 9 de Setiembre de 1857. Fijar y garantir la situación de una clase tan digna de consideraciones y respeto; señalar clara y distintamente la órbita de sus obligaciones y derechos, estos han sido los principales objetos del legislador desde el instante en que el Magisterio, dejando de ser una pobre y oscurísima ocupación en los primeros grados de la escala, y en los grados superiores un accidente pasajero de la vida, a lo más un simple mérito para llegar a otras carreras, fue elevado con justicia al rango de una nobilísima profesión, y se convirtió en término de altas aspiraciones lo que antes fuera medio para realizar otras quizá más modestas.

Dejando aparte y como materia de reglamentos particulares que el Gobierno prepara activamente y no tarde someterá a la soberana aprobación de V. M. todo cuanto se refiere a Instrucción primaria y al régimen de cada una de las Escuelas especiales; segregadas ya del cuerpo universitario por Real decreto de 7 de Octubre último, conviene determinar las condiciones del personal facultativo de la enseñanza en armonía con las reformas recientemente introducidas, siempre sobre la base de conciliar los legítimos intereses del Profesorado con los altísimos intereses de la sociedad.

La ley de Instrucción pública ha proclamado con generosa insistencia los derechos de los Catedráticos. Respetables son estos derechos, respetados han sido y serán por el Gobierno de V. M.; pero la ley no previó quizá que, andando el tiempo y cundiendo determinados errores, pudiera la inamovilidad interpretarse como irresponsabilidad; pudiera entenderse la propiedad de una Escuela como una propiedad real cualquiera, y el diploma de Maestro como una inscripción hipotecaria; y pues que de cierto no es este el espíritu de la ley, a la sabiduría de V. M. no se ocultará la urgente precisión de esclarecerlo y fijarlo.

Nueve años de experiencia son bastantes para producir el convencimiento de que en fuerza de exagerar los derechos individuales se perjudica y oscurece el derecho eminente del Estado a hacer que todos los elementos de la buena gobernación funcionen de un modo regular, ordenado y fecundo. Tan fuera del buen sentido estaría dictar una ley en exclusivo provecho de los Profesores, como fundarla estrechamente en un espíritu de desconfianza y de sospecha; todo el acierto está en armonizar las garantías del Profesor con las garantías de la sociedad; en hacer fácil y expedito el cumplimiento de la ley para lustre y decoro de la enseñanza, para que se corten los males si en realidad los hubiere, y sean los bienes tan abundantes como pueden y deben esperarse de la inmensa mayoría del Profesorado español.

Establecer las condiciones generales a que se debe sujetar el ingreso en esta clase respetabilísima de la sociedad; declarar la conveniente categoría administrativa al Catedrático, no mientras desempeña su cargo, que entonces la toga y la medalla son la noble insignia de una categoría que el respeto público otorga y que las leyes no han menester escribir, sino para cuando el Profesor resuelva dejar su carrera para servir en otra del Estado; dictar reglas para hacer efectivo el derecho de los Catedráticos a la bien ganada cátedra, pero también para hacer efectiva su responsabilidad en el lamentable caso de que alguno con su doctrina rompiese el pacto solemne contraído con la sociedad en que vive, y en cuyo seno ejerce un alto cargo de confianza; facilitar al Gobierno los medios de utilizar la ciencia de los Catedráticos en ramos afectos a la Instrucción pública o en otros de la Administración, sin que el Catedrático pierda su carácter y el derecho por cierto tiempo de volver a la enseñanza activa; exaltar, en fin, y acrecentar en cuanto sea posible el prestigio del Profesorado que en los Institutos y Universidades determina y regula el movimiento científico y literario de España, y afianzar a la vez misma en manos de la sociedad los medios de defensa que la ley le reconoce contra los abusos que pudieran cometerse, tales son los principios capitales que contiene el adjunto proyecto de decreto, en el cual hay otra medida grave que, por afectar al presupuesto en sentido de aliviarlo, cabe en la autorización de que el Gobierno se halla revestido por la ley de 30 de Junio próximo pasado.

Esa medida es, Señora, la supresión de los Catedráticos supernumerarios, y la justifica plenamente el poco feliz ensayo de nueve años. Gozan los Catedráticos supernumerarios la mitad del sueldo que los numerarios; y siendo este por demás exiguo, dicho está que aquel apenas alcanza a cubrir las necesidades más apremiantes de la vida: exígense a los supernumerarios la misma carrera, el mismo título, casi igual prueba de oposición que a los de número; no hay, pues, para qué preguntar la razón de ser tan corto el de opositores a cátedras supernumerarias, que a veces no han llegado ni aun a cubrir las vacantes anunciadas. De aquí resultaba que proveyéndose después una parte de las cátedras de número en supernumerarios, quedaba abierta al Profesorado una puerta que solo podía dar entrada a jóvenes de vocación muy decidida o de limitadas aspiraciones. Resultaba además que estos Profesores, adscritos a las Facultades por grupos de asignaturas, jamás podían fijarse en una para profundizar y adelantar en ella como Maestros, toda vez que su destino futuro dependía y depende del azar de la vacante. Por estas razones, respetando escrupulosamente los derechos adquiridos, y conservando a los actuales supernumerarios el que por la ley les asiste de entrar en plazas de número sin perjuicio de prestar el servicio que ahora prestan hasta la completa extinción de la clase, el Ministro que suscribe ha creído que debía proponer a V. M. esta reforma que cede en no desatendible beneficio del Erario, proveyendo por otra parte a las eventualidades de la enseñanza en los términos que ha considerado más provechosos y fecundos.

Otras medidas y alteraciones accidentales en el régimen y organización del Profesorado de Institutos y Universidades contiene el presente proyecto de decreto, encaminadas todas al mayor bien y esplendor de una clase que tanto puede contribuir con su notoria ilustración, lealmente difundida, al fin saludable de que recobre su reposo moral la sociedad agitada, y de qué para nadie, ni aun para las almas recelosas, sean un peligro social las legítimas expansiones de la ciencia.

El Ministro que suscribe ha sometido su proyecto al profundo estudio y solemne discusión del Real Consejo de Instrucción pública; y de conformidad con el dictamen de esta sabia Corporación y acuerdo con el Consejo de Ministros, tiene el honor de elevarlo a la soberana aprobación de V. M.

Madrid 21 de Enero de 1867.

SEÑORA:

A L. R. P. de V. M. manuel de orovio.

Real Decreto

Atendiendo a las razones que me ha expuesto mi Ministro de Fomento, de acuerdo con el Consejo de Ministros, y de conformidad con lo consultado por mi Real Consejo de Instrucción pública,

Vengo en decretar lo siguiente:

Artículo 1.° Para ejercer el Profesorado en todas las enseñanzas se requiere por regla general:

Ser español.

Justificar buena conducta religiosa y moral.

Tener la edad y el título de aptitud que los reglamentos determinen.

Art. 2.° No podrán ejercer el Profesorado:

Los que padezcan enfermedad o defecto físico que inhabilite para la enseñanza.

Los que hubieren sido condenados a penas aflictivas que lleven consigo inhabilitación absoluta o especial perpetuas para cargo público o profesión.

Los que hubieren sido separados gubernativamente de sus cátedras o Escuelas con sujeción a este Real decreto.

Art. 3.° El nombramiento de Profesores de los establecimientos públicos corresponde al Gobierno o a sus delegados en los términos y con los requisitos que se establecen.

Art. 4.° El Profesorado público constituye una carrera del Estado.

Para el caso de que sus individuos pasen a servir otros destinos fuera de la enseñanza se consideran comprendidos en las categorías siguientes:

Los Catedráticos de Instituto de primera, segunda y tercera clase, incluyendo en esta última a los locales para los efectos de este artículo, en la primera clase de la cuarta categoría que determina el Real decreto de 18 de Junio de 1852.

Los Directores de Instituto y los Catedráticos de entrada, ascenso y término en Universidad de provincia en la tercera categoría.

Los de término que alcanzaren el máximum de premio de antigüedad en la de Jefes de Administración de cuarta clase.

Los Catedráticos de entrada de la Universidad Central en la de Jefes de Negociado de primera clase.

Los Catedráticos de ascenso de la misma Universidad en la de Jefes de Administración de cuarta clase.

Los Catedráticos de término de la Universidad Central en la de Jefes de Administración de tercera clase.

Art. 5.° El Gobierno presentará a las Cortes en la próxima legislatura el oportuno proyecto de ley para fijar los derechos pasivos de los Catedráticos de Instituto y de los demás Profesores que no reciben sus haberes de los fondos generales del Estado.

Art. 6.° Ningún Profesor podrá ser separado sino en virtud de sentencia judicial que le inhabilite para ejercer su cargo, o de expediente gubernativo formado con audiencia del interesado y consulta del Real Consejo de Instrucción pública, en el cual se declare que no cumple con sus deberes, que infunde en sus discípulos doctrinas perniciosas, o que es indigno por su conducta moral de pertenecer al Profesorado.

Art. 7.° Cuando a juicio del Gobierno conviniere al mejor servicio, podrán ser trasladados los Catedráticos, tanto de Instituto como de Facultad, y de un establecimiento a otro de igual clase y a la misma asignatura, sin perjuicio de su categoría y antigüedad en el Profesorado.

Art. 8.° Los Profesores no podrán pertenecer a asociaciones de índole política, limitándose a ejercer libremente los derechos políticos que las leyes les otorguen.

Art. 9.° El ejercicio del Profesorado es compatible con el de cualquiera profesión honrosa que no perjudique al cumplido desempeño de la enseñanza, e incompatible con todo otro empleo o destino público retribuido de fondos generales, provinciales o municipales, y con la representación de sociedades particulares.

Art. 10. El Profesorado público comprenderá:

Los Maestros de primera enseñanza y de Escuelas Normales.

Los Catedráticos de Instituto.

Los de Escuelas especiales.

Los de Universidad.

Art. 11. Las Escuelas Normales, la clasificación de las Escuelas de primera enseñanza, los derechos y obligaciones de los Maestros, y todo cuanto se refiera a la Instrucción primaria de ambos sexos, serán objeto de reglamentos especiales.

Art. 12. Son Catedráticos de Instituto los que tienen a su cargo los estudios generales de los dos periodos de la segunda enseñanza en los Institutos provinciales y locales, y los estudios de aplicación a que se refiere el Art. 16 de la ley de Instrucción pública, siempre que estén agregados a los Institutos.

Art. 13. Para aspirar a cátedras de Instituto se requiere tener 24 años cumplidos; estar adornado del título académico correspondiente.

Este título será en los estudios de segunda enseñanza. El de Licenciado en Filosofía y Letras para las asignaturas de Latín y Castellano, Retórica y Poética, principios de Literatura, Geografía e Historia general y de España, Psicología, Lógica y Ética. Tendrán también aptitud para estas tres últimas asignaturas los Doctores y Licenciados en Teología.

El de Licenciado en la Sección correspondiente de la Facultad de Ciencias, o el de Ingeniero para las asignaturas de Matemáticas, Física y Química e Historia natural.

En las enseñanzas de aplicación se exigirá el título superior o profesional de la carrera a que correspondan los respectivos estudios.

Los Profesores de Declamación han de acreditar la segunda enseñanza completa, y las asignaturas de Literatura española y de Historia en la Facultad de Filosofía y Letras.

Los Profesores de lenguas vivas y de Dibujo, y los de Música vocal e instrumental, no necesitan título.

Los que fueren Bachilleres en Filosofía y Letras o en Ciencias a la fecha de este decreto conservan el derecho de ser admitidos a oposición.

Art. 14. El actual escalafón de Catedráticos de Institutos del reino se adicionará con el de Catedráticos de Institutos locales que hayan obtenido su cátedra por oposición, y en lo sucesivo gozarán todos de iguales derechos.

Art. 15. Para cubrir el servicio de la enseñanza, en las vacantes, ausencias y enfermedades de los Catedráticos de Instituto se nombrarán dos Auxiliares por lo menos, uno para las asignaturas de Letras y otro para la de Ciencias. Estos Auxiliares, que han de estar adornados del título de Licenciado en la respectiva Facultad, o cuando esto no pudiere ser el de Bachiller en la misma, tendrán a su cargo la Biblioteca y los gabinetes, y servirán en la Secretaría, bajo la dependencia del Secretario, las plazas de empleados administrativos que al presente existen o puedan establecerse. La retribución de los Auxiliares será la mitad del sueldo de Catedráticos del Instituto en que sirvan, y el buen desempeño de estas funciones será considerado como mérito especial en las oposiciones a cátedras.

Art. 16. Las cátedras de los Institutos locales y de los provinciales de tercera clase se proveerán precisamente por oposición.

Las de los Institutos de segunda y primera clase se proveerán alternativamente, una por oposición y otra por concurso, entre los Catedráticos de la clase inferior inmediata.

Art. 17. El sueldo de entrada de los Catedráticos de Instituto será: en los de primera clase 1.200 escudos, en los de segunda 1.000 y en los de tercera 800. Este último será también el sueldo de los Catedráticos de Instituto local, sin cuya circunstancia ni se autorizará la creación de estos establecimientos ni la continuación de los que existen.

Seguirán además disfrutando los derechos de examen.

Art. 18. Para la provisión de los ascensos, por antigüedad y mérito se distribuirán los Catedráticos en cuatro secciones, de las cuales tres gozarán un aumento de sueldo en esta forma:

De 600 escudos la primera.

De 400 la segunda.

Y de 200 la tercera.

En ningún caso podrá exceder de 30 el número de los comprendidos en la primera sección; de 60 el de los que ingresen en la segunda, ni de 120 el de los que compongan la tercera.

En la provisión de estos premios se observarán las reglas establecidas en otros artículos de este Real decreto para la de categorías correspondientes a los Catedráticos de Facultad.

Art. 19. Para hacer efectivo el precepto legal contenido en el art. 6.°, referente a la separación de los Profesores, se observarán las reglas siguientes:

Si en las visitas que una vez al mes por lo menos debe hacer el Director del Instituto a las cátedras del establecimiento observare, o de cualquier otro modo constare, que las explicaciones del Profesor adolecen de errores o difunden doctrinas perniciosas en el orden religioso, moral o político, o si por parte de la Autoridad eclesiástica a quien incumbe la inspección sobre la enseñanza en lo que toca a la pureza de la fe y costumbres se hiciere reclamación oficial motivada contra algún Catedrático, el Director suspenderá sus lecciones y dará inmediatamente parte al Rector del distrito, incurriendo en responsabilidad si no lo hiciere.

El Rector pasará personalmente, a no impedirlo causa probada en debida forma; a instruir expediente en averiguación de la falta cometida y suspendiendo de su cargo al Catedrático, remitirá aquel en el término más breve posible a la Dirección general del ramo para que, oído con urgencia el Real Consejo de Instrucción pública, se proceda a la separación del Catedrático si así fuere de justicia, o a la resolución que corresponda según el resultado del expediente.

En el caso de no poder ir personalmente el Rector para formarle, delegará sus atribuciones en el Vicerrector o alguno de los decanos a fin de que lo verifique en iguales términos.

El Catedrático de Instituto que por sus escritos o por sus hechos fuera de la cátedra revelase doctrinas perniciosas o contrarias al orden legal establecido, o diera mal ejemplo con su conducta privada, quedará sujeto a las mismas penas, formándose antes el oportuno expediente.

Art. 20. Cuando un Catedrático de Instituto que hubiere obtenido su cargo por oposición sea nombrado para otro destino fuera de la carrera, conservará el derecho de volver a ella durante el período de dos años.

Si la cátedra hubiese sido provista, se le colocará en otra de la misma asignatura o sección.

Art. 21. Cuando el Gobierno lo crea conveniente, podrá nombrar sin oposición ni concurso para la a cátedras de Ética y Fundamentos de Religión de los Institutos a personas adornadas con el título de Doctor en Teología o en Filosofía y Letras, y de notoria aptitud para la enseñanza, a juicio del Real Consejo de Instrucción pública. Estos Catedráticos gozarán el máximum de sueldo, y no figurarán en el escalafón.

Art. 22. En los Institutos en que no hubiere estudios de aplicación se organizará de la siguiente manera la planta de personal de Catedráticos:

Habrá:

Dos de Latín y Castellano.

Uno de Retórica y Poética.

Uno de Matemáticas.

Uno de Psicología, Lógica y Ética.

Uno de Geografía e Historia.

Uno de Física y Química.

Uno de Historia natural.

Uno de Perfección de Latín y principios generales de Literatura.

Continuarán dando la enseñanza de Lengua francesa los Profesores que al presente están en posesión de sus cátedras; pero no se proveerán las que en lo sucesivo vacaren, pudiéndose hacer privadamente el estudio de esta lengua, a tenor de lo dispuesto en el Real decreto orgánico de la Segunda enseñanza de 9 de Octubre último. Las provincias podrán mantener las clases de lenguas vivas que tengan por conveniente; pero los Profesores no entrarán en el escalafón.

Podrá encomendarse la enseñanza de la asignatura de Ética y Fundamentos de Religión cuando el Profesor no fuere eclesiástico y tuviere además las de Psicología y Lógica, y asimismo las conferencias de Historia sagrada a que deben asistir los alumnos del segundo período, al Capellán del Colegio de internos si tuviere grado de Licenciado o Bachiller en Teología o Filosofía y Letras, mediante una gratificación que no excederá de 300 escudos sobre su sueldo.

Las conferencias en todo caso estarán a su cargo.

Art. 23. La enseñanza de Doctrina cristiana para los alumnos del primer período continuará, como hasta aquí, a cargo del Sacerdote Profesor de la Escuela Normal siempre que pudiere ser; en otro caso será preferido para dar esta enseñanza o un eclesiástico del mismo establecimiento, o un Párroco de la población, retribuido con la gratificación que en el presupuesto se fije, y que no podrá bajar de 200 escudos.

Art. 24. En los Institutos en que haya estudios de aplicación se darán en una misma cátedra, y estarán a cargo de un mismo Profesor los estudios de aplicación que sean comunes con los de segunda ensseñanza.

El Catedrático de Matemáticas dará la enseñanza de Topografía y Dibujo topográfico.

En los estudios de aplicación al comercio, de industria, y en las clases de Dibujo; se observarán las reglas 3.ª, 4.ª y 5.ª del Art. 6.° del Real decreto de 23 de Agosto de 1861.

Art. 25. Los Catedráticos de las Escuelas superiores y profesionales serán clasificados a tenor de lo dispuesto en el Real decreto de 9 de Octubre último. El Real Consejo de Instrucción pública formará los escalafones respectivos, fijando los premios de antigüedad y mérito que a dichos Profesores correspondan.

Art. 26. En lo sucesivo las cátedras de las Escuelas especiales, en cuya denominación, con arreglo al decreto mencionado, se comprenden las del Notariado, Diplomática, Ingenieros industriales y Profesores mercantiles, Real Conservatorio de Música y Declamación, Bellas Artes, Náutica y Veterinaria, se proveerán con sujeción al respectivo reglamento. El mismo determinará el sueldo, categoría y condiciones los Profesores.

Los de la Escuela Diplomática formarán parte del cuerpo de Archiveros-Bibliotecarios.

Art. 27. Son Catedráticos de Facultad los de las 10 Universidades del reino.

Art. 28. Para ser Catedrático de Facultad se necesita:

Tener 25 años cumplidos.

Grado de Doctor en la Facultad o Sección a que pertenezca la asignatura.

Para la Facultad de Ciencias habilitará el título de Ingeniero.

Art. 29. Todos los Catedráticos de Facultad serán numerarios, y entrarán a servir por la misma categoría.

Art. 30. Se suprime la clase de Catedráticos supernumerarios: los que en la actualidad existen irán pasando a plazas de número según estas vaquen, en la forma que determina el art. 226 de la ley de Instrucción pública.

Art. 31. Para suplir a los Catedráticos en ausencia, vacantes y enfermedades, y llenar las funciones que la ley adscribe a los supernumerarios en su artículo 225, se nombrarán anualmente por el Rector, a propuesta de la respectiva Facultad, Auxiliares que deberán elegirse entre los Doctores con nota de sobresaliente que lo soliciten, a los cuales expedirá la Dirección general títulos de Auxiliares que les servirán de mérito especial en las oposiciones a que concurran para ingresar en el Profesorado.

En la Facultad de Medicina suplirán a los Catedráticos en vacantes, ausencias y enfermedades, y aun podrán tener a su cargo ciertas enseñanzas con autorización del Rector, a propuesta de la Facultad, los Profesores clínicos y Ayudantes cuya organización se establecerá en el reglamento.

Art. 32. Los Catedráticos de Facultad formarán una escala general en que se ascenderá por antigüedad rigorosa.

Esta escala se compondrá del modo siguiente: 30 Catedráticos a 1.800 escudos; 60 a 1.600; 120 a 1.400; los demás a 1.200.

Art. 33. Los Catedráticos de Facultad se constituirán en tres categorías: de entrada, de ascenso y de término. Corresponden a la de entrada las tres sextas partes de los Catedráticos; podrán optar a la de ascenso las dos sextas partes, y a la de término la otra sexta parte.

Art. 34. Las categorías de ascenso y de término se conferirán por el Gobierno a propuesta en terna del Real Consejo de Instrucción pública, previos los cinco años de antigüedad en la categoría inmediata inferior, y las demás condiciones que determina el art. 232 de la ley.

Art. 35. El sueldo de los Catedráticos de Facultad será el que les corresponda por su antigüedad y categoría acumuladas. Percibirán además los derechos de examen.

Art. 36. La categoría de ascenso aumenta en 400 escudos el sueldo de antigüedad, y la de término en 800.

Art. 37. Los Catedráticos de Facultad disfrutarán en Madrid un sueldo superior en 400 escudos al que les corresponda por su antigüedad y categoría.

Art. 38. Las cátedras de Facultad que vacaren en las Universidades de distrito se proveerán por oposición o por concurso, destinándose dos vacantes a la oposición y una al concurso entre los supernumerarios de Madrid y de las provincias.

En las Facultades de Filosofía y Letras y de Ciencias podrán entrar en concurso con los supernumerarios los Catedráticos de Instituto que tengan grado de Doctor y lleven cinco años de buenos servicios en la enseñanza de una asignatura que corresponda a la Facultad o Sección en que se halle la vacante.

Art. 39. Para las vacantes que ocurran en la Universidad Central se guardarán tres turnos: uno a la oposición; otro al concurso entre Catedráticos numerarios de provincia que se hayan distinguido por su saber y aptitud para la enseñanza, y otro a los supernumerarios de la Central, concurriendo con estos a las vacantes de las Facultades de Ciencias y Letras los Catedráticos de Instituto de Madrid que cuenten 10 años de antigüedad en el Profesorado como propietarios y tengan el título de Doctor; los cuales, una vez extinguida la clase de supernumerarios, concurrirán a las mismas plazas con los numerarios de las Universidades.

Art. 40. El Gobierno proveerá las cátedras del Doctorado en los términos que establecen los artículos 238 al 241 de la ley de Instrucción pública.

Art. 41. Cuando un Catedrático de Facultad fuere nombrado por el Gobierno para algún cargo o destino de Instrucción pública, se considerará este como continuación del Profesorado, y el tiempo que le sirviera se tomará en cuenta para el escalafón de su clase.

Art. 42. Cuando el Catedrático fuere nombrado para un destino fuera de la enseñanza, si hubiere obtenido la cátedra por oposición, conservará por espacio de dos años el derecho de volver al Profesorado en la misma categoría que ocupaba, y a cátedra de la misma asignatura que estuvo a su cargo.

Art. 43. Cuando un Catedrático de Facultad, bien en explicaciones de cátedra, bien en libros, folletos u otras publicaciones, vierta doctrinas erróneas o perniciosas en el orden religioso, moral o político, el Rector, bajo su más estrecha responsabilidad, procederá a la formación de expediente.

Comprobado el abuso del Catedrático en el ejercicio de su cargo, o reconocido y ratificado por el autor el escrito en que los errores se contengan, el Rector elevará el expediente al Gobierno, quien oyendo al Real Consejo de Instrucción pública dictará la separación del Profesor y su baja definitiva en el escalafón de la clase.

Art. 44. Se hará un reglamento para la provisión de cátedras por oposición y concurso.

Art. 45. De las disposiciones contenidas en este Real decreto se dará cuenta a las Cortes en la próxima legislatura.

Dado en Palacio a veintidós de Enero de mil ochocientos sesenta y siete.

Está rubricado de la Real mano.

El Ministro de Fomento,

Manuel de Orovio

Circular del Ministro de Fomento de 26 de febrero de 1875

Entre los diversos ramos confiados a mi cuidado, figura en primer término el importantísimo de la Instrucción pública, que es y ha sido siempre el elemento más eficaz para el esplendor y la grandeza de los pueblos. Por eso sin duda lo mismo los hombres de Estado que los ciudadanos honrados, y sobre todo los padres de familia, vienen preocupándose constantemente de este vital asunto, y se hallan hoy alarmados cuando, merced a los últimos trastornos, se han desquiciado y echado por tierra los principios fundamentales que han servido de base en nuestro país a la educación y a la enseñanza públicas. De poco o nada sirve a los Gobiernos procurar restablecer el orden material, base y fundamento de todo progreso, y garantizar para lo sucesivo la paz pública, fomentando los intereses materiales, si a la vez no se ocupan del orden moral, educando e ilustrando convenientemente al pueblo, dando la paz a las conciencias cuando se encuentran inquietas o perturbadas, y garantizando los fueros de la ciencia comprometidos más que nunca cuando la pasión y el vértigo revolucionario los conduce al error en nombre de una libertad ilimitada y absoluta..

No es menos grave, y un ejemplo vivo y lamentable tenemos en nuestro país, si dejándose llevar de teorías y especulaciones políticas exageradas y peligrosas no se tiene en cuenta al legislar la índole especial de las creencias, y el estado de civilización y cultura del pueblo al que se intenta aplicarlas. El hecho positivo del modo de ser, del modo de creer, del modo de pensar y de vivir de un pueblo es el fundamento en que debe apoyarse la legislación que se le aplique.

Por desconocer estos principios hemos visto y sentido recientemente males sin cuento. En el orden moral y religioso, invocando la libertad más absoluta, se ha venido a tiranizar a la inmensa mayoría del pueblo español, que siendo católica tiene derecho, según los modernos sistemas políticos fundados precisamente en las mayorías, a que la enseñanza oficial que sostiene y paga esté en armonía con sus aspiraciones y creencias; y de aquí ha resultado la lucha y la necesidad de apartarse en ciertas asignaturas de las aulas oficiales para buscar en el retiro de la enseñanza privada lo que el Estado tiene obligación de darle en la pública.

Y en el orden científico e intelectual invocando la misma ilimitada libertad, se han cerrado a millares las escuelas de primera enseñanza; se ha dejado morir de hambre a los Maestros por falta del pago de sus asignaciones, y relajando la disciplina entre alumnos y catedráticos, las aulas han quedado desiertas, y los Profesores titulares ausentes u olvidados en muchos casos de sus deberes. Aún recordará V.S. las apreciaciones que mi antecesor dejó consignadas sobre esta materia en el preámbulo al decreto de 29 de Septiembre último, al manifestar que los resultados de esta inmoderada libertad han sido el desconcierto y la anarquía. y una marcada decadencia en los estudios. Y no por eso se crea que han escaseado los títulos profesionales, siendo ya una regla general la simultaneidad de asignaturas y de cursos, y no la prueba de una inteligencia superior y privilegiada, viniendo a terminarse carreras difíciles y largas, en dos o tres años, y aun en meses.

Preciso es, y de urgencia, poner un pronto término a este estado de cosas.

Una nueva era comienza hoy por fortuna para la nación española. Sin lucha de ninguna especie, sin derramar una gota de sangre ni una lágrima, el país y su valiente y leal ejército han puesto término a los excesos revolucionarios de los últimos tiempos, buscando en la monarquía hereditaria remedio a sus males y llamando al trono al rey legitimo D. Alfonso XII, príncipe católico como sus antecesores, reparador de las injusticias que ha sufrido la Iglesia, constitucional y tolerante con todas las opiniones, como lo reclama y exige la época en que vivimos, y enemigo de tiranías y persecuciones que pugnen a la vez no sólo con sus propias inspiraciones, sino con el espíritu del siglo y hasta con la caridad evangélica.

De estas premisas y del preámbulo y art. 3.º del decreto de mi antecesor de 29 de Julio último, en que al tomar a su cargo el Gobierno la dirección de los estudios públicos reivindicaba enérgicamente la de todos los establecimientos oficiales de enseñanza, puede V.S., Sr. Rector, deducir cuáles son las miras y propósitos del Gobierno, y a qué reglas debe V. S. ajustar su conducta en el desempeño de su cargo.

La libertad de enseñanza de que hoy disfruta el país, y que el Gobierno respeta, abre a la ciencia ancho campo para desenvolverse ampliamente sin obstáculos ni trabas que embaracen su acción, y a todos los ciudadanos los medios de educar a sus hijos según sus deseos y hasta sus capricho; pero cuando la mayoría y casi la totalidad de los españoles es católica y el Estado es católico, la enseñanza oficial debe obedecer a este principio, sujetándose a todas sus consecuencias. Partiendo de esta base, el Gobierno no puede consentir que en las cátedras sostenidas por el Estado se explique contra un dogma que es la verdad social de nuestra patria.

Es, pues, preciso que vigile V. S. con el mayor cuidado para que en los establecimientos que dependen de su autoridad no se enseñe nada contrario al dogma católico ni a la sana moral, procurando que los Profesores se atengan estrictamente a la explicación de las asignaturas que les están confiadas, sin extraviar el espíritu dócil de la juventud por sendas que conduzcan a funestos errores sociales. Use V. S., en este punto del más escrupuloso celo, contando con que interpreta los propósitos del Gobierno, que son a la vez los del país.

Junto con el principio religioso ha marchado siempre en España el principio monárquico, y a los dos debemos las más gloriosas páginas de nuestra historia. Si el Gobierno de una nación católica no puede abandonar los intereses religiosos del país cuyos destinos rige, el Gobierno de una Monarquía constitucional debe velar con especial esmero para que se respete y acate el principio político establecido, base y fundamento de todo nuestro sistema social.

En lo que toca a esta materia se han publicado ya disposiciones claras y terminantes: pero el Ministro que suscribe faltaría al más sagrado de los deberes si no encargara a V. S. encarecidamente que por ningún concepto tolere que en los establecimientos dependientes de este Rectorado se explique nada que ataque directa ni indirectamente a la Monarquía constitucional ni al régimen político, casi unánimemente proclamado por el país.

El Gobierno está convencido de que la mayoría de los Maestros y Profesores obedecen y acatan el sistema político establecido y todo lo que emana de la Suprema Autoridad del Monarca; más aún, entiende que muchos no sólo lo hacen por deber, sino por propia convicción, habiendo llegado algunos a dar pruebas de valor y abnegación dignas del aplauso público; pero si desdichadamente V. S. tuviera noticia de que alguno no reconociera el régimen establecido o explicara contra él, proceda sin ningún género de consideración a la formación del expediente oportuno.

También en punto a lo que se refiere al método de la enseñanza y a la disciplina escolástica debo hacer a V. S. algunas observaciones, pues una y otra cosa ejercen gran influencia en el progreso y desarrollo de la pública instrucción. La misión honrosísima del Profesorado consiste en enseñar a la juventud las verdades conocidas de la ciencia explicadas dentro de los limites marcados para cada asignatura; consiste además el cargo del Profesor en preparar a los discípulos convenientemente para que al dejar las aulas puedan por si mismos elevarse con vuelo seguro a las alturas de la ciencia, adonde sólo se puede llegar con juicio recto y razón robusta. El Profesor que no explique todo el programa de la asignatura que le está encomendada, o pretenda ampliarlo más allá de lo razonable, perturba el método general de la enseñanza, altera el orden que debe establecerse entre los conocimientos para que se trasmitan con perfecta claridad, y perjudica a los alumnos, pasándoles de unos a otros estudios sin la debida preparación. Esto entiende el Ministro que suscribe que debe practicarse en todo establecimiento de enseñanza bien ordenado, encargando a V. S. que lo haga observar en cuanto sea posible.

El vigoroso mantenimiento de la disciplina escolástica es indispensable para que los Catedráticos puedan desempeñar su noble misión con el debido decoro, y para que los jóvenes saquen de la enseñanza los frutos que la sociedad espera y tiene derecho a exigir. Que se cumplan, pues, con pronta y ejemplar exactitud todas las disposiciones que tiendan a premiar la aplicación y a estimular al orden y al trabajo; que no se toleren bajo ningún concepto las faltas de asistencia a las clases, ni mucho menos las de respeto a los Profesores; y, por último, que se hagan observar dentro de los establecimientos las reglas de moral y buena educación que marcan los reglamentos.

A tres puntos capitales se dirigen las observaciones del Ministro que suscribe, a evitar que en los establecimientos que sostiene el Gobierno se enseñen otras doctrinas religiosas que no sean las del Estado; a mandar que no se tolere explicación alguna que redunde en menoscabo de la persona del Rey o del régimen monárquico constitucional; y, por último, a que se restablezcan en todo su vigor la disciplina y el orden en la enseñanza. Si V. S. consigue que en ese distrito universitario se observen los principios aquí consignados, habrá interpretado fielmente los propósitos del Gobierno de S. M.

De Real orden lo comunico a V. S. para su cumplimiento y efectos consiguientes. Dios guarde a V. S. muchos años. Madrid, 26 de Febrero de 1875.- Orovio.

LA CIRCULAR ALBAREDA

REAL ORDEN CIRCULAR DE 3 DE MARZO DE 1881, DEROGANDO LA DE 26 DE FEBRERO DE 1875 Y RESTABLECIENDO EN SUS PUESTOS A LOS PROFESORES DESTITUIDOS, SUSPENSOS Y DIMISIONARIOS CON OCASIÓN DE LA MENCIONADA CIRCULAR.

Alcanza la Instrucción pública lugar tan elevado en nuestros días, que parece inútil el elogio de sus triunfos, é innecesaria la demostración de su influencia en el progreso y felicidad de las naciones. No ha menester V. S., por consiguiente, como miembro activo del Profesorado, recuerdo alguno que se refiera a enaltecer la importancia de un asunto que por sí mismo conoce, y que sobradamente sabe apreciar.

Llevada al terreno práctico cuestión de tan reconocida trascendencia, es deber, sin embargo, del Ministro que suscribe considerarla con singular y preferente atención, libre el ánimo de prevenciones de escuela y con todo el detenimiento que por su naturaleza exige, teniendo presentes como base y punto de partida las condiciones y caracteres que presenta la Instrucción pública en los grandes centros europeos, y cómo de ellos irradia y se comunica la ciencia de uno a otro país, estudiando en suma el procedimiento y ley a que se acomoda la marcha universal de los conocimientos.

De estas investigaciones resulta uniformidad constante en la manera de propagarse las ideas sin excepción de tiempo ni lugar, porque las fuerzas intelectuales, ya se agrupen, ya se relacionen a través de la distancia, se mueven y enlazan con vinculo estrecho hasta conseguir el fin que se proponen.

En vano ha sido abusar de la resistencia para ahogar el movimiento; las contrariedades, las oposiciones injustificadas, los obstáculos, en fin, no han conseguido jamás que desaparezcan las ideas. De ahí que los Gobiernos, que indudablemente cuentan con medios eficaces para favorecer y ordenar la enseñanza, no son, ni han sido nunca, poderosos a detener el vuelo del espíritu, a limitar las conquistas de la ciencia, el natural crecimiento del saber humano; siendo por lo tanto evidente que, en las elevadas regiones, donde el espíritu se afana por encontrar la verdad, para difundirla después, la razón especulativa ha de ser independiente, sin que allí alcance la represión ni la violencia. Lo contrario equivaldría a comprimir el pensamiento del hombre de estudio, y a oponer barreras ineficaces a la ley de la Historia; pues ni la ciencia, ni la verdad, jamás vencidas en los pasados tiempos, habrían de sucumbir en la época presente ante el impotente conato de limitar su propio desenvolvimiento; y bien pudiera recordarse, en confirmación de estas ideas, la teoría que sostienen insignes Prelados católicos en contra de esas imposiciones, que clasifican con razón de "Absolutismo del Estado".

Hoy, como ayer, demuestra la experiencia que si en la enseñanza oficial prevalece un criterio sistemático y apasionado, imponiéndose a la juventud en contradicción con el espíritu progresivo de los tiempos, los resultados se manifiestan totalmente opuestos a lo mismo que se pretende conseguir, pues semejantes restricciones levantan en el ánimo inconscientes protestas contra la ciencia oficial; así ha sucedido que los agentes más activos de los períodos revolucionarios, tanto en Francia como en España, todos, sin excepción, habían recibido educación y enseñanza que pugnaban con los ideales a que más tarde los arrastró su fanatismo.

Claramente se deduce de lo expuesto la intención de recomendar eficazmente a V. S. que favorezca la investigación científica, sin oponer obstáculos, bajo ningún concepto, al libre, entero y tranquilo desarrollo del estudio, ni fijar a la actividad del Profesor, en el ejercicio de sus elevadas funciones, otros limites que los que señala el derecho común a todos los ciudadanos; creyendo además el Gobierno indispensable anular limitaciones que pesan sobre la enseñanza, originadas de causas que afortunadamente han desaparecido.

Las grandes transformaciones que experimentan los pueblos, las transiciones de un estado político a otro diferente, producen sin duda agitados movimientos, que obligan a adoptar disposiciones a que tal vez se creyeron los Gobiernos arrastrados por la fuerza misma de las circunstancias; pero cuando la tranquilidad se asegura y las instituciones se consolidan, la más vulgar previsión aconseja volver a la práctica normal de las leyes y al ejercicio del derecho para crear situaciones sólidas de paz y de armonía, haciendo que desaparezcan disposiciones de carácter restrictivo, las cuales, en el caso presente, además de haber dado motivo a una aplicación desigual, no han realizado el propósito que hubo de originarlas, y ni aun siquiera, como preceptos concretos, se han cumplido debidamente en ninguna de sus partes. Tal ocurre con el decreto sobre Textos y Programas del 26 de Febrero de 1875, y con la Circular publicada en el mismo día.

Al proponer que estas disposiciones se deroguen, intenta el Gobierno realizar sus justos deseos sin inferir agravios, sin herir opiniones, sin menoscabo ni detrimento de ningún derecho, inspirándose exclusivamente en altos fines de justicia, en la índole de la ciencia y de la enseñanza, y en la necesidad reconocida de ampararlas y extenderlas.

El respeto que el Gobierno debe a las leyes no le permite, como sería su deseo, derogar, por hallarse elevado a ley, el referido decreto, hasta tanto que lo proponga a las Cortes.

Entenderá V. S., por cuanto antecede, que la circular de 26 de Febrero de 1875 queda desde hoy derogada, como en su día habrá de serlo el decreto, confiando en que el Parlamento así lo acordará; y es consecuencia inmediata de esta determinación que los Profesores destituidos, suspensos y dimisionarios, con ocasión del mencionado decreto y circular, vuelvan a ocupar en el Profesorado los puestos que a cada uno de ellos pertenecían, y que legítimamente les corresponden; habiendo de ser además reparados en todos sus derechos, sin excepción alguna, y sin que pueda irrogárseles perjuicio de ningún género.

Por idénticas razones de justicia y de equidad serán compensados los actuales Profesores que desempeñan aquellas Cátedras, ocupando en brevísimo plazo otras de iguales condiciones, sueldos, y categorías.

De esta manera, el Ministro de Fomento se considera fiel intérprete de la voluntad del Gobierno. Alejando, pues, de los centros docentes del Estado todo espíritu de partido, tiene decidido propósito de contribuir. con la imparcialidad de sus actos, a que, así en el orden de los intereses materiales de la Nación, como en todo cuanto se refiere a su actividad intelectual, adquieran tal ensanche las instituciones vigentes, que dentro de ellas vivan todos los deseos, y alienten todas las aspiraciones legítimas.

De Real Orden lo participo a V.S. para su cumplimiento y efectos consiguientes.

Dios guarde a V. S. muchos años,

Madrid 3 de Marzo de 1881

Albareda, [Ministro de Fomento]

BIBLIOGRAFÍA

AGUIAR DE LUQUE, L., "Los límites de los derechos fundamentales" en Revista del Centro de Estudios Constitucionales, nº 14, 1993, pags.9 y ss.

AGUILERA FERNÁNDEZ, A., Ensayo sobre la libertad de cátedra, Madrid, 1996

AHRENS, E., Curso de Derecho Natural o de Filosofía del Derecho. Traducción de Pedro Enrique Hortelano y Mariano Ricardo de Asensi, 1890

AJO GONZÁLEZ, C., Historia de las Universidades Hispánicas, Madrid, 1954-1968.

ALONSO GARCÍA, E., La interpretación de la Constitución. Ed. Centro de Estudios Constitucionales, Madrid, 1984

ALONSO MARAÑÓN, P., La Iglesia docente en el siglo XIX. Escuelas Pías en España y en América. Formación del profesorado y expansión educativa, Guadalajara, 1996.

ALONSO TEJADA, L., El ocaso de la Inquisición, Madrid, 1969.

ALVAREZ, N., La libertad de cátedra hoy: entre la potestad y el control. Revista de la Facultad de Derecho de la Universidad Complutense nº 76, curso 1989-1990, pags.27 y ss.

ÁLVAREZ DE MORALES, A., Génesis de la Universidad española contemporánea, Madrid, 1972.

IDEM., Estudios de la Historia de la universidad española, Madrid, 1993.

IDEM., La Ilustración y la reforma de la universidad en el siglo XVIII, Madrid, 1998.

ALVAREZ TARDIO M (1998). Política y secularización en la Europa contemporánea. BIBLID) 16,

ALZAGA VILLAAMIL, O., La Constitución de 1978. Por la libertad de enseñanza, Barcelona, 1985

IDEM., La Constitución de 1978, Madrid, 1978

APARICIO TOVAR, J., Relación de trabajo y libertad de pensamiento en las empresas ideológicas, en homenaje al Profes. Bayón Chacón y del Peso Calvo, Madrid, 1980, pags. 269 y ss.

ARAQUE HONTANAS N. Manuel José Quintana y la instrucción pública. Madrid 2013

ARRARÁS, J., Historia de la Segunda República española, t.II, Madrid 1964.

ARROYO YANES, M., La carrera administrativa d elos funcionarios públicos de la administración civil del Estado. Valencia 1994.

ARTOLA, M., La burguesía revolucionaria, Madrid, 1978.

ASENSIO SÁNCHEZ, Proceso secularizador y libertad de enseñanza en el derecho histórico español, Estudios y Ensayos 59. Málaga, 2001

IDEM. La secularización de la enseñanza. Génesis y desarrollo de un proceso. Laicidad y Libertades. Escritos jurídicos nº 2, 2002

ATKINSON,J., Lutero y el nacimiento del protestantismo Madrid 1971

AZAÑA, M., Memorias políticas y de guerra, vol.I., Madrid, 1976.

BACIGALUPO SAGESSE, M., "La aplicación de la doctrina de los límites inmanentes a los derechos fundamentales sometidos a reserva de limitación legal (A proposito de la sentencia del Tribunal Administrativo Federal alemán de 18 de Octubre de 1990)" en Revista Española de Derecho Constitucional nº 38, 1993, pags. 297 y ss.

BALMES, J., Escritos políticos, vol.II, Madrid, 1950,.

BAÑO LEÓN J.M., "La distinción entre fundamental y garantía institucional en la Constitución española", en Revista Española de Derecho Constitucional nº 24, 1988, pags. 155 y ss.

BARNES VAZQUEZ J., "La educación en la Constitución de 1978 (una reflexión conciliadora), en Revista Española de Derecho Constitucional n °12, 1984, pags. 23 y ss.

BARTOLOMÉ MARTÍNEZ, B., Universidades y colegios universitarios, en DELGADO CRIADO, B., Historia de la educación en España y América, t.2, Madrid, 1992.

BECARUD, J., La Segunda República, Madrid, 1967.

BEGUE CANTÓN, G., Libertad de enseñanza, en XII Jornadas de estudio sobre Derechos fundamentales y libertades públicas, Madrid, 1980, pags. 269 y ss.

BEN-AMI, S., La Dictadura de Primo de Rivera (1923-1930, Barcelona, 1984.

BENASSAR, B., Inquisición española: Poder político y control social, Barcelona, 1984.

BIASONI, F., Scolastiche in Europa. Stato e Scuola libera, Torino, 1979

BOTTI, A., Cielo y dinero. El nacionalcatolicismo en España (1881–1975), Madrid, 1992.

BOZAL, V., Una alternativa para la enseñanza, Madrid, 1977

CABARRÚS, Carta segunda. Sobre los obstáculos de opinión y el medio de removerlos con la circulación de las luces, y un sistema general de educación, en Cartas, Madrid, 1990.

CACHO VIU, V., La Institución Libre de Enseñanza, Madrid, 1962.

CALVO ESPIGA, A., Implicaciones jurídico-canónicas de las relaciones entre la Iglesia y la comunidad política, Vitoria, 1984.

IDEM. De nuevo sobre la naturaleza y lugar del derecho canónico, en Scriptorium Victoriense 1997

IDEM. ¿El derecho en la Iglesia: ¿conveniente o necesario?, Lumen 39, 1990,

IDEM. Libertad religiosa y Laicidad en el Estado de Derecho en Fenómeno religioso y ordenamiento jurídico, Tecnos 2017

CAMARA VILLAR G., "Sobre el concepto y los fines de la educación en la Constitución Española" en Introducción a los derechos fundamentales, 1989, pags. 2159 y ss.

CAÑAMAQUE JIMÉNEZ, F., Los oradores de 1869, Madrid, 1879.

CÁRCEL ORTÍ, V., El liberalismo en el poder, en GARCÍA-VILLOSLADA., Historia de la Iglesia de España, t.V., Madrid, 1979.

CARO BAROJA, J., Introducción a una Historia contemporánea del anticlericalismo español, Madrid, 1980.

IDEM., Don Modesto la Fuente y sus escritos de carácter social en vidas paralelas, Madrid, 1981.

CARR, R., España 1808-1939, Barcelona, 1970.

CARRASCO CANALS, C., La relación jurídico docente en España. Madrid, 1967

CARRO, J.L., El profesorado universitario: Una visión general comparada sobre su estructura y selección. R.A.P. nº 95, 1981, pags. 89 y ss.

CASTELLS, J.M., Las asociaciones religiosas en la España contemporánea. Un estudio jurídico-administrativo (1767-1965), Madrid, 1973.

CHUECA, R., El fascismo en los comienzos del régimen de Franco. Un estudio sobre FET-JONS, Madrid, 1983.

CELADOR ANGON O. La libertad de cátedra: Historia de los derechos fundamentales. coord. por Francisco Javier Ansuátegui Roig Árbol, José Manuel Rodríguez Uribes Árbol, Gregorio Peces-Barba Martínez (dir.), Eusebio Fernández García (dir.), Vol. 4, Tomo 6, 2013 (El Derecho positivo de los derechos humanos)

CONDE DE ROMANONES, Discurso leído en la Universidad Central en la inauguración del curso académico de 1901-1902, Madrid, 1901.

IDEM., El estado actual de la enseñanza. Memoria elevada a las Cores en 1910. Reproducida en "El Magisterio español", 1010, semestre 1.º, p.807

IDEM., Notas de una vida, Madrid, 1934.

CONDE DE TORENO, La libertad de enseñanza. Discurso de recepción del Excmo. Sr. Conde de Toreno y de Contestación del Excmo Sr. José García Barzanallana, leídos en junta pública el 16 de enero de 1881, Madrid, 1884.

CONTRERAS DOMINGO, J., La investigación en la acción y el problema de la autonomía profesional del docente, Tesis doctoral, Facultad de ciencias de la Educación de Málaga

CORRIENTE CORDOBA, J.A., La protección de la libertad de enseñanza, en Educación y Sociedad Pluralista, Bilbao, 1980, pags. 29-43.

CREMADES, J., La libertad de cátedra en el ordenamiento jurídico-constitucional español, en estado y direito nº11, 1983, pags. 25 y ss.

DE ESTEBÁN, J., Constituciones españolas y extranjeras, t.I, Madrid, 1979.

DE LA CIERVA, R., Historia de la Guerra civil española, Madrid, 1969.

DE LA FUENTE, V., De la enseñanza tomística en España, Madrid, 1876.

DE LA REVILLA, J., Breve reseña del Estado presente de la Instrucción Pública en España, con especial relación a los estudios de filosofía, Madrid, 1854.

DELGADO CRIADO, B., La enseñanza doméstica, en Historia de la educación en España y América, Madrid, 1992.

DÍAZ DE LA GUARDIA BUENO, E., Evolución y desarrollo de la enseñanza media en España de 1875 a 1930. Un conflicto político-pedagógico, Madrid, 1988.

DÍAZ DEL CORRAL, L., El liberalismo doctrinario, Madrid, 1973.

DÍAZ, E., Estudio preliminar a la minuta de un testamento de Gumersindo de Azcárate, Barcelona, 1967.

DIAZ GONZÁLEZ, T., Fundamento del Derecho Natural en la persona humana. La Educación, en persona y derecho, 1976, pags. 497-514.

DIEM, W., Las fuentes de la Constitución de Cádiz. Estudios sobre las Cortes de Cádiz, Pamplona, 1967.

DOMINGO, M., Diario el Sol, 20 de mayo de 1931.

IDEM, Diario el Sol, 4 julio 1932.

DORADO PORRAS Historia de los derechos fundamentales. Tomo III: Siglo XIX

ELTON, M., El derecho de los padres a la educación de sus hijos, Pamplona 1982.

EMBID IRUJO, A., Las libertades en la enseñanza, Madrid, 1983

IDEM., El contenido del derecho a la educación. R.E.D.A. nº 31, 1981, pags. 653-681

IDEM., "La autonomía universitaria: límites y posibilidades a través de la recinete jurisprudencia constitucional y ordinaria", Revista catalana de derecho público, nº 17, diciembre 1993, pags. 9 y ss.

ESCOLANO BENITO, A., Claudio Moyano y la Ley de Instrucción Pública de 1857, en VEGA GIL, L., Moderantismo y educación en España. Estudios en torno a la Ley Moyano, Zamora, 1995.

EXPÓSITO GÓMEZ, E., La libertad de cátedra, Madrid, 1995.

FAUBELL ZAPATA, V., Notas históricas sobre la libertad de enseñanza en España: Lección inaugural del curso académico 1987–1988 en la Universidad Pontificia de Salamanca, 1987.

IDEM., Acción educadora de los escolapios en España (1733-1845), Madrid 1987.

IDEM., Las Órdenes y Congregaciones religiosas y la Órdenes, congregaciones y asociaciones eclesiales masculinas dedicadas a la enseñanza, en AA.VV., Historia de la acción educadora de la Iglesia en España, t.II, Madrid, 1996.

IDEM., Las Órdenes y Congregaciones religiosas y la educación en la España contemporánea, en J.M. PRELLEZO, L'impegno dell'educare. Studio in onore di Prieto Braido, Roma, 1991.

FERNÁNDEZ-CORONADO GONZÁLEZ A., voz "libertad de enseñanza" en enciclopedia jurídica básica, Madrid, 1995.

FERNÁNDEZ ÁLVAREZ, M., La universidad de Salamanca. I.Historia y proyecciones, Salamanca, 1989.

FERNÁNDEZ RODRIGUEZ, T.R., La autonomía universitaria: ámbito y límite, Madrid 1982.

FERRARY, A., El Franquismo: minorías políticas y conflictos ideológicos (1936–1956), Pamplona, 1993.

FIESTA LOZA, A., La libertad de imprenta durante el liberalismo español, Anuario de Historia del Derecho Español, 59,1989.

GALVEZ J., "Comentario al artículo 20 de la Constitución", en Comentarios a la Constitución, Ed. dirigida por GARRIDO FALLA, F., Madrid 1985, pags. 395 y ss.

GARCÍA ALIX, A., Disposiciones dictadas para la reorganización de la enseñanza, Madrid, 1900.

GARCÍA DE ENTERRÍA, E., "La autonomía universitaria", en R.E.D.A. nº 17, 1998, pags. 6-22.

GARCÍA GARRIDO, J.L., Política educativa durante el Franquismo, en DELGADO CRIADO, B., (ed.), Historia de la educación en España y América, t.III, La educación en la España contemporánea (1789–1975), Madrid, 1985.

GARCÍA HOZ, V., La libertad de educación y la Educación para la libertad, Madrid, 1979

GARCÍA NIETO, M.C., y DONÉZAR, J.M., La España de Franco 1939-1973, Madrid, 1975.

GARCÍA REGIDOR, T., La polémica sobre la secularización de la enseñanza en España (1902–1914), Madrid, 1985.

GIL CREMADES, J.K., El reformismo español. Krausismo, escuela histórica, neotomismo, Barcelona, 1969.

IDEM., Krausistas y liberales, Madrid, 1981.

GIL NOVALES, A., Días de persecución y terror. La contrarrevolución fernandina (1814–1824 y 1823–1833) en Historia–16, extra III Junio 1977.

GIL DE ZÁRATE, De la instrucción pública en España, Madrid, 1855.

GÓMEZ APARICIO, P., Historia del periodismo español, t.I, Madrid, 1967.

GÓMEZ GARCÍA, M.N., Los decretos de Ruiz Zorrilla de 1868: repercusiones en la Iglesia, la Universidad y prensa sevillanas, en Iglesia y educación en España, perspectivas históricas, t.I, Palma de Mallorca, 1986.

GÓMEZ MOLLEDA, Mª.D., Los reformadores de la España contemporánea, Madrid, 1966.

IDEM., La función social de las élites intelectuales en la España contemporánea, en Homenaje a Jose Antonio Maravall, Madrid 1986.

IDEM., Inteligencia, poder y secularización en la Europa contemporánea, en Librepensamiento y secularización en la Europa contemporánea, Madrid 1996.

GÓMEZ MORENO, A., Liberalismo y educación primaria en España (1838–1857), Zaragoza, 1990.

GOMEZ REINO, E., Las libertades públicas en la educación, Madrid, 1979

GONZALEZ DEL VALLE, J.M., EL Profesorado docente y la carrera universitaria, en actualidad administrativa nº 12, 1983, pags 183 y ss.

IDEM., Libertad de cátedra y libertad de enseñanza en la legislación española, en persona y derecho, nº 8, 1981, pags. 313-327.

IDEM., La enseñanza en el Acuerdo de 3 de Enero de 1979, Ius canonicum, Vol. XIX, nº37, 1979.

GRIMAUD, L., La liberté d'enseignement en France. Depuis la chute de L'Ancien Régimen jusqu'a nos jours, Grenoble, 1898.

GUEREÑA, J.L., y VIÑAO FRAGO, A., Estadística escolar, proceso de escolarización y sistema educativo nacional en España, Barcelona, 1996.

HAURIOU A, Democracias y fuerzas religiosas, Madrid 1962

HENSBACH, Libertad de enseñanza y derecho a la educación. El Estado democrático y la Educación, en persona y derecho, 1979, pags. 83-185

HEREDIA SORIANO, A., Política docente y filosofía oficial en la España del siglo XIX. La era Isabelina (1833–1868), Salamanca, 1982.

JATO, D., La rebelión de los estudiantes, Madrid 1930.

JIMENEZ BLANCO, A., Historia de la Universidad española, Madrid, 1971

IDEM. "Garantías institucionales y derechos fundamentales de la Constitución" en Estudios sobre la Constitución Española, Homenaje al Prof. García de Enterría. Madrid, 1991, tomo II, pags. 635 y ss.

JIMÉNEZ BLANCO A.- GARCÍA TORRES J., Derechos fundamentales y relaciones entre particulares, Madrid 1986.

JIMÉNEZ-LANDI MARTÍNEZ, A., La institución libre de enseñanza y su ambiente, Madrid, 1973.

JOVELLANOS. Memorias sobre Educación Pública en PUELLES BENÍTEZ, M., Historia de la educación de España, vol. I, 2ª ed., Madrid, 1985,

JOVER ZAMORA, Introducción a la Historia de España, 10ª ed., Barcelona, 1974.

JOVIT, P., Les éducateurs de l'Espagne Contemporaine.I, Les Krausistes, 2 vols., París, 1936.

KAGAN, R., Universidad y sociedad en la España Moderna, Madrid, 1981.

KAMEN, H., La Inquisición española, Barcelona, 1988.

LA FUENTE, M., Teatro social del siglo XIX, t.I, Madrid, 1846.

LAÍN ENTRALGO, P., El problema de la Universidad. Cuadernos para el diálogo, Madrid, 1968.

LAPORTA, L., La libertad de cátedra, Boletín de la Institución Libre de Enseñanza, nº 13 Marzo 1992, pags. 37 y ss.

IDEM., Libertad de enseñanza: Constitución y Estatuto de los centros docentes, en sistema nº 40, 1981

LATREILLE A., La Iglesia Católica y el laicismo Madrid 1962

LLAMAZARES CALZADILLA M.C., Las libertades de expresión e información como garantía del pluralismo democrático. Madrid 1999.

LLAMAZARES FERNÁNDEZ, D., Derecho de la libertad de conciencia II. Libertad de conciencia identidad personal y derecho de asociación, Madrid, 1999.

IDEM., Proceso de secularización y laicidad. Homenaje a D. Fernando de los Rios, en Estado y Religión. Edicicón a cargo de LLAMAZARES FERNÁNDEZ, Madrid, 2001.

IDEM. "Libertad de conciencia, una libertad implícita en la Constitución", Cuestiones de Pluralismo, Vol. 2, nº1 (primer semestre de 2022)

IDEM. La libertad de cátedra en España durante el siglo XIX: Historia de los derechos fundamentales. coord. por Francisco Javier Ansuátegui Roig Árbol,

José Manuel Rodríguez Uribes Árbol, Gregorio Peces-Barba Martínez (dir.), Eusebio Fernández García (dir.), Vol. 3, Tomo 2, 2007 (Siglo XIX. La filosofía de los Derechos Humanos)

LLOPIS, R., La revolución en la escuela, Madrid 1933.

LLORENS, V., Liberales y románticos. Una emigración española en Inglaterra (1823–1834), Madrid, 1968.

LÓPEZ MARTÍN, R., Ideología y educación en la Dictadura de Primo de Rivera, t.I y t.II, Escuelas y maestros, Cuadernos del Departamento de Educación Comparada e Historia de la Educación, Universitat de València, 1994.

LÓPEZ MORILLAS, J., El Krausismo español: perfil de una aventura intelectual, Méjico, 1956.

LÓPEZ REY, J., Los estudiantes frente a la Dictadura, Madrid, 1930.

LÓPEZ RUPEREZ, F., La libertad de elección en la educación, Madrid, 1985

LORCA NAVARRETE, J.F., Autonomía y libertad de cátedra en Adolfo Posada, Málaga, 1980.

LOZANO, B., La libertad de cátedra, Madrid, 1995.

LUMBRERAS MEABE, J.M. ¿La constitución garantiza la libertad de enseñanza?, Valladolid, 1978

MANJÓN, A., ¿Conviene en nuestros días poner el Catecismo como asignatura céntrica de la enseñanza primaria a los cristianos? En caso afirmativo ¿en qué Forma?, en I Congreso Catequístico Nacional, t.I, Valladolid, 1913.

MARTÍ DE VESES, C., Regulación internacional del derecho a la educación, Madrid 1979

MARTÍN BUEZAS, El Krausismo español desde dentro. Sanz del Río, autobiografía de intimidad, Madrid, 1978.

MARTÍN MARTÍNEZ, I., Panorama internacional de la libertad de enseñanza universitaria. Madrid, 1980

MARTÍN-RETORTILLO, L., Pensando en la Universidad, en El vía crucis de las libertades públicas y otros ensayos, Buenos Aires, 1996.

IDEM., "Eficacia y garantía de los derechos fundamentales" en Estudios sobre la Constitución española. Homenaje al prof. García de Enterría, Madrid 1991, tomo II pags. 585 y ss.

MARTÍN RETORTILLO L. y DE OTTO, I., Derechos fundamnetales y Constitución, Madrid 1988.

MARTINEZ MARTINEZ F. La vuelta de tuerca moderada: el proyecto de constitución y leyes fundamentales de don Juan Bravo Murillo (año 1852), 2019

MAYORDOMO PÉREZ, A., Historia de la educación en España, t.V, Nacional-catolicismo y educación en la España de postguerra, Madrid, 1990.

MENÉNDEZ PELAYO, M. Historia de los heterodoxos españoles, t.III, Madrid, 1881.

MILIARET, G., y VIAL, J., Histoire mondiale del l'déducatión, t.III, París, 1981.

MOLERO PINTADO, A., La reforma educativa de la Segunda República, Madrid, 1977.

IDEM., Historia de la educación, t.IV., La educación durante la Segunda República y la Guerra civil (1931-1939), Madrid, 1990.

MONTI, J., La libertad de enseñanza, Madrid, 1930.

MORALES MUÑOZ, M., Enseñanza popular y clase obrera en Málaga (1868–1874), en L'enseignement primaire en Espagne et en Amérique latine du XVIII siècle à nos jours, Tours, 1986.

IDEM., La difusión de la cultura entre las clases populares malagueñas: La asociación libre para la enseñanza popular (1869–1871), Arbor n.509, 1988.

MORÁN ORTÍ, M., Revolución y reforma religiosa en las Cortes de Cádiz, Madrid, 1994.

MORENTE VALERO, V., La escuela y el estado nuevo. La depuración del magisterio nacional (1936–1943), Valladolid, 1997.

NAVARRO SANDALINAS, R., La enseñanza primaria durante el Franquismo, Barcelona, 1990.

NICOLÁS MUÑIZ, J., Los derechos fundamentales en materia educativa en la Constitución española, en R.E.D.C. nº7, 1983, pags. 335-356

NIETO GARCÍA, A., La tribu universitaria, Madrid, 1984.

NOGUEIRA, R., Principios constitucionales del sistema educativo español, Madrid, 1988

OLLERO TASSARA, A., Universidad y política. Tradición y secularización en el siglo XIX, Madrid, 1972.

ORLANDIS, J., El derecho a la libertad escolar, en persona y derecho, nº6, 1979, pags. 109-209

ORTIZ DÍAZ, La libertad de enseñanza, Málaga, 1980

PAEZ HUERTA, E., Aspectos esenciales de la libertad de cátedra: otra dimensión académica, en persona y derecho.

PALACIO ATARD, V., Cinco historias de la República y de la guerra, Madrid, 1973.

PARDO TOMÁS, J., Ciencia y censura. La Inquisición española y los libros científicos en los siglos XVI y XVII, Madrid 1991.

PARODY NAVARRO J.A. La Ilustración y los aires secularizadores en la enseñanza, en Religión y Poder, SECR 2007

IDEM. El proceso secularizador de la conciencia y del Estado: Acercamiento al problema en los siglos XVII, XIX y XX, en Lumen 53, 2004

IDEM. La libertad de cátedra y la secularización del derecho en España, en Anuario de Derecho a la educación. Dykinson 2014

IDEM. Antecedentes y evolución histórica del derecho de libertad de cátedra. Una consecuencia del proceso secularizador de los Estados, en Anuario del derecho a la educación, Dykinson 2012

IDEM Medios de Impugnación contra la sentencia canónica: la nueva proposición de la causa, Málaga 2001

IDEM. Una manifestación del proceso secularizador del Estado en el derecho español: De la enseñanza como cuestión eclesiástica a la libertad de cátedra como prolongación de la libertad de conciencia, en II Jornadas de sociología. El fenómeno religioso. Presencia de la religión y la religiosidad en las sociedades avanzadas. Sevilla 2007

PAYNE, S., La revolución española, Barcelona, 1971.

IDEM., Ejército y sociedad en la España liberal (1808–1936), Madrid, 1976.

PÉREZ ALHAMA, J., La Iglesia y el Estado español. Estudio histórico-jurídico a través del Concordato de 1851, Madrid, 1967.

PEREZ -ARGOTE A. El proceso secularizador en la sociedad española Revista CIDOB d'Afers Internacionals n. 77

PÉREZ GALÁN, M., La enseñanza en la Segunda República, Barcelona, 1988.

PESET REIG, M. y J.L., Legislación contra liberales en los comienzos de la década absolutista (1823–1825), en Anuario de Historia del Derecho Español, 1967.

IDEM., La universidad española (siglos XVIII y XIX), Madrid, 1974.

POSADA, A., Breve historia del Krausismo español, Oviedo, 1981.

PUELLES BENÍTEZ, M., Educación e ideología en la España contemporánea, Barcelona, 1982.

IDEM., La revolución francesa y su influencia en la educación en España, Madrid, 1991.

IDEM., Política, legislación e instituciones en la educación secundaria, Barcelona, 1996.

IDEM.. Historia de la educación en España. Tomo III: De la restauración a la II república, Volumen 3 Ministerio de Educación, 1982

IDEM. La educación secundaria en la España democrática: antecedentes, problemas y perspectivas. Cuadernos de Pesquisa, , Vol. 41, nº. 144, 2011,

IDEM. La educación en el constitucionalismo español. Cuestiones pedagógicas: Revista de ciencias de la educación nº. 21, 2011-2012

IDEM. Las grandes leyes educativas de los últimos doscientos años. Participación educativa, nº. 7, 2008

IDEM. Consideraciones sobre la libertad de enseñar o de cátedra (al hilo de un nuevo libro) Revista de educación, nº 311, 1996,

QUINTANA, M., Obras completas, vol. XIX, Madrid, 1946.

RABAZA, M.R.P.C., Historias de las Escuelas Pías en España, t.III, Valencia, 1917.

REDONDO, E Alcance y límites el proceso de secularización en Estudios sobre secularización docente en España (Ed. J. VERGARA CIORDIA) Madrid, 1997

REVUELTA GONZÁLEZ, M., La Iglesia española ante la crisis del Antiguo Régimen (1803–1833) en Historia de la Iglesia de España, t.V, Madrid 1979.

IDEM., El proceso de secularización en España, en Librepensamiento y secularización en la Europa contemporánea, Madrid, 1996.

RIESTRA J.A. La libertad de enseñanza. Madrid, 1977

ROBLES, J.M., Discursos parlamentarios, Madrid, 1971.

RODRÍGUEZ AÍSA, Mª.L., El cardenal Gomá y la guerra de España. Aspectos de la gestión pública del Primado (1936–1939), Madrid, 1981.

RODRÍGUEZ COARASA, C., La Libertad de enseñanza, Madrid, 1998.

RUBIO FERRERES J.M ¿Resurgimiento de lo religioso versus secularización? Gazeta de Antropología, 14, articulo 3, 1998

RUBIO LLORENTE, F., La política educativa, en la obra La España de los años 70, Madrid, 1974.

RUIZ ANDRES R. El proceso de secularización de la sociedad española (1960-2010): entre la historia y la memoria. En Pasado y memoria. Revista de historia contemporánea. 2017

RUIZ BERRIO, J., Política escolar de España en el siglo XIX (1808–1813), Madrid, 1970.

RUIZ RODRIGO, C., PALACIO LIS, I. Iglesia y educación en la España decimonónica: política concordataria (1851). Historia De La Educación, 2., 2010

RUPÉREZ, P., La cuestión universitaria y la Noche de San Daniel, Madrid, 1975.

SALGUERO, M., Libertad de cátedra y derechos de los centros educativos, Barcelona 1997.

SAMANIEGO BONEU, M., La política educativa de la Segunda República durante el bienio azañista, Madrid, 1977.

SÁNCHEZ AGESTA, L., Los principios cristianos del Orden Político, Madrid, 1962.

IDEM., El pensamiento político del despotismo ilustrado, Sevilla, 1979.

SÁNCHEZ DE LA CAMPA, J.M., Historia filosófica de la instrucción pública en España desde sus primitivos tiempos hasta el día, t.I, Burgos, 1871.

IDEM., Historia filosófica de la instrucción pública en España desde sus primitivos tiempos hasta el día, t.II, Burgos, 1871.

SANCHEZ MORÓN, J., Libertad de cátedra y control administrativo, Reda, 1975

SANTAMARÍA, M., y OTROS, Cien años en la escuela, (Zaragoza 1987).

SARRAILH, J., L'Espagne eclairé de la seconde moitié du XVIII siécle, París, 1954.

IDEM., La España ilustrada de la segunda mitad del siglo XVIII, Méjico, 1957.

SEVILLA MERINO D. La Ley Moyano y el desarrollo de la educación en España Ethnos educativo 40 Septiembre-Diciembre 2007

SOLÉ TURA, J., y AJA, E., Constituciones y períodos constituyentes en España (1808–1936), Madrid, 1983.

SOUTO PAZ, Derecho Eclesiástico del Estado. El Derecho de la libertad de ideas y creencias. Madrid, 1992

SOUVIRÓN MORENILLA J.L. La universidad española, claves de su definición y régimen jurídico institucional. Valladolid, 1988.

SUAREZ PERTIERRA, G., Libertad de enseñanza e ideario, en Anuario de Derechos Humanos nº 2, 1983, pags. 625-630

SUÁREZ VERDAGUER. F., Génesis del Concordato de 1851, Ius Canonicum, Pamplona, 1963.

TELLO LÁZARO, J.A., Ideología y política. La Iglesia Católica española 1936-1959, Zaragoza, 1984.

TINEO, P., Mentalidad cristiana y pensamiento pedagógico de la Iglesia en España, en AA.VV. Historia de la acción educadora de la Iglesia en España, t.II, Madrid, 1997.

TOMÁS Y VALIENTE, F., Polémica sobre la ciencia española, comentario al libro de J. Pardo Tomás, en Revista crítica de libros SABER/leer, Madrid, 1992.

IDEM. El marco político de la desamortización en España, Barcelona, Ariel, 1971

TRIGEROS GORDILLO, G., Censura de textos y planes de estudio en la universidad española (1769–1824), en M.N., GÓMEZ GARCÍA (ed.), Universidad y poder. Problemas Históricos, Sevilla, 1993.

TURIN, Y., La educación y la escuela en España de 1874 a 1902. Liberalismo y tradición, Madrid, 1967.

VALDECASILLAS Y TORO J.L., La libertad de cátedra en las escuelas universitarias y su albedrío, Valladolid, 1982

VERGER, J., Les universités au Moyel Âge, París, 1973.

VIAL, F., Condorcet y la educación democrática, Madrid, 1922.

VIDAL PRADO C. Aproximaciones históricas a la regulación de la libertad de cátedra en España. Persona y Derecho 1997

VILA SELMA, J., Ideario de Manuel José Quintana, Madrid, 1961.

VIÑAO FRAGO, A., Política y educación en los orígenes de la España contemporánea. Examen especial de sus relaciones en la enseñanza secundaria, Madrid, 1982.

IDEM., Sistema educativo nacional e Ilustración: un análisis comparativo de la política ilustrada, en AA.VV., Sociedad, cultura y educación (Homenaje a Carlos Lerena Alonso), Madrid, 1991.

IDEM., El sexenio democrático (1868–1874), en B. DELGADO CRIADO, (ed.) Historia de la educación en España y América, t.III, La educación en la España contemporánea (1789–1975), Madrid, 1994.

YETANO LAGUNA, La enseñanza religiosa en la España de la Restauración (1900–1920), Barcelona, 1988.

ZUMAQUERO, J.M., Los derechos educativos en la Constitución Española de 1978, Pamplona, 1984.